英國의 公共 監查制度

-영국 감사원(NAO)과 감사위원회(Audit Commission)를 중심으로-

본 책자에 수록된 내용은 감사원의 공식 견해나 의견이 아닌 저자 개인의 의견임을 밝혀 둡니다.

서 문

영국이라는 나라는 오랫동안 세계사의 중심에 서서 많은 나라에 영향을 미쳤다. 경제적으로는 산업혁명을 통해 전 세계의 부를 증폭시켰고, 정치적으로는 민주주의 제도의 원형을 보여 줌으로써 많은 국가들이 이를 모방하거나 조금씩 변형하여 그 나라에 적용하고 있다. 필자는 15년 전인 1993년경에 2년간 공부를 위해 영국에 머물면서 그 나라의 매력—느리고 보수적이지만 정직하고 기본을 중시하며 독창성을 존중하는—에 흠뻑 취한 경험이 있다. 감사제도면에서도 영국은 현대적인 감사의 원형을 가지고 있으며, 수많은 개혁과 변화의 몸부림을 통해 꾸준히 개선하려고 하고 있고, 지금까지도 다른 많은 나라들에게 영향을 미치고 있다.

필자는 27년의 공직생활 중 대부분의 시간을 감사활동에 전념하였다. 감사 실무에만 매달리다 보니 감사제도—특히, 선진 국가들의 감사제도—에 대한 연구에는 소홀하였다. 그러면서도 선진국들의 감사제도와 그 운영 실태는 어떤지 항상 궁금하였다. 더구나 최근 국회 등에서 감사원의 소속을 대통령에서 국회로 변경해야 한다는 주장들이 제기되고 있어, 입법부 소속의 최고감사기구는 어떤 구체적인 모습과 제도적인 장치들을 가지고 운영되고 있는지 궁금하였다. 때 마침 2008년 들어 필자에게 조용히 연구할 수 있는 기회가 주어졌다. 이런 기회에 오랫동안 궁금하였던 선진국의 감사제도에 대한 연구를 하기로 하였다. 먼저 우리나라와 인구나 면적 등의 면에서 비슷함에도 충분한 연구가 미흡한 영국을 먼저 선택하여 연구하기로 하고 2008년 4월부터 인터넷의 도움을 받아 관련되는 자료들을 모으고, 읽고, 원고를 작성하여 6개월이 지나자 나름대로 정리가 되었다. 이 책은 이런 배경과 과정을 가지고 탄생하였다.

이 책은 크게 2장으로 구성되어 있다. 제1장은 영국의 중앙행정기관 등에 대한 감사를 담당하는 영국 감사원(NAO)의 운영 실태에 대한 내용이고, 제2장은 영국의 지방정부 등에 대한 감사를 담당하는 감사위원회(Audit Commission)의 운영 실태와 지방정부에 대한 '포괄적 성과 평가(Comprehensive Performance Assessment)' 의 사례를 버밍햄이라는 도시를 들어 소개하고 있다. 누가 해도 해야 할 일이기도 했지만, 필자의 좁은 지식과 능력의 한계로 인하여 제대로 작성되지 못한 부분이 있을 것이다. 잘못된 부분은 지적해 주시면 겸허히 수용하겠으니 기탄없이 의견을 제시해주시를 바란다. 항상 고마우신 나의 어머니와 장모님 그리고 사랑하는 내 아내와 두 딸—유진과 여빈—에게 이 공간을 통해 장미의 향기를 전한다. 모쪼록 이 책이 감사 제도를 연구하는 사람들이나 항상 든든한 감사원 후배들에게 조금이라도 '연구의 단초' 가 되기를 진심으로 바란다.

2008년 10월 필자 문 태 곤

목 차

제1부 중앙정부 등에 대한 감사제도 : 영국 감사원(NAO)

제1장 영국 감사원의 연혁과 지위

1. 영국의 국가체제

1) 국가체제 개요 ········· 12

2) 영국의 내각 ········· 16

3) 영국의 장관 ········· 21

2. 영국 감사원의 역사적 전개과정 ········· 23

3. 영국 감사원의 법적 근거 ········· 29

4. 영국 감사원의 지위와 의회와의 관계 ········· 34

제2장 영국 감사원의 조직체계

1. 영국 감사원의 주요 임무와 역할 ········· 44

2. 조직구조

1) 영국 감사원의 조직구조 ········· 48

2) 재무책임관에 의한 내부통제 ········· 57

3) 집행간부위원회 ········· 60

4) 회계검사위원회 ········· 61

3. 다른 감사기구와의 관계

1) 감사위원회와의 관계 ········· 63

2) 영국 내 다른 감사기관과의 관계 ········· 68

3) 자체 감사기관과의 관계 ···································· 70

제3장 영국 감사원의 인사관리

1. 감사요원의 충원방식

1) 충원규모 ···································· 74

2) 충원과정 ···································· 75

3) 보수수준 ···································· 77

2. 기타 인사정책

1) 전문성 확보방안 ···································· 78

(1) 직원들의 전문성 확보방안 ···································· 78

(2) 감사보고서의 질 제고방안 ···································· 82

(3) 전문분야에 대한 감사실시방안 ···································· 83

2) 윤리성 확보방안 ···································· 89

3) 책임성 확보방안 ···································· 92

제4장 영국 감사원의 주요 활동

1. 연간 예산 ···································· 97

2. 영국 감사원의 주요 활동

1) 재무감사 ···································· 100

2) 성과감사 ···································· 104

3) 기타 활동 ···································· 109

목 차

3. 감사보고서의 활용 ········ 111

4. 영국 감사원의 예산절감액 산정 원칙 및 사례

1) 개요 ········ 115

2) 예산절감액 산정의 원칙 ········ 118

3) 예산절감 사례 ········ 121

5. 감사활동의 변천과정 ········ 125

제5장 영국 감사원의 최근 주요 변화 및 비판

1. 최근의 주요 변화 ········ 128

2. 영국 감사원에 대한 비판

1) 책임성 부족 ········ 135

2) 감사보고서의 문제점 ········ 136

3) 예산절감액 산정의 문제점 ········ 138

제2부 지방정부 등에 대한 감사제도

– 감사위원회의 포괄적 성과평가(CPA)를 중심으로 –

제1장 영국의 지방정부

1. 영국 지방정부 구조 개황 ······ 142

2. 영국 지방정부의 단계별 구조

1) Metropolitan County와 Metropolitan District ······ 145

2) County와 District ······ 148

3) 단일정부(Unitary Authorities) ······ 149

4) London Boroughs ······ 151

5) 마을 단위 자치단체(Parish와 Town) ······ 152

제2장 영국 지방정부에 대한 내 · 외부감사제도

1. 외부감사제도로서 영국 감사위원회

1) 지방정부에 대한 외부감사의 역사 및 감사위원회 설치 근거 ······ 155

2) 감사위원회의 기능 및 조직 현황 ······ 157

3) 감사위원회로부터 임명된 감사관의 지위와 역할 ······ 165

(1) 해야만 하는 것들 ······ 167

(2) 할 수 있는 것들 ······ 167

(3) 감사위원회에 의해 요구되는 것들 ······ 169

4) 감사관 평가방안 ······ 170

5) 감사위원회가 발간하는 보고서의 종류 ········ 172
6) 영국 감사위원회에 대한 비판 ········ 174
2. 내부감사제도로서 수석재무관 ········ 176

제3장 영국 감사위원회의 포괄적 성과평가(CPA)
1. 영국 지방정부에 대한 성과 감사 ········ 179
2. 포괄적 성과평가의 역사 및 평가방안 ········ 184
3. 2007년 단일정부 및 도의회에 대한 포괄적 성과평가 결과
1) Direction of Travel ········ 192
2) Use of Resources ········ 194
3) Service Assessments ········ 196
4) 3개 부분 통합 총점수 산출 방법 ········ 197
4. 2009년 이후 CPA로부터 CAA로의 변화 ········ 200

제4장 버밍햄시의 포괄적 성과평가 사례(통합 평가 중심으로)
1. 버밍햄시의 2006년 포괄적 성과평가 결과 요약(CPA 전반)
1) 버밍햄시에 대한 개황
(1) 지역의 특성 ········ 206
(2) 시의회 ········ 208
(3) 연간 예산 ········ 211
2) 버밍햄시에 대한 2006년 포괄적 성과평가 결과 ········ 212

3) 버밍햄시에 대한 4개 분야별 포괄적 성과평가 결과
(1) 방향성 제시 ··· 214
(2) 자원의 사용 ··· 215
(3) 행정서비스 ··· 216
(4) 통합 평가 ··· 217
2. 버밍햄시에 대한 2006년 통합평가 결과 요약 ··· 218
3. 통합평가 결과 개선할 분야 및 종합 점수 ··· 225
4. 버밍햄시의 목표 및 성과
1) 야망 ··· 228
2) 우선순위 ··· 234
3) 능력 ··· 240
4) 성과관리 ··· 248
5) 달성
(1) 개황 ··· 255
(2) 지속적 발전 가능한 지역사회와 교통 ··· 258
(3) 보다 안전하고 강한 지역사회 ··· 264
(4) 더 건강한 지역사회 ··· 272
(5) 노인 ··· 276
(6) 아동 및 청소년 ··· 282

목 차

첨부자료

첨부 1 : 영국 감사원의 주요 성과보고서 사례(p.47) ····· 288
첨부 2 : 통합국고펀드(Consolidated Fund, p.50) ····· 291
첨부 3 : 재무보고협의회(Financial Reporting Council, p.52) ····· 292
첨부 4 : 유럽연합 소속 국가감사원의 지방정부 감사 실태(p.68) ····· 293
첨부 5 : 책임운영기관(Executive Agencies, p.102) ····· 295
첨부 6 : 국가대부펀드(National Loans Fund, p.102) ····· 297
첨부 7 : 영국 감사원 내 이사회 설치 및 이사회의장과 감사원장 공모(p.131) ····· 298
첨부 8 : 통합지출검토제도(Comprehensive Spending Review, p.134) ····· 306
첨부 9 : 국가지수 세트(National Indicator Set, p.201) ····· 308
첨부 10 : 비거주레이트(Non-Domestic Rate, p.211) ····· 310
첨부 11 : Gershon 효율(p.246) ····· 311

참고자료 ····· 313

PART 1

중앙정부 등에 대한 감사제도

영국 감사원 (NAO)

National Audit Office

제 ① 장

영국 감사원의 연혁과 지위

1 영국의 국가체제

1) 국가체제 개요

영국의 국왕은 형식상으로 국회소집, 개회 및 폐회, 국회해산에 대한 재가, 수상 임명, 내각 및 법관의 임면, 전쟁의 선포와 종전 선언, 조약 체결 및 군대 통솔권 등 국가적으로 중요한 권한을 가지고 있다. 하지만 사실상은 수상을 필두로 하는 내각에서 모든 중요한 결정을 하는 입헌군주국(Constitutional Monarchy)이다

영국의 정식국호는 '大브리튼 및 북아일랜드 연방왕국(United Kingdom of Great Britain and Northern Island)' 이다. 여기서 브리튼은 섬 이름으로 잉글랜드와 스코틀랜드 및 웨일즈가 있고, 북아일랜드는 브리튼 섬 옆에 있는 아일랜드의 북부지방을 말한다. 따라서 영국은 잉글랜드, 스코틀랜드, 웨일즈, 북아일랜드 등 4개 지역으로 구분되

며, 면적은 24만 1천 평방킬로미터이고 인구는 6천만 명 정도가 된다. 이들 4개 지역은 근대 이후 UK(United Kingdom)이라는 이름으로 단일국가로 통합되었지만, 현실적으로 정치 · 종교 · 사회 · 문화면에서 상당한 차이가 존재한다. 영국은 형식적으로 단일국가라고 할 수 있지만, 실질적으로는 연방국가 내지 다국적 국가(Multinational State)라고 할 수 있다. 수도인 런던을 중심으로 단일 주권을 갖는 政體에 의해 모든 지역이 통치된다는 점에서는 단일 국가이지만, 위 4개 지역은 역사적으로 다른 국가로서 존재하였고, 여전히 지역별로 주민들이 상당히 다른 국가적 정체성을 가지고 있다는 점에서 다국적 국가라고 할 수 있다.

이들 4개 지역을 자세히 살펴보면, 먼저 웨일즈의 종족은 켈트족으로 앵글로 색슨족이 주류인 잉글랜드와 종족부터가 다르고, 언어도 켈트어인 웨일즈어와 영어를 공용으로 지금도 사용할 만큼 언어와 종족이 다르다. 하지만 1536년 잉글랜드와의 전쟁에서 져 완전히 합병된 후 잉글랜드의 행정제도를 채택하여 많은 면에서 잉글랜드와 유사하다. 그러나 스코틀랜드는 잉글랜드와 무수히 많은 전쟁을 치렀음에도 불구하고 복속된 적이 없고, 1707년에 잉글랜드와 합의에 의해 통합(United)되었다. 하지만 잉글랜드에 동화되지 않고 사법 · 교육 · 행정제도 면에서 자체의 고유 제도를 아직까지 유지하고 있다. 스코틀랜드의 사법제도는 스코틀랜드 사람들이 유럽대륙의 북단으로 이주를 온 켈트족의 일파인 관계로 대륙법 계통의 전통이 강하고 장로교를 믿어 영국국교를 믿는 잉글랜드와 종교도 달라 역사, 풍습 및 문화와 종교

면에서 상당한 차이가 존재한다. 북아일랜드는 켈트문화와 카톨릭을 바탕으로 하는 역사와 종교적 배경을 지녀 20세기 전반에 영국 본토와 갈등과 분쟁을 표출해 왔다. 우리가 통상 영국이라 하면, 이들 4개 지역을 모두 지칭하는 것이나, 현실적으로 보면 인구 면에서나 정치, 사회, 경제적 측면에서 잉글랜드가 압도적인 영향력을 행사하므로 협의의 영국은 대부분 잉글랜드를 중심으로 전개되는 사회, 정치, 경제적 현상 및 제도를 의미한다.

영국이 지니는 국가적 특징 중 하나는 다른 나라와 달리 성문헌법이 없다는 점이다. 영국의 헌법은 몇 세기에 걸쳐 발전해 온 의회 법령, 판례 등이 중심이 되어 불문으로 성립되어 있다. 아울러 영국은 엄격한 3권 분립에 의하여 운영되는 국가가 아니라, 입법부가 최고의 권한을 가지는 의원내각제 국가이다. 의회는 법률제정을 하면서 누구의 간섭과 구속도 받지 않으며 기존의 관행을 폐지하거나 입법화할 수 있는 권한을 가지고 있다. 영국의 의회는 상원(The House of Lords)과 하원(the House of Commons)의 兩院制로 구성되고 있다. 상 · 하원의 의원들의 일부가 대부분 정부 요직을 맡게 되는데 선거에서 이긴 정당의 당수가 통상 수상이 되고 수상의 지명에 의해 구성되는 내각이 실질적인 행정부를 구성하게 된다. 의원들 중에서 정부 요직을 가진 의원들은 의원 신분을 가지고서 자신의 지역구에 대한 정치적 책임을 진다. 따라서 일부 의원들은 입법부의 일원이면서 동시에 행정 각부의 책임자가 되는 이중 역할을 하고 있다.

일반적으로 영국하면 지방자치제도가 매우 강하여 지방자치단체들이 고도의 자율권을 가지고 있다고 생각할지 모르지만, 실상은 이와는 다소 달리 정부의 권한이 중앙에 집중되는 경향을 보이고 있다. 20세기 중반까지는 영국에서 지방정부의 권한이 그 이전보다 상대적으로 신장되기는 했지만, 1980년대 이후부터는 공공부문의 효율성 증진 또는 작은 정부라는 국가적인 슬로건하에 중앙정부의 지방정부에 대한 행정적이고 재정적인 통제가 많이 강화되었다. 영국에서 지방정부의 권한과 책임, 구조 및 기능, 지방재정에 관한 사항은 기본적으로 의회에서 제정된 각종 법률에 기초를 두고 있으므로 지방정부는 의회가 제정한 법이 허용하는 범위 내에서만 기능을 발휘할 수 있다. 아울러 지방정부의 자체 재정수입의 비율도 매우 미약하여 중앙정부의 보조금 등에 많이 의존하고 있어 지방정부가 중앙정부에 의존하지 않을 수밖에 없는 실정이다.

영국의 사법부는 특수법원과 심판소 등을 제외하면 크게 형사문제를 다루는 법원과 민사문제를 다루는 법원으로 구분된다. 한편, 사법문제에 관한 최종적인 결정은 우리나라의 대법원과 같이 사법부내에서가 아니고 법조계의 원로들로 구성된 상원의 법사위원회(Appellate Committee of the House of Lords)에서 이루어진다는 점[1)]에서 사법부가 입법부에 예속되어 있다는 비판도 있다.

---

1) John Dearlove & Peter Saunders(2000), Introduction to British Politics, Cambridge : Polity, p.283.

2) 영국의 내각(Cabinet of the United Kingdom)

영국 감사원의 감사대상은 행정부를 대상으로 하므로 행정부를 이끄는 핵심적인 제도적인 장치인 내각과 장관의 개념을 명확히 살펴보는 것이 필요하다고 판단된다. 영국에서 내각이란[2] 수상이 선정한 정부 고위관료들로 구성된 공식적인 기구이다. 2008년 8월 현재 내각은 총 30명으로 구성되어 있으며, 내각의 구성원은 정식 구성원인 내각장관(수상 포함 23명)과 수상이 임의로 지명하는 구성원(7명)으로 나누어진다. 이를 자세히 살펴보면, 내각의 구성원 중 20명은 정부 각 부처의 최고수장으로 '각료(Secretary of State)'라는 직함을 가지고 있고, Minister for Cabinet Office와 같은 3명의 장관은 당연직 내각 참석대상(각료와 당연직 내각 구성원인 장관을 포함하여 Cabinet Ministers 또는 Senior Ministers, 즉 내각장관이라고 호칭)이고, 나머지 7명은 Minister for Housing과 같이 수상의 지명에 의해 내각에 참석하는 장관이다. 공식적인 내각 구성원은 하원과 상원의 의원 또는 귀족으로 되어있다.

2008년 8월 현재 수상인 Gordon Brown이 2007년 6월에 발표한 그의 첫 내각 명단을 보면, 먼저 내각의 수장인 수상(Prime Minister)이 있다. 현재 수상의 공식직함은 무려 4가지가 되는바, Prime Minister, First Lord of the Treasury, Minister for the Civil

2) http://en.wikipedia.org/wiki/Uk_cabinet

Service, Leader of the Labour Party 등이 그것이다. 수상은 내각의 구성원으로서 '동등한 가운데 첫째(first among equals)' 라는 대원칙을 어기고 미국식의 대통령과 같은 행동이나 권한을 행사한다는 비판도 많이 있다. 미국 대통령이 각료와 상의 없이 혼자서 중요사항을 결정할 권한이 있지만, 영국의 수상은 내각의 각료들과 집단적으로 의사결정을 해야 함에도 간혹 수상의 사람들인 몇몇 각료들만으로 실질적인 의사결정을 해놓고 형식적으로 내각의 의사에 따라 결정한 것처럼 한다는 비판을 받기도 한다.

다음으로 내각의 각료로는 법무장관(Secretary of State for Justice : Jack Straw MP)이 있는바, 법무장관은 Lord High Chancellor of Great Britain이라는 직책도 겸직하고 있다. 동 Lord High Chancellor의 직책은 수상 다음의 서열로 국새 관리인과 법원의 독립과 효율적인 기능발휘를 하는 책임자로서 역할도 하고 있다. 이전에는 상원의장의 역할도 수행하였으나 2005년 관련법(Constitutional Reform Act)의 개정으로 상원의장의 권한은 Lord Speaker로 이관되었다.

다음으로 재무장관이 있는바, 내각의 당연직 구성원의 대부분은 '내각장관(Secretary of State)' 이라고 불리우나 영국에서 재무장관은 Chancellor of Exchequer(Alistair Darling MP)로 불리우고 있다. 재무장관은 Second Lord of the Treasury의 직책도 겸임하고 있다. 영국은 예로부터 국고(Treasury)는 한 사람에게 맡기지 않고 여러 사람으로 구성된 위원회에 그 임무를 맡겼다. 현재에 와서는 비록 형식적인 직책이기는 하지만 몇 가지 면에서는 중요한 직책이 되기도 한다. 예를 들면 우리가 통상 수상 관저라고 알고 있는 다우닝가 10번지는 사실은 수상관저가 아니고 수상이 겸임하고 있는 First Lord of Treasury의 관저이고, 다우닝가 11번지는 재무장관의 관저라 알고 있으나 이 또한 Second Lord of Treasury의 관저이다.

다음으로 외무장관(Secretary of State for Foreign and Commonwealth Affairs : David Miliband MP)이 있고, 다음으로 내무장관(Secretary of State for the Home Department : Jacqui Smith MP)도 내각의 정식 구성원이다.

다음으로 상원 원내총무(Leader of the House of Lords : The Baroness Ashton of Upholland)도 내각의 구성원이 되는바, 동인은 추밀원 의장(Lord President of the Council)도 겸임하고 있다.

기업과 규제개혁을 담당하는 중앙부처의 장인 Secretary of State for Business, Enterprise and Regulatory Reform(John Hutton MP)도 내각의 정식 구성원인바, 동인은 상공회의소 의장(President of The Board of Trade)도 겸임하고 있다.

아동과 학교 및 가족에 대한 책임을 지고 있는 Secretary of State for Children, Schools and Families(Ed Balls MP)도 내각의 정식 구성원이다.

지방정부를 책임지고 있는 Secretary of State for Communities

and Local Government(Hazel Blears MP)도 내각의 정식 구성원이다.

문화, 미디어 및 체육을 담당하고 있는 Secretary of State for Culture, Media and Sport도 내각의 정식 구성원인바, 현재는 Andy Burnham이 맡고 있다.

국방장관인 Secretary of State for Defence(Des Browne MP)도 내각의 정식 구성원이 되며, 동인은 Secretary of State for Scotland도 겸임하고 있다.

환경과 음식 및 농촌문제를 담당하는 중앙부처의 장인 Secretary of State for Environment, Food and Rural Affairs도 내각의 정식 구성원이 되는바, 현재는 Hilary Benn MP가 맡고 있다.

건강을 담당하는 Secretary of State for Health(Alan Johnson MP)와 혁신과 대학 및 기능을 담당하는 Secretary of State for Innovation, Universities and Skills(John Denham MP)도 내각의 정식 구성원이다.

개발도상국가들에 대한 경제 지원 업무 등 국제 업무를 담당하는 Secretary of State for International Development(Douglas Alexander MP)도 내각의 정식 구성원이다.

다음으로 여성과 평등 문제를 다루는 Minister for Women and Equality(Harriet Harman MP)도 내각의 정식 구성원이 되는바, 동인은 Lord Privy Seal, Leader of the House of Commons, Deputy

Leader of the Labour Party, Part Chair도 겸직하고 있다.

북아일랜드 담당 장관(Secretary of State for Northern Ireland : Shaun Woodward MP)과 웨일즈 담당 장관(Secretary of State for Wales : Paul Murphy MP)도 내각의 정식 구성원이다.

교통담당 장관인 Secretary of State for Transport(Ruth Kelly MP)도 내각의 정식 구성원이다.

노동 및 연금 담당 장관인 Secretary of State for Work and Pensions(James Purnell MP)도 내각의 정식 구성원이 된다.

다음으로 각료(Secretary of State)가 아님에도 내각의 정식 구성원이 되는 장관으로는 다음의 3명이 있다. Minister for the Cabinet Office, Chief Secretary to the Treasury, Parliamentary Secretary to the Treasury(Chief Whip)등 3명이 이에 해당한다.

다음으로 내각의 정식 구성원은 아니나, 수상이 내각의 참석 대상으로 지명한 장관이 있는바, 수상에 따라 직위가 달라지나 현재 Gordon 내각에서는 다음과 같은 7명의 장관이 내각에 참여하고 있다. Minister for Housing, Minister for Africa, Asia and UN, Minister for the Olympics, Minister for State for Children, Young People and Families, Lords Chief Whip, Attorney General of England and Wales, Parliamentary Private

Secretaries to the Prime Minister 등의 7명이 이에 해당한다.

3) 영국의 장관(Minister)

영국에서 통상 장관(Minister)이라 함은 우리나라의 장관과는 다르다. 우선 중앙부처에 1명뿐인 우리나라와 달리 영국에는 한 부처에 장관이 여러 명 있어 총 100명의 장관이 영국 중앙정부에 있다. 이들 장관은 하원(House of Commons)이나 상원(House of Lords) 의원들이다. 영국에서 장관은 우리나라 식의 중앙부처의 수장을 의미하는 것이 아니고, Minister로 칭해지나 등급은 서로 다른 장관급 정무직 공무원을 말한다. 영국 장관들의 서열을 보면 수상이 가장 높으며 선임 장관(Prime Minister)으로서 역할을 하며, 다음으로 당연직 내각 구성원이 되는 내각장관(Cabinet Ministers)이 있고, 다음으로 일부를 제외하고 대부분 내각의 구성원이 아닌 국무장관(Ministers of State)이 있고, 다음으로 정무차관(Parliamentary Under Secretary of State)과 PPS가 있다. 장관들은 장관 신분을 가지는 동안 의원신분을 유지하며 모든 장관들은 수상에 의해 임명되나, PPS(Parliamentary Private Secretary)라고 불리는 장관들은 보수가 없으며 중앙 각 부처 내각장관에 의해 임명되며 의원신분을 가진 사람들이다. 2008년 현재 PPS는 약 46명이 있다. PPS는 엄격히 말해서 장관은 아니나 넓은 의미로 장관직에 포함된다. 이들은 각료(일명 Senior Minister라고 불리움)의 의회업무를 도와주는 기능을 한다. 이들은 일반의원(Back Benchers)들과 장관

사이의 정보제공을 위한 통로로서의 기능을 수행한다. PPS로 임명되면 장관직에 첫 발을 내딛는 것이 되며 정무차관, 내각장관으로 올라갈 수 있는 기회를 부여받는 것이 된다[3].

영국의 중앙행정기관은 반드시 내각 구성원이 되는 1명의 각료(Secretary of State)가 있는데 현재 수상을 포함하여 총 20명의 각료가 있다. 각료 아래 그 부처의 분야별로 1명에서 많게는 2내지 3명 정도의 비내각장관(예를 들면, Secretary of State for Communities and Local Government 아래 Minister for Local Government가 비내각장관임)이 있는데 비내각장관 중에서도 수상의 지명에 의해 내각(Cabinet)의 구성원이 되기도 한다. 예를 들면, Department for Communities and Local Government에 있는 Minister for Housing은 수상의 지명에 의해 내각 참석 장관이 되었지만, Minister for Local Government는 내각 구성원으로 지명을 받지 못하여 비내각장관에 해당한다. 비내각장관도 2종류로 구분하는데 특정업무를 부여받은 국무장관(Minister of State)과 정무차관으로 나뉜다. 2008년 현재 국무장관으로는 29명이 있고 특정업무가 부여되지 않은 정무차관은 36명이 있다. 이와 별도로 의회의 해당위원회 업무에 대해 책임을 지는 몇 명의 정무차관(Parliamentary Under Secretary of

3) 임성일 · 최영출(2001), 영국의 지방정부와 공공개혁, 서울 : 법경사, pp.58~64.

State)이 있으며, 이들을 정무차관과 내각장관 및 비내각장관을 포함하여 모두를 장관(Minister)이라고 칭하고 있어 우리나라에 한 명뿐인 장관과는 개념이 다르다.

이들 Ministers의 지휘아래 실질적인 업무를 수행하는 사무차관(Permanent Secretary)이 있는데, 사무차관은 Minister에 해당되지 않는다. 행정부의 Minister는 반드시 상원과 하원의 의원들이 차지하기 때문에 직업공무원으로서 행정부 내에 가장 고위직에 올라갈 수 있는 것은 사무차관의 직이다. 정무차관은 의회의원 중 주로 소장파 의원들이 맡으며 의회 업무와 행정부 업무를 연계시키는 기능을 하며, 때에 따라서는 해당부처의 내각장관으로부터 특성업무를 부여받기도 한다.

일반적으로 중앙부처의 책임은 각료가 담당하며 각료를 비내각장관, 정무차관 및 사무차관이 보좌하고 있다. 장 · 차관 아래에는 국장, 과장, 계장의 라인이 기본 축을 이루며 부처에 따라서는 차관보, 실장 등의 직책이 있기도 하다.

2 영국 감사원의 역사적 전개과정

영국은 1983년 國家監査法(National Audit Act)을 제정하면서 최고감사기구를 새롭게 개편하여 국가감사원(NAO : National Audit Office)으로 재조직하였다. NAO는 다음 3가지 기본 원칙하에 설립되었다. 첫째 감사대상기관인 중앙정부로부터 감사관의 독립성 보장(Independence of auditors from the audited), 둘째 규칙성과 타당성 및 VFM 감사의 실시(Auditing for : regularity, propriety and VFM), 셋째 일반시민에 의한 책임성 확보 및 관리책임이 가능하도록 하기 위한 감사보고서의 공개(Public reporting that enables democratic and managerial accountability)가 NAO 설립시 3대 원칙이다[4].

1983년 이전의 역사를 간단히 살펴보면[5], 영국 공공감사제도의 연혁은 14세기로 거슬러 올라간다. 1314년에 왕을 대신하여 국고의 출납을 담당했던 재무성에 대하여 또 다른 왕의 대행자인 감사관(Auditor of the Exchequer)을 임명했던 것이 공식기록에 남아 있는 감사원의 최초 전신이다. 그러다가 1559년에 엘리자베스 여왕은 재무성의 지출 등에 대한 감사를 책임질 사람으로 '전도금 감사관(Auditors of Imprest)' 를 임명하였다. 1780년에 와서는 법에 의하여 '공공회계감사위원(Commissioners for Auditing the Public Accounts)' 을 임명하였다가, 1834년부터는 동 감사위원은 정부의 지출을 통제하는 '재무성 통제관(Comptroller of the Exchequer)' 과 제휴하여 함께 일하기도 하였다.

그러나, 현재와 유사한 형태의 제도를 갖추게 된 것은 19세기 중반부터

---

4) http://en.wikipedia.org/wiki/National_Audit_Office

5) www.nao.org.uk/about/history.htm

이며, 중앙 정부 행정기관의 한 형태로 발전하기 시작하였다. 1860년대 이전만 하더라도 의회의 공공자금 지출 통제와 심사 기능은 매우 약하여 의회의 역할은 제한적이었다. 의회의 예산통제기능을 강화하는 방향으로 개혁을 한 사람은 바로 이시기인 1859년부터 1866년까지 재무장관(Chancellor of the Exchequer)을 역임했던 William Ewart Gladstone이었다. 재무장관으로서 그는 재정분야에서 주요한 개혁과 아울러 재정분야에 대한 의회의 책임을 강화하는 방향으로 대대적인 개혁을 단행하였다. 그가 1866년에 제출한 법(Exchequer and Audit Department Act)에 따르면 최초로 모든 중앙부처는 오늘날 세출계정(appropriation accounts)으로 알려진 연간계정(annual accounts)을 작성하도록 의무화하였다. 아울러 이 법에 의하여 감사원장(Comptroller and Audit General)의 지위와 이를 지원하는 조직으로 정부 행정기관의 형태를 띤 감사기관인 재무감사부(E&AD : Exchequer and Audit Department)가 설립되었다. 이 시기에 와서 오늘날 감사원장으로 불리우는 Comptroller and Audit General(약칭으로 CAG라고 불리움)의 명칭이 사용되기 시작하였는데, 이 직명은 종래의 2가지 다른 기능을 통합한 것이다. 앞의 Comptroller[6]는 재무성에서 발급하는 국고수표 등의 정당성과 타당성을 검토하여 영국중앙은행(Bank of England)으로부터

6) Comptroller's function is to authorise the issue of public money to government from the Bank of England, and Auditor General's function is to audit the accounts of all Government departments and report to Parliament accordingly.

정부로 공공자금이 갈 수 있도록 승인하는 직위였고, Auditor General은 외부감사관으로서 회계처리의 적정성 등에 대한 검토를 하여 의회에 보고하는 직위로 분리되어 운영되다가 1866년부터 오늘날까지 영국 감사원장의 명칭 그대로 외부 회계감사관과 통제관의 양자 기능을 완전히 통합한 직위로 운영되고 있다.

1866년 이후부터 공공자금의 흐름이 국가 각 기관을 순환하면서 책임성 확보가 자리 잡게 되었는바, 그 흐름을 보면 먼저 하원은 예산 사용을 승인하고, 감사원장은 예산의 지출에 대하여 통제를 하고, 각 부처는 계정을 작성하고 이에 따라 감사원장은 감사를 실시한다. 감사원장의 감사결과는 1861년에 Gladstone에 의해 설립된 하원의 공공회계특별위원회(PAC, 자세한 설명은 후술)에 보고된다. 1870년대 이후부터는 PAC가 직접 각 부처의 재무책임관[7](Accounting Officer)에게 필요한 사실관계나 증거를 수집하였다.

1866년 이후부터 1차 세계 대전이 발발하기 전까지 감사원장과 감사원 직원들은 정부의 모든 지출 건에 대하여 빠뜨리지 않고 감사를 실시하였으나, 이런 감사관행은 신속한 지출을 요하는 전쟁의 발발과 정

---

7) 각 부처의 재무책임관은 재무성 장관이 임명하는데 통상 각 부처의 사무차관(Permanent Secretary)이 겸임하고 있거나 기관의 규모가 크거나 다소 이질적인 업무가 있는 부처의 경우에는 3~4명의 재무책임관을 임명하기도 한다. 영국 감사원의 경우에는 감사원장이 재무책임관으로 있는데, 재무성 장관이 임명하지 않고 하원(Public Accounts Commission)이 임명한다. 재무책임관은 각 부처의 재무관리 등에 대하여 최종적인 책임을 지며, 재무성 및 영국 감사원과 밀접한 연관성을 가지고 임무를 수행하고 있다.

부 기능의 확대로 비현실적이 되었다. 이런 문제점을 시정하기 위해 1921년에 새로운 법(Exchequer and Audit Department Act)이 제정되어 감사대상기관의 지출 중에서 표본을 선정하여 감사를 실시하도록 하였고, 영국 감사원이 직접 모든 지출 건을 감사하지 않는 대신 감사대상기관의 자체 내부통제 시스템에 일부 의존하도록 하였다. 1921년에 제정된 이 법에 따라 감사원장은 의회가 의도한대로 행정부가 공공자금을 사용하고 있는지를 확인하여 보고할 의무가 발생하였다.

영국에 있어 최고감사기구의 위상에 있어 큰 변화는 1983년에 발생하였다. 1983년에 오늘날 적용되고 있는 국가감사법(National Audit Act)이 제정되어 종래 행정부 소속이었던 최고감사기구(E&AD)가 입법부 소속으로 변경되어 행정부로부터 독립성을 확보하고, 감사원장의 재량으로 3Es 감사를 실시하여 의회에 보고하도록 하며 국가감사법에 감사자료 수집의 권한을 명기하는 등 오늘날 영국 감사원(National Audit Office)의 기초가 마련되었다.

1983년 영국 최고감사기구의 위상 변화 : 행정부 소속에서 입법부 소속으로

영국은 공공 분야에 관한 최고감사기구가 20세기 들어 행정부 소속으로 있다가 입법부 소속으로 그 위상이 변화된 특이한 역사를 가지고 있다. 즉, 1983년에 국가감사법이 제정되어 현재의 영국 감사원(NAO)이 생겨나기 전에는 행정부 소속으로 재무감사부(E&AD)가 있어 '정부 지출이 의회가 승인한 대로 이루어지고 있는가?' 에 중점을 둔 회계검사만을 실시하였다.

그러나 1960년대부터 행정기관의 지출행위 단위에 대한 검증업무에 초점을 둔 재무감사부의 회계검사만으로는 20세기 정부의 역할에 있어 중대한 변화를 반영하기가 어려우므로 공공감사체계가 현대화 될 필요성이 있다는 의견들이 의회와 학계 등에서 활발하게 나타나면서 최고감사기구의 개혁에 대한 요구가 비등하였다. 특히, 감사원장으로 하여금 3Es에 입각한 감사를 실시하고 자신의 재량으로 의회에 감사결과를 보고하는 구체적인 권한을 부여할 필요가 있다는 주장이 제기되었다. 또한 개혁론자들은 정부로부터 감사원의 독립성을 담보하기 위한 확실한 제도적인 장치의 구축이 필요하다고 주장하였다(Reformers also argued that more robust arrangements should be put in place to ensure the independence of public auditors from government).

이런 개혁의 필요성을 담아 마련된 법이 1983년에 제정된 '국가감사법(National Audit Act 1983)' 이다. 당초 이 법은 '한명의 비각료 하원 평의원(a private member)' 이 제안하였으나, 의회의 여야 모두의 지지를 받았다. 이 법에 따르면 감사원장을 공식적으로 하원의 관리라고 함으로써, 행정부로부터의 독립성을 강화하였고, 이전보다 감사대상기관으로부터 감사에 필요한 감사자료에 대한 강력한 접근 권한을 부여하는 한편, 기존의 회계검사에 더하여 3Es에 입각한 성과감사를 실시하여 감사원장의 재량 하에 의회에 보고할 권한을 가지도록 하였다. 아울러 이 법은 기존의 재무감사부를 대체하여 감사원(NAO)를 설립하여 감사원장을 지원하도록 하는 한편, 감사원장에게 직원들의 숫자나 보수 및 근무조건에 대한 재량권을 부여하였다[8].

잉글랜드 지역의 지방정부 등에 대하여는 영국 감사원이 감사를 실시하지 않고, '감사위원회(Audit Commission)' 이라는 별도의 기관이 실시하고 있으며, 스코틀랜드 · 웨일즈 · 북아일랜드[9]에는 각각 별도의 감사기관이 설치되어 동 지역의 국가기관과 지방정부 및 공공기관에 대한 감사를 실시하고 있어 NAO는 동 지역에 대하여는 별도의 근거가 없는 한 감사를 실시할 권한이 없다.

3 영국 감사원의 법적 근거

영국 감사원장과 감사원의 조직과 직무범위, 권한 등에 관한 근거 법률은 3가지가 있는데, 재무감사법(Exchequer and Audit Departments Act, 1866년, 1921년), 국가감사법[10](National Audit Act, 1983년), 정부자원및회계법(Government Resources and Accounts Act, 2000년) 등이 그것이다. 특히 2000년에 제정된 정부자원및회계법은 자원예산제도를 도입, 예산관련 법제의 개혁을 추진하여 회계제도가 발생주의

8) www.nao.org.uk/about/history.htm

9) 스코틀란드에는 Audit Scotland, 웨일즈 지역에는 Wales Audit Office, 북아일랜드 지역에는 Northern Ireland Audit Office가 설립되어 각각 당해 지역의 정부와 공공기관 등에 대하여 감사를 실시하고 있다.

10) 영국의 국가감사법 원문은 'http://www.opsi.gov.uk/RevisedStatutes/Acts/ukpga/1983/cukpga_19830044_en_1' 을 참고할 것.

제도로 전환되었고, 감사원장의 권한도 강화된 바 있다.

먼저 오늘날 영국 감사원의 골격을 갖추게 된 주요한 내용을 담고 있는 1983년 국가감사법을 살펴보면, 동 법은 영국 감사원장의 임명과 지위에 대한 조항(제1조)을 포함시키고, 공공자금에 대한 의회의 통제를 강화하며 영국 감사원에 대한 감독기관으로 '공공회계위원회(TPAC : The Public Accounts Commission, 자세한 설명은 후술)'를 설치(제2조)하며, 감사원 직원에 대한 영국 감사원장의 임명 권한 부여(제3조), 3Es에 입각한 감사를 실시(제6조)하고 감사대상기관의 명시(제7조), 감사자료수집 권한(제8조), 감사결과의 하원에 대한 보고(제9조) 등의 내용을 담고 있다.

국가감사법의 다른 조항들은 다른 부분에서 설명되고 있으나 같은 법 제8조 등에서 정한 감사자료의 수집 권한에 대해서는 자세한 설명이 없어 여기서 설명을 하기로 한다.

성과감사(3Es)에 관한 규정인 국가감사법 제8조(Right to obtain documents and information)에 따르면, '영국 감사원장은 감사대상기관(제6조 및 7조에 명기)에 대한 감사를 실시하면서 필요하다고 판단되는 모든 서류에 대하여 합리적인 기간 내에 접근할 수 있는 권한을 가지며, 그런 감사관련 서류를 가지거나 책임지고 있는 사람에게 대하여 감사목적에 필요한 범위 내에서 정보나 설명을 요구할 수 있다' 고 명기되어 있다.

이 경우 필요한 자료라 함은 감사대상기관이 보관하고 있거나 통제하에 있는 자료를 말하며, 다른 기관으로부터 받았거나 자신의 통제 하에 있지 않은 자료 등은 영국 감사원의 자료 제출 요구에 응하지 않아도 된다.

National Audit Act 1983 제8조

'Right to obtain documents and information'

(1) Subject to subsection (2) below, the Comptroller and Auditor General shall have a right of access at all reasonable times to all such documents as he may reasonably require for carrying out any examination under section 6 or 7 above and shall be entitled to require from any person holding or accountable for any such documents, such information and explanation as are reasonably necessary for that purpose.

(2) Subsection (1) above applies only to documents in the custody or under the control of the department, authority or body to which the examination relates.

아울러 회계검사에 관하여는 '정부 자원 및 회계법(Government Resources and Accounts Act) 2000' 제8조에 의하면 성과감사의 경우와 거의 유사하게 영국 감사원장은 필요하다고 판단될 경우 감사대상기관의 회계에 대한 접근권을 보장하고 있다. 이에 관한 조문을 보면 다음과 같다.

Government Resources and Accounts Act 2000 제8조

'access to information'

(1) For the purpose of an examination by the Comptroller and Auditor General of a government's accounts -

(a) he shall have a right of access at all reasonable times to any of the documents relating to the department's accounts, and

(b) a person who holds or has control of any those documents shall give the Comptroller and Auditor General any assistance, information or explanation which he requires in relation to any of those documents.

(2) Subsection (1) applies only in relation to documents which are held or controlled -

(a) by a government department, or

(b) in pursuance of arrangements made by a government department for the compiling or handling of any of its financial records.

(3) The following provisions shall cease to have effect -

(a) section 28 of the Exchequer and Audit Departments Act 1866 (access to departments' documents) ;

(b) section 9(2) of the Exchequer and Audit Departments Act 1921 (application of section 28 of 1866 Act).

위 법률의 제8조 제3항을 통해 1866 및 1921년의 Exchequer and Audit Departments Act의 관련 조항의 효력을 중단하도록 한 이유는 1866년과 1921년 법의 관련 조항에는 회계 장부에 대한 자료 접근만이 가능하도록 되어 있지, 현재와 같이 회계와 관련되는 모든 서류와 필요한 정보 및 설명까지 가능하도록 되어 있지 않기 때문이다.

영국은 2000년에 제정된 정부자원및회계법을 통하여 정부 회계제도를 종래의 현금주의에서 발생주의 제도로 전환하였고, 영국 감사원장의 조사 권한도 강화하였다. 동 법에 따르면 제 6조에 발생주의에 입각하여 작성된 자원회계에 대한 감사권이 영국 감사원에 있음을 분명히 하면서 각 부서가 작성한 자원회계가 진실 되고 공정하게 작성되었는지, 의회가 제공한 자원이 의회가 의도한 데로 사용되었는지, 의회가 승인한 자원이 승인한 목적에 맞게 사용되었는지와 아울러 각 부처의 재무거래가 관련 규정 등에 부합하는지 등을 감사하도록 규정하고 있다. 감사결과 부적절하거나 불법적인 사항이 발견되면 감사원장은 재무성과 하원에 통보를 하고, 잘못된 사항이 없다고 하더라도 그런 내용을 담은 보고서를 발간하여 의회에 보고를 하여야 한다. 같은 법 제 8조에는 이런 감사를 실시하기 위해 위에서 본 바와 같이 감사원장은 관련되는 정보 접근에 제한이 없음을 명기하고 있으며, 같은 법 11조, 22조, 24조, 25조, 26조 등에 영국 감사원과 관련되는 내용들이 포함되어 있다.

그러나, 영국 감사원이 감사자료를 요구하여도 감사대상기관이 이에 응하지 않을 경우 영국 감사원이 취할 수 있는 조치방안에 대하여는 아무런 언급이 없다. 이 경우에는 영국 감사원은 의회의 PAC 위원회에서 주관하는 청문회에서 이런 사실을 보고하고 정치적인 쟁점으로 삼을 수 있을 것이다. 그러나, 현실적으로 이런 감사자료 제공의 거부 사례가 발생하였다고 보고된 적을 본 적이 없고 다른 연구보고서 등에서도 이런 사례를 본 적이 없어 행정부가 감사자료 제공을 거부하기가 용이하지가 않음을 알 수 있다. 감사자료 제공의 거부 자체가 부정이나 부패를 은폐한다고 오해하기가 쉽고, 정치적으로 의회의 다수당과 행정부가 같은 정당 출신으로 구성되는 의원내각제하에서 행정부의 감사자료 제출 거부 사실 자체로만 야당에게 국정에 대한 공격의 빌미를 제공하는 것이기 때문에 이런 사례가 발생하기가 쉽지 않은 구조를 가지고 있다고 할 수 있다.

4 영국 감사원의 지위와 의회와의 관계

영국 감사원은 법률상 의회 직속의 산하기관이 아닌 독립기관이다. 따라서 영국 감사원장은 감사사항을 선정하거나 직원들을 충원하는데 있어 완전한 재량을 가지고 있다. 그러나 실질적으로는 의회와 밀접하게 연관성을 가지고 감사를 수행하고 감사결과를 보고하며 사후관리도 의회의 지원에 힘입어 감사의 실효성을 확보하고 있다. 즉 직무감찰권,

특히 대인감찰권이 없는 영국 감사원이 의회의 전폭적인 지원이나 지지가 없이는 감사의 실효성 확보가 어려울 것이다. 영국 의회가 영국 감사원과 긴밀하게 연관성을 가지게 되는 근거를 살펴보면 다음과 같다.

첫째, 영국 감사원장은 국가감사법(National Audit Act 1983) 제1조 제2항에 따르면 그의 직무에 의하여 영국 하원소속 공무원이 되며(The Comptroller[11]) and Auditor General shall by virtue of his office be an officer of the House of Commons of the Parliament of the United Kingdom), 같은 법 제3조 제1항에 의하여 영국 감사원의 수장(Head of NAO)이 된다. 따라서 영국 감사원은 영국 의회와 밀접한 연관성을 가지고 업무를 수행하지 않을 수 없다. 둘째, 영국 감사원은 영국 감사원법 제9조 등과 '하원의 명령(Order of the House of Commons)' 에 따라 주요한 업무(감사결과 포함)는 의회에 보고하여야 한다. 특히 하원의 '공공회계특별위원회(PAC : Public Accounts Committee라고 불리우나 법상 용어는 Committee of Public Accounts임)' 에 감사결과를 보고하고, 동 위원회는 감사보고서를 검토하며 추가적인 조사를 하기도 하므로 감사업무 내용과 관련하여 가장 밀접한 연관성을 가진다. 셋째, 하원의 공공회계특별위원회 등 하원의 위원회에서는 영국 감사원의 감사결과를 가지고 감사대상기관의 책임자와 영국 감사원의 간부들을 출석시

---

11) 옥스퍼드 사전에 따르면 comptroller이라는 단어가 처음으로 등장한 것은 약 1500년대 전후로 처음에는 controller이라고 써야 할 것을 comptroller이라고 미스 스펠링을 하였다고 한다. 그 후 잘못된 스펠링이지만 통제관이나 감사관 등 관직명으로 관습적으로 오늘날까지 사용하게 되었다.

켜 감사결과 지적 사항과 향후 개선방안 등에 대하여 청문회(Hearing)를 가진다. 동 청문회를 통해 하원은 감사결과 지적사항과 개선방안 등에 대하여 국민적인 정당성을 확보하여 주고 사후관리를 함으로써 감사결과의 실효성을 확보하고 있다.

영국 감사원 보고서가 하원의 보고서가 되는 과정 사례

여기서 영국 감사원의 성과감사 결과가 어떤 과정을 거쳐 하원의 PAC의 청문과 하원의 보고서가 작성되는지 등을 하나의 사례를 통해 살펴보기로 한다. 영국 감사원은 영국이 2007년도 중에 예산 지원하고 있는 전세계 개발도상국 25개국을 대상으로 '개발도상국에 대한 예산 지원실태(Providing budget support for developing countires)' 라는 성과감사를 실시하여 영국 감사원법 9조에 따라 하원에 보고를 하였고, 하원은 2008년 2. 4. 감사보고서를 발간하도록 명령하였다.

동 명령에 따라 영국 감사원은 2008. 2. 8. 감사보고서를 발간하였으며, 의회(PAC)에서는 동 보고서를 근거로 같은 해 3. 3. 개발도상국에 대한 예산 지원을 담당하는 기관인 해외개발부(Department for International Development)의 사무차관(Dr. Shafik) 외 2인을 출석시킨 가운데 청문회를 개최하였다. 동 청문회에는 '당연직 증인(Permanent Witness)' 인 감사원장(Mr. Tim Burr)과 영국 감사원의 동 감사 담당과장(Mr. Nick Sloan)이 참석하여 구두로 증언을 하고, 재무성에서도 고위관료 1명이 참석하였다. 동 청문회에는 의장을 포함하여 모두 10명의 위원이 참석하여 구두로 총 137개에 달하는 질문을 하여 관계자로부터 답변을 들었으며, 동 질문과 답변 내용은 하원 PAC에서 발간하는 보고서에 그대로 게재되고 있다.

청문회를 개최한 뒤 하원의 PAC는 '공식적인 의사록(Formal Minutes)'을 정리하기 위해 위원장과 소속 정당을 달리하는 3명의 의원이 모여 의장이 제안한 보고서의 내용(33개의 Paragraphs로 구성)을 담은 보고서 초안(Draft Report)을 패러그래프마다 2번씩 읽고 의견을 개진한다. 동 회의에서 의견이 없으면 동 보고서가 PAC에서 2007~2008 회기 중 27차 보고서가 됨을 밝히고 위원장은 동 보고서를 하원에 보고하도록 명령하고 동 보고서는 행정부에 전달되어 하원의 권고내용 등이 이행되도록 한다. 이런 과정을 거쳐 하원의 명령으로 2008. 6. 24. 하원 차원의 보고서가 발간되었다.

동 PAC는 총 17명의 하원의원으로 구성되며, 2008년 8월 현재 이 중 노동당 출신이 10명이고, 보수당은 5명, 자유민주당이 2명이지만 전통적으로 위원장은 다선 야당 출신 위원이 맡고 있는바, 보수당 출신의 Edward Leigh MP가 하고 있다. 동 위원장은 영국 감사원장의 선임과정(수상이 제안한 임명 제청안에 대해 동의여부 결정)에도 관여를 하므로 감사원과는 매우 중요한 관계를 맺고 있다.

PAC는 1861년부터 현재까지 하원의 특별위원회로 설립되어 '정부의 지출이 효과적이고 정직한지 여부를 살피는 감시업무를 수행(overseeing government expenditures to ensure they are effective and honest)' 하는바, 정부재정 운영의 투명성과 책임성을 확보하기 위한 중요한 위원회로 Peter Hennessy 교수 같은 사람은 동 위원회를 '특별위원회의 여왕(The Queen of select committees)' 이라고 묘사하기도 했다[12]. 이 과정에 영국 감사원의 지원을 받는데 영국 감사원장과 직원들은 동 위원회의 청문회 과정에서 '상시 증인(permanent witness)' 이 된다.

PAC는 매년 영국 감사원이 보고한 성과감사 및 재무감사 보고서 중 약 50건에 대하여 추가적인 조사를 한다. PAC는 추가적인 조사를 위하여 재무성으로부터 임명된 각 감사대상기관의 재무책임관(Accounting Officer)으로부터 필요한 증거자료를 수집한 뒤, 영국 감사원장과 간부 및 재무성 고위 관료 등이 참석한 가운데 청문회를 개최하여 영국 감사원의 보고서와 별도로 된 의회 차원의 대정부 권고안을 작성한다. 권고안을 통보받은 각 부처는 2개월 이내에 권고안에 대하여 응답을 해야 하며, 영국 감사원과 의회 PAC는 각각 또는 공동으로 감사를 통해 제기된 문제점들에 대하여 감사이후 이행상황 등을 추적 조사 하기도 한다.

이와 유사하게 긴밀한 연관성을 가지지만, 감사업무 내용이 아닌 일상적인 감독 차원에서 밀접한 관련성을 가지는 위원회가 국가감사법(제

---

12) http://en.wikipedia.org/wiki/Public_Accounts_Committee, PAC에 관해 자세한 사항을 알고 싶은 분은 다음 주소를 참고(http://www.parliament.uk/parliamentary_committees/committee_of_public_accounts.cfm).

2조)에 따라 설치되어 운영되고 있다. 이 위원회는 '공공회계위원회(TPAC : The Public Accounts Commission)' 라고 불리우는데 PAC와 명칭이 유사하나 개별 감사사항이 아니라, 영국 감사원의 연간 계획과 예산 승인 및 일상적인 감독업무를 수행하는 위원회이다. TPAC의 임무는 크게 3가지로 요약할 수 있다. 첫째가 영국 감사원에 대한 내부통제 기능을 수행하는 재무책임관의 임명에 관한 사항(appointment of Accounting Officer)이고, 둘째는 영국 감사원이 하원에 제출한 연간예산을 사전 점검(examination of the Supply Estimate)하여 하원에 제출하는 기능을 수행하며, 셋째 연간 재무제표를 감사할 외부감사인이 임명(appointment of the auditors of the annual financial statements)에 관한 사항이라고 할 수 있다[13]. TPAC는 영국 감사원이 감사대상기관에 실시하는 방식 그대로 민간 회계 법인으로 하여금 영국 감사원 운영에 대해 외부감사를 실시하도록 하여 그 결과를 보고받은 뒤 하원에 제출하고 있다[14]. 2008년 5월 현재는 영국에서 9번째로 큰 민간회계법인인 Tenon Group이 2006년 4월부터 3년간 영국 감사원에 대한 외부감사를 맡고 있다[15]. TPAC에는 하원의 PAC 위원장, 하원의 여당 원내총무(Leader of House of Commons) 및 행정부 각료로 참가하지 않은 하원의원 중 하원이 임명하는 7명의 하원의원 등

13) NAO(2008), NAO Annual Report, p.44.

14) NAO(2008), NAO Finance Manual, London. p.131.

15) NAO(2008), NAO Resource Account 2007/08, London : Stationery Office, pp.26~27.

총 9명의 하원 의원으로 구성된다.

하원의 PAC와 TPAC 이외에도 영국 감사원은 의회의 다른 위원회와 업무상 연계성을 가지고 있다. 2006/07 회계연도 중 약 13개의 의회 특별위원회에게, 2007/08 회계연도에는 총 17개의 의회 특별위원회에게 감사 자료를 제공하거나 지원하였다. 다른 위원회를 지원한 몇 가지 대표 사례를 들면[16], 첫째 영국의회의 환경감사위원회(Environmental Audit Committee)의 요청에 의해 영국 감사원은 감사 등 다양한 지원기능을 수행하며, 특히 기후변화 등 환경문제가 중요하므로 환경 이슈에 초점을 맞춘 특별 팀을 운영하고 있다. 둘째, 2006/07 회계연도 중 영국 감사원은 영국교통부(Department for Transport)가 의회의 교통위원회(Transport Select Committee)에 제출한 자료 중 '도로건설 비용의 단계적 확대(on the escalation of costs in road building programmes)' 에 관한 자료의 타당성을 분석하여 동 위원회를 지원하는 기능을 수행하기도 했다. 셋째, 영국 감사원은 재무위원회(Treasury Select Committee)를 위해 동위원회가 관계부처와 청문회를 개최하기 전에 '세금공제(Tax Credits)' 에 관하여 공식적인 서면 브리핑을 하기도 하였다. 넷째, 영국 감사원은 지역사회 및 지방정부위원회(Communities and Local Government

16) NAO(2007), NAO Annual Report 2007, London : Stationery Office, p.11.
NAO(2008), NAO Annual Report 2008, London : Stationery Office, p.11.

Committee)에게 쓰레기 수거에 관하여 서면 브리핑을 하기도 하였다.

영국 감사원을 논할 때 주요한 논점이 바로 독립성에 관한 내용이다. 독립성이 최고감사기구의 기본적인 속성이라는 점을 감안할 때 영국 감사원은 어떤 장치를 통하여 감사원의 독립성을 보장받고 있는 지를 살펴볼 필요가 있다. 독립성을 보장하기 위한 첫 번째 장치가 바로 감사원장의 임명에 관한 것이다. 감사원장은 비록 하원의 관리라고 하여 하원과 밀접한 연관성을 부여하고 있지만 임명을 하원이 하는 것이 아니라, 하원 PAC 의장의 동의와 하원의 승인을 득하여 수상이 여왕에게 임명을 제청하도록 하여 최종적으로 여왕이 임명하도록 함으로써 의회가 임의로 임명을 할 수 없는 구조를 갖추고 있다. 더욱이 해임조치는 임명시와는 달리 행정부의 수상은 전혀 관계를 하지 않고 상하 양원의 결의에 따라 여왕에 의해 해임된다. 오직 의회만이 감사원장에 대한 해임권한을 가짐으로써 행정부의 부당한 간섭을 배제할 수가 있다.

미국의 한 지방법원이 판결을 통해 언급하였듯이 '일단 임명되고 난 후에 관료가 그의 기능을 수행함에 있어 두려움을 느끼고 복종하도록 하는 것은 임명 주체가 아니라 해임 주체이다(Once an officer is appointed, it is only the authority that can remove him, and not the authority that appointed him, that he must fear and, in the performance of his functions, obey)' 라고 할 수 있다. 따라서 만약 행정부 관료에 대한 해임권한을 의회가 가질 수 있다면, 이미 임명된

관료가 집행기능을 수행하면서 임명권자인 대통령의 철학이나 소신을 반영하도록 하는 것이 아니라 해임권한을 가지고 있는 의회의 뜻에 따라 집행 업무를 수행할 것이고 이는 결과적으로 의회가 행정부의 업무에 직접적이든 간접적이든 간섭하는 결과가 되어 '의회의 비토권(Congressional Veto)'을 인정하는 결과가 되고 이는 권력분립의 원칙에 위배된다는 것이다[17]. 이런 의미에서 해임권한을 누가 가지고 있느냐가 결국은 누구를 위해 일하느냐 하는 문제와 연결된다고 할 수 있다. 이런 맥락에서 보더라도 영국 감사원장에 대한 해임권한은 행정부와는 관계없이(비록 임명시에는 수상이 제청하여 실질적인 권한을 가지지만) 의회만이 가지므로 감사원장은 의회를 위해 일하는 입법부 공무원이 될 수밖에 없다.

둘째 장치가 바로 영국 감사원장의 임기에 관한 장치이다. 의회에 의해 해임되지 않는 한 종신직으로 임명됨으로써 정치에 좌우되지 않고 독립적으로 임무를 수행할 수 있는 것이다. 그러나 2008. 1월 말에 무분별한 해외여행 등으로 인해 사임을 한 전임 감사원장의 부적절한 처신으로 인해 영국의회에서 영국 감사원장의 임기를 종신직에서 10년으로 제한하는 방안을 최근 확정하였으나, 비록 종신직이 아니고 10년 정도의 임기 보장도 다른 국가의 사례에 비추어 보면 정치적인 중립성 확보를 위한 장치로 충분히 작동 가능할 것이다.

17) http://laws.findlaw.com/us/478/714.html

셋째 장치로 들 수 있는 것은 영국 감사원장의 직원 임명에 관한 권한이다. 국가감사법 제3조 제2항 등의 규정에 따르면 영국 감사원장은 의회나 행정부의 누구로부터 간섭을 받지 않고 완전한 재량을 갖고 감사원 간부 및 직원들을 임명할 수 있다(CAG shall appoint such staff for the National Audit Office as he considers necessary for assisting him in the discharge of his functions). 감사원이 공무원의 신분을 가지지 않기 때문에 오히려 독립성을 유지할 수 있다고 한다[18].

넷째, 영국 감사원장은 국가감사법 제1조 제3항에 따라 감사사항을 선정함에 있어 완전한 재량을 가지며(CAG shall have complete discretion in determining whether to carry out any examination), 국가감사법 제8조 등의 규정에 따라 영국 감사원은 감사대상기관(감사자료 포함)에 대하여 접근할 수 있는 포괄적인 법상 권한을 가지고 있다.

18) NAO(2007), NAO Annual Report 2007, London : Stationery Office, p.8.

제 ② 장

영국 감사원의 조직체계

1 영국 감사원의 주요 임무와 역할

영국 감사원이 시행하는 주요한 임무는 크게 2가지로 나눌 수 있다. 첫째는 중앙정부와 특정 공공기관에 대한 '재무 감사(Financial Audit)'를 수행하며, 둘째 재정지출에 관한 경제성, 효율성 및 효과성에 대한 평가, 즉 성과감사(Value for Money Examinations)를 수행한다. 하지만, 각 정부기관의 '정책의 목표에 관한 시시비비(Merits of Policy Objectives)'는 감사대상에서 제외(국가감사법 제6조 제2항)된다. 따라서 영국 감사원은 정책 자체(즉, 정책 수립의 당부 등)에 관하여 감사를 할 수는 없으나 정책의 이행에 대하여는 VFM 감사를 통해 감사를 실시하고 있다. 정책 자체 검토 책임은 정치권의 영역으로 하원의 특별위원회 등에 주어져 있다고 할 수 있다.

먼저 영국 감사원이 전통적으로 수행하고 있는 재무감사를 보면 예산 운영에 관해 회계 검사 위주의 재무감사(Financial Audit)를 실시하는데, 재무감사는 세출감사와 세입감사로 구분하여 재무회계실무위원회가 제정한 회계기준에 따라 시행된다. 오늘날의 재무감사는 주로 피감기관의 자체감사 결과에 대한 상위 감사체제와 같은 성격을 가지고 있다. 재무감사는 정부 지출의 3가지 면을 검토하는바, 첫째는 재무제표(financial statements)의 정직성과 공정성을 살펴보고, 둘째 비용지출의 규칙성이나 타당성을 검토하며, 셋째 감사대상기관이 법령을 지키고 의회나 일반의 건전한 상식에 맞게 행동하고 있는지 여부에 대한 타당성 검토를 한다. 재무감사는 많은 부분이 일반 사기업에 대한 감사와 비슷한 방식으로 진행된다. 영국 감사원은 연간 약 450개 내외의 회계를 감사(2007/08 회계연도 중에는 462개[19])하며, 이들 재무감사 대상이 되는 회계의 총액은 세입과 세출 분야를 합쳐 모두 약 8천억 파운드[20](한화로 약 1,600조 원)에 달한다.

통상 영국 감사원은 재무감사를 실시하면서 의회의 동의를 얻어 과목간 이 · 전용을 하였는지, 아니면 앞에서 언급한 재무감사의 3가지 포인트에 중점을 두고 감사를 한 뒤 하원 PAC에 감사결과를 보고한다. 감사결과 하자나 일관성 결여 같은 사례가 없다 하더라도 다른 중요한 문제에 대하여 의회에 보고를 할 수도 있다. 아울러 회계처리에 잘못이 없

19) NAO(2008), NAO Annual Report 2008, London : Stationery Office, p.11.

20) 영국 감사원의 감사대상기관에는 ILO, UN Food Programme, 세계기상프로그램과 같은 14개 국제기관이나 프로그램에 대하여도 감사실시 의뢰를 받아 감사를 실시하고 있다.

고 다른 중요한 문제에 대하여 잘못이 없어 의회에 보고는 하지 않는다 하더라도 감사대상기관의 내부 체계를 개선할 필요가 있다고 판단되면 '관리서한(Management Letters)' 이라는 이름으로 감사대상기관에 의견을 제시하기도 하여 중요한 변화를 유도하기도 한다[21].

다음 성과감사는 국가나 특정 공공기관의 직무수행이 재정집행의 경제성, 효율성, 효과성을 구현하였는가에 대한 검사를 의미하며, 중앙행정기관을 대상으로 실시되며, 매년 60편 내외의 성과감사보고서가 발간된다. 영국 감사원은 성과감사를 3Es(즉, Economy, Efficiency, Effectiveness)의 관점에서 감사를 실시하는데 3Es의 개념을 보면 다음과 같다.

첫째, 경제성(Economy)은 사용되는 비용을 최소화하는 것으로 간략히 말하면 '적게 사용하는 것(spending less)', 즉 비용을 줄이는 것(keeping costs down)이라고 할 수 있으며,

둘째, 효율성(Efficiency)은 일정한 투입으로 더 많은 산출을 내거나, 아니면 일정한 산출을 위해 더 적은 비용을 투입했느냐의 관점에서 검토하므로 투입된 산출과 투입된 결과와의 관계를 보아 판단하는데, 이를 간략히 말하면 '잘 사용하는 것(spending well)', 즉 투입된 비용으로 더 나은 산출물을 얻는 것(getting more output for what is spent)이라고 할 수 있고

21) http://www.nao.org.uk/about/role.htm

셋째, 효과성(Effectiveness)은 공공 자원을 사용하여 의도된 결과와 실제 나타난 결과와의 관계에서 검토되므로 '현명하게 사용하는 것(spending wisely)', 즉 소망스러운 결과를 전달하는 것(delivering the desired results)이라고 할 수 있다. 만약 의도한 결과대로 나타나지 않고 다르게 나타나거나 의도한 결과에 미흡하게 나타난다면 자원을 효과적으로 사용하지 못하였고, 이를 달리 말하면 현명하게 자원을 사용했다고 볼 수 없다. 영국 감사원은 평상시 주의 깊은 모니터링과 감사대상 업무에 대한 위험 분석을 실시하여 감사사항을 선정하며 감사를 실시함에 있어서는 직원들 중 다양한 분야의 전문가 출신으로 감사팀을 구성하거나 필요한 경우에는 외부의 전문 집단으로부터 자문을 받기도 한다.

2006/07년간 발간된 주요 성과감사보고서의 대표 사례(첨부 1 참고)를 보면, '중앙정부의 혁신 달성 실태(Achieving Innovation in Central Government Organisations)' 와 '국방부의 국유재산관리실태(Managing the Defence Estate : Quality and sustainability)' 에 관한 보고서 등이 있다.

영국 감사원은 위에서 언급한 재무감사와 성과감사 이외에 많은 다양한 기능도 수행하고 있다[22]. 엄밀한 의미에서 위 2가지 기능에 2005/06 회계연도[23]에 예산 및 인력 등 자원의 74%(재무감사에 47%, 성과감사에

22) NAO(2008), NAO Resource Accounts 2006/07, London : Stationery Office.

23) 영국의 회계연도는 우리나라와 달리 4월 1일 시작하여 다음해 3월 31일에 마감된다. 따라서 회계연도를 표기할 때에는 2005/06 회계연도와 같이 2개 연도를 병기하고 있다.

27%)를 사용하고, 나머지 기능에 26%의 자원을 사용하고 있다[24]. 나머지 기능을 살펴보면, 먼저 의회의 의원들이나 일반대중의 질의에 대하여 답변을 하거나 국제기구 등에 대한 외부 감사 기능을 수행하는 등에 자원의 15%를 사용하고, 둘째 감사결과 우수사례 등을 확산하기 위해 컨퍼런스를 개최하거나 감사원 간부들이 각종 회계 단체 등에 임원 등으로 참여하여 감사결과 지적되거나 확산할 필요가 있는 사례 등을 통해 각 부처의 능력을 배양하는 노력에 자원의 11%를 사용하며, 나머지 1%는 재무성의 자금이 각 부처로의 이관을 승인하는 통제관 기능(Comptroller Function[25])을 수행하는 데 자원을 사용하고 있다.

2 조직구조

1) 영국 감사원 조직구조

영국 감사원장(CAG : Comptroller and Auditor General[26])은 하원의 관리이다. 감사원장의 임명은 하원의 공공회계특별위원회(PAC) 위원장의 동의를 받아 수상이 제출한 임명 제청안에 대해 하원의 승인을

25) CAG's statutory responsibility to approve the release of funds from the Exchequer to departments.

26) 영국 감사원장의 정식명칭은 'Comptroller General of the Receipt and Issue of Her Majesty's Exchequer and Auditor General of Public Accounts' 이다.

받아 영국 여왕이 임명한다[27]. 여기서 하원의 승인은 형식적인바, 그 이유는 여당의 리더가 수상이고 야당의 원로인 PAC 위원장이 상호 동의를 하기 전 여당과 야당이 사전에 조율을 한다고 보아야 하기 때문이다.

또한 1866년에 제정되어 현재까지 유효한 '재무감사법(Exchequer and Audit Department Act 1866)' 제3조에 따르면, 영국 감사원장은 '재직 중 좋은 행태를 가지는 한 그의 직위를 유지하지만(CAG shall hold his Office during good Behaviour)', 양원의 결의에 따라 여왕에 의해 해임될 수 있다(subject, however, to his removal therefrom by Her Majesty on an address from the Two Houses of Parliament). 감사원장의 임기는 해임되지 않는 한 임명 후 10년간 감사원장으로 재직하는 동안 여왕에 의해 임명되는 다른 직위를 보유할 수 없으며, 하원의 의원에도 선출될 수 없을 뿐 아니라 상원의원(Peer of Parliament)의 직위도 보유할 수 없다.

영국 감사원장의 독립성을 보장하기 위해 1983년 국가감사법(제1조 제3항)에 따르면 감사원장은 그의 기능을 수행함에 있어 '완전한 재량(complete discretion)'을 가지고 있으며, 감사실시기관의 선정 및 감

27) 영국 감사원장에 대한 임명절차에 관하여 정확한 내용을 전하기 위해 영국 감사원법(1조 1항)의 내용을 그대로 인용하면, 'The power of Her Majesty under section 6 of the Exchequer and Audit Department Act 1866(appointment of Comptroller and Auditor General) shall be exercisable on an address presented by the House of Commons, and no motion shall be made for such an address except by the Prime Minister acting with the agreement of the Chairman of the Committee of Public Accounts'.

사실시 방법 등에 있어서도 자율성을 가지고 있을 뿐만 아니라, 같은 법(제3조 제3항)에 따르면 감사원장의 직무를 수행함에 있어 필요한 직원의 채용, 급여, 등급 등에 관해 독자적인 권한을 보유하고 있다. 아울러 감사원장의 보수는 매년 하원의 심사를 받아 결정되는 영국 감사원의 연간 예산에 포함되지 않고(이렇게 하원의 심사를 받지 않고 보수가 지급되는 직위를 Standing Service라고 하고 판사 등의 직위가 이에 해당된다) 1957년 '재무감사법(Exchequer and Audit Department Act)' 과 1972년 '노후연금법(Superannuation Act)' 에 따라 정부의 '통합국고펀드(Consolidated Fund : 첨부 2 참조)' 로부터 바로 지급되고 있다[28]. 2007/08 회계연도 중 영국 감사원장의 보수는 고등법원판사(High Court Judge)와 같은 수준으로 연간 185,000파운드(한화로 약 3억 7천만 원 상당)에 달하고 있으나, 2008년 10월 현재 행정부 사무차관의 범위내에서 결정하는 것으로 추진중이다[29]. 2008년 8월 현재 영국 감사원의 원장 및 간부들을 살펴보면 다음과 같다.

감사원장 : Tim Burr

2008년 8월 현재 영국 감사원장은 2008년 2. 1부로 전임자인 Sir John Bourn을 이어받아 감사원장에 취임한 Tim Burr이다. 그는

28) NAO(2008), NAO Annual Report, London : Stationery Office, p.59.

29) NAO(2008), NAO Annual Report, London : Stationery Office, p.59 & 85.

영국 감사원에 대한 새로운 지배구조가 효력을 발휘할 때까지 '잠정적으로 감사원장(Interim CAG)'의 직무를 수행할 것이다. 그는 1994년에 감사원장보로 감사원 근무를 시작하면서 환경부, 내무부, 재무성, 농림수산식품부, 국세청 및 관세청에 대한 감사를 담당하였다가 2000년 5월에 부원장(Deputy CAG)이 되었다가 전임 감사원장이 사의를 표한 뒤 감사원장으로 취임을 하였다. 영국 감사원에 들어오기 전에 Tim Burr는 재무성에 근무하면서 영국 감사원과 하원 PAC 위원회 등과 관련된 업무를 처리하던 재무성 회계관(Treasury Officer of Accounts)으로 1993-94년 사이에 근무를 하였다. 그는 1950년생으로 Dulwich College를 졸업하였고 '공공 재정 및 회계협회(Chartered Institute of Public Finance and Accountancy)'의 회원이기도 하다.

전임 영국 감사원장의 사임 사유

전임 영국 감사원장이었던 Sir John Bourn은 2004년부터 2007년까지 약 3년간 43차례에 걸쳐 365,000파운드에 달하는 경비를 외국 여행 항공료로 사용하였고, 이 중 다수는 부인을 동반하였으며, 이와 별도로 27,000파운드의 호화 음식비를 사용하였다는 점과 아울러 감사중인 방위 사업체 관계자 등과 스포츠 행사에 함께 참석하는 등 부적절한 행동으로 인해 하원 의원들의 사임 요구를 받아 2008년 1월 말에 감사원장직에서 스스로 물러남으로써 감사원장으로 20년간 근무한 뒤 74세에 사퇴한 것이 된다. 그러나, John Bourn은 감사원장직의 사임을 발표하면서 대외적으로는 2008년 4월부터 공기업에 대하여 영국 감사원이 감사권을 가지게 되고 본인은 평상시 공기업에 대한 포괄적인 감찰권을 가지는 '재무보고협의회 산하의 전문감독위원회(Professional Oversight Board of the Financial Reporting Council : 첨부 3 참조)'의 의장직을 겸직하는 것은 모순되어 감사원장직을 사임하고 전문감독위원회 의장직만을 유지한다고 발표하였다[30].

감사원장 아래 1명의 부원장(Deputy CAG, 2008년 7월 현재 공석)이 있고 그 아래에 7명의 감사원장보(AAGs : Assistant Auditors General)가 있는데, 이들은 영국 감사원의 임무에 속하는 업무인 재무감사, VFM 감사 등을 지휘 감독할 책임이 있다. 감사원장보의 보수는 부원장의 추천을 받아 감사원장이 각 부원장보의 보수를 결정하는바, 보수 결정시에는 각 부원장보를 다른 부원장보와 실적이나 감사원에 대한 공헌 등을 비교하여 결정한다. 2007/08 회계연도 중에는 적게는 11만 파운드부터 많게는 15만 5천 파운드까지 다양하다[31].

7명의 감사원장보의 약력 등을 간략히 보면 다음과 같다.

30) www.nao.org.uk/pn/06-07/retirement_sir_john_bourn.htm

31) NAO(2008), Annual Report 2008, pp.59~60

Caroline Mawhood

Caroline은 1996년에 감사원장보가 되었는데, 그 이전에는 3년 동안 '통합정책담당 국장(Director of Corporate Policy)'을 하고 1년간은 캐나다 감사원에 파견을 나갔었다. 그녀는 내국세 및 관세, 재무성, 통상산업부 및 이와 관련되는 공기업, 규제 담당 업무를 수행하고 있다. 아울러 그녀는 또한 성과 측정연구, 정책 및 유럽연합 관련 업무를 담당하고 있다. 그녀는 CIPFA 이사회의 이사이기도 하다.

Wendy Kenway-Smith

Wendy는 2000년에 감사원장보가 되어 환경, 식품 및 농촌문제, 교통, 대법관부(Lord Chancellor's Department), 내무부에 대한 감사책임과 의회문제에 대한 책임을 지고 있다. 그녀는 또한 감사원 직원들의 능력개발을 위한 훈련 업무를 담당하고 있다. Wendy는 1994년에 중앙정부 재정에 대한 감사를 담당하는 국장으로 처음 감사원에 발을 디뎠는데, 그녀는 공인회계사(CA)이고 민간회사인 BDO Stoy Hayward의 파트너로 일을 하기도 하였다.

Martin Sinclair

Martin은 1999년에 감사원장보가 되었다. 그는 감사원장보가 되기 전에 감사원장의 개인비서 및 재무감사 정책을 담당하는 국장이었다. 현재 그의 책임은 모든 재무감사 정책과 감사원의 국제 감사업무 관리와 정보기술, 문화체육부에 대한 감사업무를 총괄하고 있다. 그는 재무보고자문위원회의[32](Financial Reporting Advisory Board)의 위원이기도 하다.

Jim Rickleton

Jim은 2003년에 감사원장보가 되었다. 그는 1981년에 감사원에 첫발을 내 딛은 뒤 감사원장 개인비서, 교육, 국방, 사회보장, UN 기구 관련 감사업무를 담당하였다. 그는 지금 국방, 국제개발, 외교 및 정보기관에 대한 감사업무를 총괄하고 있다. 그는 감사원 내부적으로 인사업무와 인종 및 성별에 따른 차별을 완화하여 다양성을 확보하기 위한 업무도 담당하고 있다.

Michael Whitehouse

Michael은 2002년에 감사원장보가 되었는데, 그 이전에는 성과감사 개발 담당국장을 하였고 뉴질랜드 감사원에 5개월간 파견을 나가기도 하였다. 그는 영국 감사원 내 재무총괄관(Principal Finance Officer)이기도 하며 내각사무처와 부수상실에 대한 감사업무를 책임

32) 영국의 재무보고자문위원회는 1996년에 설립되어 정부(국가기관, 책임운영기관, 비부처 공공기관, 무역펀드 및 건강기구 등)내 회계기준을 설정하는 과정을 재검토하는 재무성 산하의 자문 위원회로 2000년에 '정부자원 및 회계에 관한 법(Government Resources and Accounts Act)' 에 의해 법적인 권한이 부여되었다. 동 법에 따르면 재무성은 재무보고 원칙과 기준에 관해 자문을 구하도록 하였고 동 기능을 수행하는 위원회로 동 자문위원회가 선정되었다. 재무보고자문위원회는 민간까지 포괄하고 단순히 자문기능에 한정되지 않고 실질적인 결정권을 가지고 있는 재무보고협의회(Financial Reporting Council : 첨부 3 참조)와 다르다.

지고 있다. Michael은 정부내 물자조달의 성과를 향상하고 정부가 제공하는 행정서비스의 전달을 효율적으로 하기 위한 감사원 내 특별팀을 이끌고 있다. 아울러 그는 성과감사 개발업무와 감사의 질 확보에 대해 책임지고 있다.

Ed Humpherson

Ed는 2007년에 감사원장보가 되었고 '사업, 기업 및 규제혁신부(Department for Business, Enterprise and Regulatory Reform)'에 대한 감사업무와 경제 규제 업무를 담당하고 있다. 감사원장보가 되기 전에 그는 감사원 내 규제연구 담당 국장으로서 통신, 郵政사업에 관한 시장, 전기와 가스 등 유티릴티 산업, 연금 및 경쟁 촉진 등의 산업에 걸친 규제의 효과성에 대한 감사결과를 의회에 보고하였다. 또한 그는 정부가 마련한 규제영향평가(Regulatory Impact Assessments)에 대한 평가를 위한 감사원내 '보다 나은 규제(Better Regulation)' 업무를 담당하기도 하였다. 그는 감사원에 1993년에 참여를 하여 1996년에 공인회계사 자격을 취득하였고, 민영화와 '민자유치(Private Finance Initiatives[33])' 및 PPPs(Public Private Partnerships)와 같은 공공분

---

33) Private Finance Initiatives는 영국에서 보수당이 집권하던 1992년에 시작된 제도로 중앙정부나 지방정부가 직접 책임지고 건설해야 하는 건물이나 도로 등의 시설물 또는 방산관련 물자 등에 대한 건설 또는 제조 비용을 민간이 부담하고 운용은 정부가 하면서 민간에게는 일정 수입을 보장하거나 경쟁에 의해 민간이 자율적으로 판단하여 동 사업에 참여하도록 하는 제도로 지금은 전 세계에서 많이 동 제도를 많이 이용하고 있다. 우리나라에도 민간자본이 투입된 도로 등이 있다.

야와 사적분야 간의 상호교류에 대한 문제를 전문적으로 다루었다.

Gabrielle Cohen

Gabrielle은 2005년에 감사원장보가 되었다. 그녀는 통신, 통합업무(corporate affairs), 의회와의 관계 등을 책임지고 있다. 그녀는 감사원내에서 감사관으로 훈련을 받았고 최근에는 통신 및 기업업무 담당 국장으로 근무를 하였다.

감사원장보 아래 약 60명의 국장(Directors)들이 있는바, 이들은 민간회계법인의 파트너와 대등한 위치를 가지고 있어 업무수행에 있어 어느 정도의 재량과 독립성을 부여받고 있다. 각 국장 아래에는 국장들의 지휘를 받는 Audit Managers(우리나라 감사원의 과장급)가 각 국장마다 몇 명씩 있는바, Audit Managers는 각 감사 사항마다 감사인력 구성에 대한 책임을 지며, 실제 감사는 민간회계법인의 Audit Seniors에 해당하는 Audit Principals(우리나라 감사원의 감사관급)가 수행하고 있다. Audit Principals는 아래에 Auditor와 Audit Technician 또는 Assistant Auditor가 있다. 이런 감사직렬(Audit Grade) 이외에 인사, 재무, 관리 및 전산 등 지원 업무를 담당하는 일반사무직(General Service)이 있다. 일반 사무직은 감사직의 Audit Manager급에 해당하는 계급을 Grade 7이라고 칭하고, Audit Technician급에 해당하는 계급은 Executive Officer, Assistant Auditor에 해당하는 계급은 해당 종사업무의 성격에 따라 Executive

Assistant 또는 Administrative Officer 또는 Unit Secretary라고 부르고 있다.

기본적으로 영국 감사원 직원 중 재무감사를 담당하는 감사직렬 직원은 공인회계사(Chartered Accountant)의 자격을 갖추어야 하며, 일반적으로 국가 공무원과 같은 신분은 아니지만 개방형 전문직렬로 관리되고 있다. 따라서 영국 감사원은 별도의 임용기준과 절차, 훈련기관을 운영한다. 특히 대학졸업자와 전문직 회계사를 대상으로 선발 및 채용을 하고 있으며, 이들에 대한 보수 책정 등 모든 인사관리는 영국 감사원장의 재량적 인사권에 속한다.

약 850명에 달하는 영국 감사원 직원은 1983년 이전까지는 국가공무원(Civil Service)의 신분을 유지하였으나, 영국 감사원이 설치 운영되면서부터는 직업공무원은 아니지만[34] 1983년 국가감사법(제3조 제4항)에 의하면 감사원 직원은 노후퇴직연금법(Superannuation Act 1972)의 적용대상이 되어 퇴직연금과 신분 등에 관해서 직업공무원 규정에 준한 혜택을 받게 된다.

2) 재무책임관에 의한 내부통제

영국 감사원장은 감사원 예산 사전 검토와 점검, 외부감사인 임명, 하원에 연간 재무제표 등을 제시할 책임이 있는 의회의 공공회계위원회

34) NAO(2007), NAO Annual Report 2006/07, London : Stationery Office, p.8.

(TPAC)로부터 영국 감사원에 대한 재무책임관(Accounting Officer)으로 임명을 받았다. 영국 감사원장은 TPAC를 통해 하원에 책임을 지고 있다. 재무책임관으로서 감사원장은 감사원 정책의 달성을 지원할 수 있는 건전한 내부 통제 체제를 구축하고, 의회가 감사원장에게 부여한 자금과 자산을 적절하게 기록하고 안전하게 보호하며 감사원 재무상태의 적절성과 규칙성을 점검할 의무가 있다. 재무책임관의 책임 범위에 관해서는 의회의 TPAC가 발행한 '재무책임관 규약(Accounting Officer's Memorandum)' 에 담겨져 있다.

내부 통제 시스템 구축의 목적은 감사원 정책이나 목표 등을 달성하지 못할 위험성을 모두 제거하는데 있는 것이 아니라, 합리적인 수준에서 위험을 관리하는데 있다. 즉, 의회의 권유를 받거나 자체적으로 목표로 정한 바를 달성하지 못하였다고 하여 바로 영국 감사원이 중대한 위험에 처해 있다고 할 수 없고, 그 목표를 달성하기 위한 모든 노력을 다하고 달성하지 못할 위험에 대하여 적절한 수준에서 잘 관리하고 있는지가 관건이고 이를 위해 재무 책임관이 존재하는 것이다.

내부 통제의 핵심은 위험관리이고 위험관리를 할 수 있는 능력은 그냥 그저 주어지는 것이 아니라 감사원 직원들의 능력개발을 위한 지속적인 훈련과 감사시 지켜야 하는 지침 등을 통해 우발적으로 발생할 수 있는 위험요소를 사전에 통제하는 방안을 강구해야 가능해진다. 직원들의 능력개발과 아울러 영국 감사원의 감사원장보 등으로 구성된 집행간부위원회(Management Board)는 감사원의 정책, 목표 등의 달성에 영향을 줄 수 있는 전략적인 위험 요소를 확인하여 이를 관리할 의무가 있다고 할 수 있다.

영국 감사원은 위험요소를 등록하여 어떤 것이 전략적 차원의 위험이고 운영차원에서 위험인지 확인하고 있다. 이렇게 등록된 위험요소는 영국 감사원 내 집행간부위원회와 회계검사위원회 등에서 검토를 한다. 현재 거론되고 있는 전략적인 위험을 예시하면 다음과 같이 정리할 수 있다.

첫째, 정해진 일정 내에 감사기준을 충족하는 완벽한 재무감사를 실시하지 못할 위험이 있다. 둘째, 의회에 적절한 수준의 질이 확보된 60개의 VFM 감사를 전달하지 못할 위험이 있다. 셋째, 의회와 합의를 본 예산절감액(연간 예산액의 9배)을 달성하지 못할 위험성이 있다. 넷째, 의회가 정해준 예산을 효과적이고 효율적으로 관리하지 못할 위험성이 있다. 다섯째, 자원을 부적절하게 사용하거나 제대로 관리하지 않아 영국 감사원의 명성과 성실성에 해를 끼칠 위험성이 존재한다. 여섯째, 영국 감사원의 임무가 축소될 위험이나 임무가 확장되거나 새로운 임무가 추가될 기회를 놓치게 될 위험도 존재한다. 일곱째 현재 진행 중인 런던 소재 영국 감사원 본부 건물 리노베이션 작업을 적절히 관리하지 못할 위험성이 있다.

위와 같은 위험이 발생하지 않도록 하기 위해서는 직원관리는 어떻게 하고, 재무감사는 어떻게 실시하며, VFM 감사는 어떻게 실시하고, 내부 감독체계와 운영은 어떻게 하며, 건물 리노베이션 프로젝트를 어떻게 관리할 것인지 집행간부위원회 등에서 논의를 하고 지속적인 모니터링과 평가를 하고 있다.

3) 집행간부위원회(Management Board)

집행간부위원회는 영국 감사원장에 대한 자문기구로 감사원장이 그의 임무를 수행하면서 다양한 자문을 구하고 있다. 2008. 1. 31까지 집행간부위원회는 Management Committee로 불리우다가 2008. 2. 1부터는 그 명칭이 Management Board로 변경되었다. 동 위원회의 의장은 감사원장이 되고 감사원 부원장(2008년 7월 현재 공석), 7명의 원장보와 아울러 다음에 서술할 Audit Committee의 의장(감사원 간부가 아닌 외부인)이 포함되어 전체적으로 10명으로 구성되어 있다. 주요 기능을 보면, 감사원의 전략계획을 수립하며 3년간의 중기계획(corporate plan)을 통한 미래의 자원 소요액을 TPAC에 건의하며, 영국 감사원 감사업무 등의 진척상황과 감사의 질과 영향력을 모니터링하고 주요 위험요소를 평가하여 감사원장에게 대안을 건의하는 등 자문 역할을 수행한다. 아울러 감사원 내부 인력 운영과 관련하여 다양한 인종계층을 망라하는 지, 직원들의 건강과 안전에 관한 정책의 이행을 모니터링하는 등 조직구조의 적합성 등에 대하여도 감사원장에게 건의하는 역할을 한다. 동 집행간부위원회는 감사원 내부 통제와 위험관리의 적절성에 대한 자문 등은 감사원내 설치된 회계검사위원회(Audit Committee)에 의존을 한다. 2008년 2월부터는 TPAC의 건의를 받아들여 동 집행간부위원회를 매달 개최(이전의 Management Committee는 매주 개최하였음)하며,

동 위원회 내에 3개 위원회를 새로이 설치하였다[35]. 신설된 3개 위원회를 보면 우선 감사원의 감사결과의 성실성에 초점을 맞추는 '감사 실무 및 감사의 질 위원회(Audit Practice and Quality Committee)' 가 있고, 둘째 감사원의 자원 및 인프라에 초점을 둔 '운영전달위원회(Operational Delivery Committee)' 가 있으며, 셋째 감사원 직원들에 대한 관리에 중점을 두는 '직원 성과 및 보수 위원회(Staff Performance and Remuneration Committee)' 가 그것이다.

4) 회계검사위원회(Audit Committee)

영국 감사원 내 회계검사위원회는 감사원장과 집행간부위원회를 지원하는 기능을 수행한다. 현재 자문위원회의 의장은 감사원 간부가 아니고 '공공재정 및 회계사 협회(Chartered Institute of Public Finance and Accountancy)' 의 사무총장(Chief Executive)인 Steve Freer가 하고 있다. 동 회계검사위원회는 모두 3명으로 구성되는바, 의장과 감사원장보가 아닌 2명이 포함되는데 나머지 2명은 영국 감사원에서 고위간부를 역임하였던 Sir Michael Davies와 영국 감사원의 국장을 역임하였던 Christine Freshwater가 포함되어 있다. 동위원회는 매년 3번의 회의를 개최하다가 2008년 4월부터는 1년에 4번 개최하는 것으로 변경되었다.

---

35) NAO(2008), NAO Resource Account 2007/08, London : Stationery Office, p.5.

동 위원회는 영국 감사원이 제기한 내부 및 외부 통제 문제 등과 관련하여 다음의 3가지 주요한 기능을 수행하여 감사원장에 대해 감사원 운영과 관련된 사항에 대하여 자문하는 역할을 수행한다. 즉, 첫째 내부통제와 관련하여 내부통제의 프레임워크가 잘 되어 있는지, 위험관리의 과정은 적절한지, 감사원 활동과 관련되는 재무보고의 질과 신뢰성이 적절한지 등 감사원내 내부통제와 위험관리의 적절성을 살피는 임무를 수행한다. 감사원장은 필요시 동 위원회로 하여금 임무수행에 필요한 자료나 증거를 수집하기 위한 권한을 부여하고 있으며 회의에 참석을 하거나 외부전문가의 자문을 구하는 등의 활동도 하도록 하고 있다. 둘째, 동 위원회는 외부기관에서 실시한 감사원에 대한 감사결과 나타난 문제점을 정리한 관리서한(Management Letter)과 예산절감액 산정에 관한 서류나 외부감사자의 영국 감사원에 대한 VFM 감사결과 등 내부 통제에 관한 중대한 다른 보고서를 접수하여 검토하는 역할도 한다. 셋째, 영국 감사원 내 위험관리와 관련하여 중대한 위험을 어떻게 확인하고 평가하며 관리하고 있는지를 검토하는 기능도 수행한다. 위험관리와 관련되는 구조가 적절한지 또는 동 구조가 효과적으로 기능을 수행하는지를 검토하기도 한다. 이 3가지 전통적인 기능 이외에도 2007년 7월 하원의 공공회계위원회(TPAC)에서 발간한 13차 보고서의 내용을 반영하여 회계검사위원회 의장은 영국 감사원장이 제안한 중장기 비용 계획의 적절성에 대한 검토 책임도 부과되었으며, TPAC에서 제기하는 다른 이슈에 대하여도 토론할 임무가 추가되었다.

3 다른 감사기구와의 관계

1) 감사위원회(Audit Commission)와의 관계

영국 중 잉글랜드 지역의 지방정부에 대한 감사권한은 별도의 감사기관인 '감사위원회(Audit Commission)'가 가지고 있다. 영국에 있어 지방정부에 대한 감사의 역사는 길고도 복잡하다. 우선 1846년에 잉글랜드와 웨일즈에 있는 지방정부의 계좌 검사를 위해 '지방감사처(District Audit Service)'를 설치하였다. 그 후 126년이 지난 1972년에 영국 의회는 지방정부가 그들의 계좌를 검사받기 위해 민간 회계 법인이나 지방감사치 중 하나를 신택하도록 하였다.

그 후 오늘날 영국의 독특한 지방정부 감사체제인 감사위원회(Audit Commission)라는 독특한 제도를 운영하기 시작한 것은 1983년부터이다. 영국의 자치단체에 대한 외부감사는 1982년 지방재정법(Local Government Finance Act 1982)에 의하여 설립되어 1983년부터 감사업무를 시작한 독립기구로서 非中央公共機關(Independent Non-Departmental Public Body)인 감사위원회에서 임명하는 감사관에 의해 이루어진다.

영국 감사위원회는 설립된 1983년부터는 지방정부에 대한 감사를 실시하다가 1990년부터는 국민보건의료서비스기관(NHS : National Health Service), 주택, 경찰 및 소방 등 지역사회의 안전과 긴급구조업무 등에 대하여 외부 통제자로서의 감사업무를 수행하고 있다. 감사위원회의 책임 부문에 대하여는 1998년에 제정 시행된 감사위원회법(Audit Commission Act 1998)에 명시되어 있으며, 동 법에 감사위원회의의 감사방법과 감사범위 등을 결정하고 시행할 수 있는 감사방법을 구체화하여 모든 지방정부는 지방감사위원회가 시행하는 외부감사를 받아야 한다고 규정하고 있다.

감사위원회는 지방정부에 대하여 예산 및 재정 운영에 대한 권고와 지원 기능을 중요시 하며, 각 지방정부의 재정활동에 대한 합법성 감사보다는 효과성 감사에 중점을 두어 감사를 실시하고 있다. 영국은 지방정부가 보다 성과 지향적으로 매진하도록 독려하는 효과성 감사를 위해 1992년부터는 지방정부법에 의하여 지방정부의 성과를 비교하는 지표(Performance Indicators)를 작성하는 책임을 맡게 되었다. 그 후 2001년에 영국 중앙정부가 발간한 백서인 'Strong Local Leadership-Quality Public Services' 에 의해 감사위원회가 지방정부에 대한 포괄적 성과평가를 수행할 책임을 부여하도록 권고 되어졌다. 이 백서에 따라 2002년에 최초의 포괄적 성과평가(CPA : Comprehensive Performance Assessment)가 실시되어 각 지방정부의 성과를 지역주민들에게 공지하고 다른 지방정부와 비교가 가능하도록 하고 있다. 위 감사위원회에 대한 외부감사 업무는 영국 감사원(NAO)이 실시하고 있다[36].

영국 감사원과 감사위원회는 분명한 차이점이 존재한다. 영국 감사

36) http://www.audit-commission.gov.uk/aboutus/faqs/#q3

원은 중앙부처 감사에 대한 책임을 지고 있는 감사원장을 지원하기 위한 기관으로 감사원 직원들에게는 독립성이 부여되어 있지 않다. 그러나, 감사위원회는 위원회와 독립되어 감사활동을 하는 임명된 감사관들에 의해 지방정부 등에 대한 감사활동을 수행한다. 즉, 감사위원회 소속 감사관이나 임명된 외부 감사인은 감사위원회와 독립된 개별 주체로서 감사활동을 한다는 차이점이 존재한다.

그러나, 2개 기관은 보다 효율적이고 효과적인 공공서비스의 전달을 위해 노력한다는 점에서 서로 밀접한 관계를 가지고 합동이나 파트너쉽을 형성하여 감사활동 등을 하고 있다. 예를 들면, 영국 감사원은 감사위원회의 '포괄적 성과평가[37] 전략 위원회(Comprehensive Performance Assessment Strategy Board)' 에 참여를 하고 있고, NHS의 재정 및 '공공서비스협약[38](Public Service Agreements)' 을 위한 일련의 전달통로와 같은 분야에 공동으로 감사를 실시하기도 하

37) 포괄적 성과평가는 2003년부터 영국 감사위원회(Audit Commission)가 영국의 모든 지방정부를 대상으로 (1)기관의 통합성과(corporate assessment), (2)기관의 자원 사용 성과(use of resources assessments), (3)주민에 대한 서비스 제공 성과(services assessments), (4)기관의 방향성 평가(direction of travel assessments)의 4개 부분으로 나누어 각 지방정부의 성과에 대한 평가를 하고 있다〈Audit Commission(2006), Briefing on the Audit Commission's Comprehensive Performance Assessment framework. London〉.

38) 공공서비스협약(PSA) 제도는 중앙정부에 적용되는 것으로 각 부처가 향후 3개년 간에 걸쳐 목표, 목적, 자원, 성과 및 효율성 달성 목표치를 구체적이고 계량적으로 제시하여 이를 하나의 단일문서로 통합하여 재무성과 협의한 뒤 최종수준을 결정한다. 각 부처는 달성 목표치와 성과 지표를 제시하여 목표치를 달성하지 못하면 향후 조건부적인 예산의 삭감 등의 불이익을 받게 된다〈임성일 · 최영출(2001) , 영국의 지방정부와 공공개혁, pp. 589~592.〉.

며, 2007년 여름에 영국에 발생한 홍수와 관련하여 지방정부가 부담한 비용에 대하여 감사위원회가 감사를 하면서 전통적으로 영국 감사원의 감사영역이라 여겨졌던 중앙정부의 보조금에 대하여도 중앙정부를 상대로 조사를 하는 등 2개 기관의 업무 영역이 다소 애매해지고 있다[39].

아울러, 영국 감사원과 감사위원회가 통합되어야 한다는 주장과 별도의 기관으로 현행대로 존치되어야 한다는 주장이 함께 공존하고 있다[40]. 먼저 통합되어야 한다는 측의 논리를 보면, 양 기관의 통합 시에는 규모의 경제와 시너지 효과로 인한 비용의 절감을 도모할 수 있고, 영국 내 공공 자금에 대해 책임을 지는 단독기관의 존재로 인해 혼란을 줄일 수 있으며, 유사한 사항에 대하여 서로 다른 대안제시가 없어 애매성이나 혼선을 줄일 수 있으며, 지식의 공유 및 지적 자본에 대한 공유가 보다 원활하여 감사의 질이 개선되고 일관성이 향상될 수 있다고 주장하고 있다. 그러나, 양 기관이 현행과 같이 별도로 존치되어야 한다고 주장하는 측의 논리를 보면, 현행과 같이 별도의 기관의 존재로 인해 공익을 해하고 있다는 경험적인 증거가 없으며, 중앙정부와 지방정부에 대한 감사의 책임이나 배경은 분명 차이점이 있으며 양 기관을 통합할 경우 오히려 이런 차이점이 불분명해지고, 조직 문

39) The Public Accounts Commission of House of Commons(2008), Review of the National Audit Office's Corporate Governance, 14th Report, London : Stationery Office.

40) The Public Accounts Commission of House of Commons(2008), Review of the National Audit Office's Corporate Governance, 14th Report, London : Stationery Office.

화와 전문성 배경이 다른 2개 기관을 통합할 경우 통합조직의 수장은 업무수행에 어려움을 겪을 수 있다는 등의 논리를 펴고 있다.

위 통합 논의와는 별도로 국가 전체적인 입장에서 양 기관은 실무선이나 간부선에서 보다 밀접한 연관성을 가지고 공동 감사를 하거나 파트너쉽을 형성하여 감사를 실시할 필요성은 분명 존재하고 직원간의 교류를 확대하고 관련 감사정보나 노하우를 공유하려는 노력이 필요함은 분명하다고 할 것이다.

영국에서는 중앙정부 등에 대한 최고감사기관인 영국 감사원과 지방정부 등에 대한 감사를 책임지고 있는 감사위원회는 상하관계가 아니고 상호 독립적으로 업무를 수행하는 데 비해, 프랑스는 이와 다르다[41]. 프랑스의 지방회계감사원(Chambres Regionales des Comptes)은 지방자치 이후 지역(Region)을 행정관할구역으로 설정하고 중앙회계감사원으로부터 감사권을 이관 받아 감사업무를 시행한다. 지방회계감사원은 중앙회계감사원과 밀접한 법적 유대관계를 형성하고 실질적으로 수직적 상하관계를 가진 관계기관으로 중앙회계감사원은 지방회계감사원에 대한 통제권 및 최종 판결권을 보유하고 있다. 즉, 지방회계감사원의 판결에 불복할 경우 중앙회계감사원에 재심을 청구하면 중앙회

41) 한국행정연구원(2007), 지방감사제도 구축방안에 관한 연구 : 감사원 용역보고서, 한국행정연구원, pp.72~73.

계감사원은 판결을 하게 되고 동 판결은 재정 및 회계 분야에서 상급법원에 의한 최종 판결 역할을 한다. 아울러 지방회계감사원장은 중앙회계감사관의 감사위원(수석감사관) 중에서 중앙회계감사원장의 추천으로 대통령이 임명하며 동 지방회계감사원장은 형식적으로 중앙회계감사원의 수석감사관직을 겸직하게 됨으로써 중앙과 지방 간 인사권의 종속관계를 형성한다.

각 국의 공공감사제도의 형태는 국가마다 특수한 환경과 역사에 따라 매우 다양하다. 특히, 지방정부에 대하여 최고감사기구가 직접 감사를 실시하는 국가가 있는가 하면, 영국이나 프랑스처럼 별도로 지방정부를 대상으로 감사를 전담하는 기관을 설립하여 운영하기도 하지만, 영국처럼 최고감사기구와 독립된 별도의 지방정부 대상 감사기관을 운영하는 국가는 매우 이례적이라 할 수 있다(첨부 4 참조). 미국은 지방정부에 대한 감사는 별도의 지방정부 감사전담기관 없이 주정부 등 지방정부 자체에 맡겨 운영하고 있다.

2) 영국 내 다른 감사기관과의 관계

영국에 1997년 T. Blair를 수상으로 하는 노동당이 집권하게 된 이후 진행된 정치적 분권화 정책(Political Devolution)으로 인하여 지역정부체계(Regional Government)가 구축되기 시작하여 스코틀랜드와 웨일즈 지역에는 지역 의회가 설립되는 등 분권화가 가속화되기 시작하였고, 잉글랜드 지역과 다른 국가감사기구가 설치되어 운영되기 시작하였다.

Scotland 지역에는 1998년 '스코틀랜드법(Scotland Act)' 에 의해 설립된 스코틀랜드감사원장(The Auditor General for Scotland)은 스코틀랜드 감사원(Audit Scotland)의 지원을 받아 스코틀랜드의 행정기관 등 스코틀랜드 의회에 의해 자금이 지원되는 기관 등에 대한 감사를 실시하여 스코틀랜드 의회에 보고한다. 스코틀랜드 지역의 지방정부에 대한 감사실시는 지방정부와 소방 및 경찰 등에 대한 외부 감사자로서 책임을 지고 있는 '지방자치단체회계위원회(Commission for Local Authority Accounts)' 의 지휘를 받아 스코틀랜드 감사원이 감사를 실시한다. 아울러 웨일즈 지역에는 2005년 4월부터 웨일즈감사원장(The Auditor General for Wales)의 지휘를 받아 웨일즈감사원(Wales Audit Office)[42]이 웨일즈 정부(Welsh Assembly Government) 등 공공기관에 대한 감사를 실시하고, 지방정부에 대해서는 재무감사와 성과감사를 수행하기 위해 감사관을 임명하고 있다. 북아일랜드지역은 정치적 특수성으로 인해 1921년부터 북아일랜드감사원장(The Comptroller and Auditor General for Northern Ireland)의 지휘 아

---

42) 웨일즈감사원은 '웨일즈지역 감사위원회(Audit Commission in Wales)' 와 '웨일즈 지역 감사원(National Audit Office in Wales)' 의 2개 기관의 기능을 합하여 2004년에 제정된 Public Audit (Wales) Act 2004에 의해 2005년 4월에 웨일즈감사원이 창설되어 연간 190억 파운드(한화로 약 37조원 상당)에 이르는 예산에 대한 감사를 하고 있다. 2005년 4월 이전에는 영국 감사원(NAO)이 웨일즈 지역에 대한 감사도 실시하였다. 따라서 본 보고서상 2004/05 회계연도 이전의 각종 수치는 웨일즈 지역을 포함한 것이고, 그 이후 회계연도에는 웨일즈 지역이 포함되지 않는다.

래 북아일랜드감사원(The Northern Ireland Audit Office)이 감사를 실시하고 있지만 모든 책임은 영국 의회에 귀속된다.

잉글랜드 지역에 대한 감사책임을 지고 있는 영국 감사원과 스코틀랜드, 웨일즈 및 북아일랜드 감사원은 감사사례 및 모범사례를 공유하는 등 공공감사 방안의 발전방향을 논의하기 위해 '공공감사포럼(Public Audit Forum)' 이라는 기구를 설립하였다. 동 공공감사포럼은 영국의 4개 지역의 감사원장과 감사위원회 사무국장[43)]이 1년에 두 번 모여 공공감사 관련 발전 방안에 대하여 논의하는 자리로 자문을 하거나 컨설팅을 하는 모임일 뿐 감사대상기관에 대하여 지시 등을 하는 것은 아니다.

3) 자체 감사기관과의 관계

영국에서 각 중앙부처의 자체감사기구를 보면[44)], 재무와 관련하여 자체감사를 책임지고 있는 사람은 각 부처의 재무책임관(Accounting Officer)이고, 재무책임관에게 자체 감사에 관하여 자문을 하는 위원회로 각 부처 내에 감사위원회(Audit Committee)가 있으며, 동 위원회는 최소한 1년에 3번 이상 모임을 가져 재무책임관에게 감사활동이나

---

43) 공공감사포럼의 의장은 영국 감사원장이 현재 맡고 있고, 회원은 Audit Commission의 Chief Executive인 Steve Bundred, 스코틀랜드 감사원장인 Robert Black, 웨일즈 감사원장인 Jeremy Coleman, 북아일랜드 감사원장인 John Dowdall과 재무성 등 관계기관의 고위 관료가 참석하고 있다.

44) www.hm-treasury.gov.uk/Documents/International_Issues/EU_Information/int_eu_intaud.cfm

내부통제 시스템의 적절성 등에 대한 의견을 제시하고 자문을 한다. 실지감사를 수행하는 자체감사기구는 각 부처의 감사관(Head of Internal Audit)이 있다. 자체 감사를 수행하면서는 재무성(HM Treasury)이 정한 '정부 자체 감사 매뉴얼(The Government Internal Audit Manual)'에 따라 감사를 실시하도록 되어 있다. 자체감사기구의 임무를 보면, 내부통제시스템의 효과성 등을 평가하며, 감사결과 개선향상이 요구되는 사항에 대하여 재무책임관과 감사위원회에 보고를 한다. 정부자체감사매뉴얼에는 재무책임관의 임무, 의회에 대한 보고, 자원 사용의 타당성과 적합성 등을 어떻게 감사하는지를 담고 있다.

영국에서 자체감사기관과 영국 감사원과는 상하관계에 있는 등 직접적인 연계성은 없다. 그러나 의회, 특히 하원의 공공회계특별위원회(PAC)를 통해 밀접한 연계성을 가지고 있다. 영국 감사원의 감사결과는 하원의 공공회계특별위원회에 보고되고, 동 위원회는 각 부처의 장관이나 재무책임관으로 하여금 감사결과 지적사항이 발생한 사유와 대책 등에 대하여 청문회를 가지고 감사결과의 이행상황을 점검하고 있다. 아울러, 감사과정에서도 영국 감사원은 외부감사(External Audit)로서 자체 감사(Internal Audit)가 실시한 감사결과를 참고하기도 한다.

위에서 언급한 자체감사기구 이외에도 영국에는 특정 분야의 직무감찰 기능을 수행하는 매우 다양한 기관이 존재한다. 각 기관의 업무 특성상 직무감찰이 중요한 업무에 대하여 독립된 직무감찰기관을 설립하여 감독하고 있다. 학교행정에 대하여 감독과 감찰을 하는 기관으로 교육표준청(Office of Standard in Education)이 있고 원자력, 수자원관리, 도시계획, 사회보장, 경찰, 중대범죄 등 각 분야 마다 독립된 직무감찰기관이 있다.

교육표준청(www.ofsted.gov.uk)은 그 기원이 19세기 중반까지 갈 수 있으나 지금의 교육표준청은 1992년의 교육법(Education Schools Act)에 의해 1993년에 다시 설립되었다. 교육표준청은 정부기관으로 그 수장을 '학교 수석감찰관(HMCI : Her Majesty's Inspectors of School)' 이라고 부르며, 초 · 중 · 고등학교(대학교는 Quality Assurance Agency에서 감찰)와 지역의 교육기관 등에 대하여 교육의 질, 교사의 리더쉽, 성적 및 시설관리 등과 아울러 학생들에 대한 사회보장 지원 등에 대하여도 감찰활동을 한다. 영국의 모든 학교는 매 3년마다 학교 자체에서 작성한 자체 평가서를 기초로 하여 교육표준청에서 학교 관리, 수업의 과정과 질, 학생들의 성적 향상, 학교 발전 전략 등의 적정성 등에 대하여 감찰활동을 한다.

국토계획(www.planning-inspectorate.gov.uk) 분야에 대한 감찰활동은 국토계획감찰관(Planning Inspectorate)이 수행한다. 국토계획 감찰관은 영국 중앙정부인 '지역사회 및 지방정부 담당 장관' 에 의해 임명되는 책임운영기관으로 1997년의 '도시계획규제법(Town and Country Planning Regulations)' 에 의해 권한이 부여되었다. 개발

계획과 집행에서 발생하는 이의제기를 다루고 개발계획과 고속도로 등과 관련하여 일반인들의 질의를 다룬다.

사회보장(www.csci.gov.uk) 분야에 대한 감찰 행위는 사회보장감찰위원회(Commission for Social Care Inspection)가 수행한다. 동 위원회는 2003년에 Health and Social Care Act에 의해 창설되어 사회보장서비스에 대한 감찰, 규제 및 검토 등을 하나의 기관에서 수행하기 위해 2004년 4월부터 기능을 수행하고 있다. 동 위원회는 중앙정부(Department of Health)로부터 보조금을 받거나 규제기관으로부터 수수료를 징구하여 기관을 운영하고 있다.

중대범죄(www.sfo.gov.uk)에 대한 감찰행위는 '중대범죄수사처(Serious Fraud Office)'가 담당하고 있다. 동 수사처는 검찰총장(Attorney-General)에 대하여 책임을 지며 1987년 '범죄정의법(Criminal Justice Act)'에 의해 설립되어 1백만 파운드 이상의 사기사건이나 2개 국가 이상에서 발생한 중대 범죄에 대하여 수사를 하고 기소를 하는 권한을 부여받았다. 동 기관은 스코틀랜드를 제외하고 잉글랜드와 웨일즈 및 북아일랜드 지역에 대하여 관할권을 가지고 있는 정부기관이다. 이들 기관들은 영국 감사원과 연계성 없이 업무를 수행하며, 수상 직속의 '공공서비스 개혁실(Office of Public Services Reform)'에서 '공공서비스 감찰에 관한 지침(The Government's Policy on Inspection of Public Services)'을 내리고 있다[45].

45) The Prime Minister's Office of Public Services Reform(2003), The Government's Policy on Inspection of Public Services, London : Office of Public Services Reform.

제 ③ 장

영국 감사원의 인사관리

1 감사요원의 충원방식

1) 충원규모

영국 감사원은 다른 정부기관도 그러하듯이 평등과 다양성의 정책 기조 하에 공정하고 개방된 경쟁원칙을 지키고 있다. 영국 감사원에는 약 850명의 직원이 런던, 뉴캐슬, 블랙풀 등에 근무하고 있다. 이들 직원 중 공인회계사 자격을 지니고 있는 직원은 모두 330여 명이고 공인회계사 훈련 과정에 있는 직원이 모두 200명에 달하여 전 직원의 60% 이상이 회계 전문가들이다[46].

영국 감사원은 재무감사를 위해 매년 약 70명 정도의 대학졸업자를 대상으로 감사관을 채용하여 공인회계사 훈련과정에 투입하고 있다[47].

46) NAO(2008), NAO Annual Report, London : Stationery Office, p.25.

47) NAO(2007), NAO Annual Report, London : Stationery Office, p.22.

이 훈련과정에 있는 사람을 '공인회계사 훈련생(trainee accountants)' 이라고 한다. Financial Times지의 보도에 따르면 영국 감사원은 2007년도에 100 대 대졸자 취업기관으로 선정되기도 했다.

공인회계사 훈련생인 사람이외에도 통계학, 경제학, 사회과학 및 인사관리, 컴퓨터 등 IT 업무를 전공한 사람들이나 단순히 행정업무를 지원하기 위한 비서나 행정보조요원 등을 충원하고 있다. 재직 중인 직원들의 능력개발을 위해 전문가 양성훈련과정을 두어 운영하거나 파견제도를 운영하고 있다. 영국 감사원에서 충원하는 직원들은 대부분 계약기간이 설정되지 않은(open-ended contracts) 정규직원들이지만, 필요에 따라서는 기간이 설정된 계약직 직원(fixed-term contracts)이나 단기간 임용하는 직원(short term appointments) 및 용역회사 직원(temporary staff through agencies) 등으로 나누어진다.

2) 충원과정[48]

감사요원 충원과정은 크게 감사원 내부적인 절차와 감사원 외부적인 절차로 나눌 수 있다. 먼저 감사원 내부적인 절차를 보면 충원과정을 주도하는 부서는 수요부서의 수요 제기를 받아 충원팀(Recruitment Team)이 주도하는바, 이를 구체적으로 보면 먼저 수요 부서의 소요 제기(resources requirements), 동 소요제기의 승인, 소요부서의 필요

48) 자세한 충원과정에 대하여는 www.naograduates.org.uk/AboutUs.aspx를 참고할 것.

한 직무 및 사람 기술서 작성(job descriptions and person specifications)등의 절차가 있다. 이렇게 감사원 내부적인 절차가 완료되면 불특정 다수인을 상대로 한 외부적인 절차를 밟는바, 먼저 새로이 채용할 직원에 대한 광고, 응모기간 만료 후 응모자 평가, 후보자 선정, 선정된 후보자 상대 인터뷰 실시, 최종 심사, 최종 선정된 후보자 상대 보수 등 협상, 채용 등의 절차를 밟는다.

위와 같은 통상적인 충원 과정 중에 가장 중요한 충원은 대졸자를 상대로 한 재무감사 요원 선발과정이다. 이런 대졸자 감사요원 충원과정을 보면, 먼저 감사원 내부적인 절차는 동일하고 다음으로 대졸 후보자가 응시원서를 내면 영국 감사원에서 사전 심사를 하여 4주 이내에 예비인터뷰 대상인지 여부를 알려 준다. 연락이 된 후보자는 인터뷰 과정에 수학적인 능력을 시험받아 통과가 되고 나면 런던의 영국 감사원 본부에 가서 집단 테스트를 받게 된다. 집단 선정과정에서 8명의 후보가 한 그룹을 이루어 평가를 받게 되는데, 케이스 스터디와 그룹훈련을 하게 된다. 그런 다음 '전문 회계 훈련 프로그램(professional accountancy training programme)' 에 관한 설명을 받은 후 점심을 하면서 최근에 정식 감사관이 된 사람들과 후보자들이 대화를 나누면서 궁금한 것을 물어보게 된다. 그런 연후에 후보자는 미리 준비한 특정주제에 관한 프리젠테이션을 하게 되고 감사원 간부 중 한 사람과 최종 인터뷰를 하게 된다. 최종 인터뷰 후 7일 이내에 합격여부를 알게 되는데, 합격되었다고 하여 정식으로 영국 감사원 직원이 되는 것은 아니고, 정식 직원으로 발령이 날 때까지 계약직의 형태로 훈련을 받거나 근무를 하게 된다.

3) 보수수준

영국 감사원의 대졸 계약 직원인 공인회계사 훈련생(trainee accountants)으로 채용이 되면 일단 3년간의 훈련을 이수하여야 한다. 계약직으로 처음 채용이 되는 순간 런던에 근무하는 감사요원은 25,276파운드, 뉴캐슬 지역에 근무하는 요원은 20,109 파운드의 보수를 받으며, 훈련기간 동안 시험성적 등에 따라 런던 근무요원의 경우 최고 32,928 파운드까지 받게 되고, 훈련 종료 후 훈련의 성과와 감사원의 예산 사정 등을 고려하여 정식직원인 감사관(Audit Principal)의 직급이 부여되는데 이 시점에 오면 런던 근무 감사관은 45,014 파운드, 뉴캐슬 지역 근무 감사관은 36,487파운드의 보수를 받게 된다[49].

감사관으로 채용이 되면 보수 이외에도, 연금(Principal Civil Service Pension Service), 자녀 돌봄 지원(Childcare Vouchers), 건강 체크(Health Check), 생명보험(Life Assurance), 대부금 지원(Season Ticket Loans) 등의 혜택이 주어진다.

영국 감사원 직원으로 채용된 사람이 소정의 훈련과정을 마치고 ICAEW(Institute of Chartered Accountants in England and Wales) 자격을 취득한 뒤에는 영국 감사원은 유능한 직원을 두고 민간

49) http://www.naograduates.org.uk/TrainingAndDevelopment.aspx를 참고.

회계법인 등과 경쟁을 하게 된다. 보수가 너무 낮으면 유능한 직원들이 감사원을 떠나게 되므로 설령 의회와 다수의 국민들에게 봉사한다는 명예감을 감안한다 하더라도 보수수준은 민간 법인 등과 비슷한 수준(within striking distance)이 되기 위해 노력하고 있다[50].

2 기타 인사정책

1) 전문성 확보방안

(1) 직원들의 전문성 확보방안

어느 국가이든 최고감사기구인 감사원 직원들의 기술과 전문성은 감사원의 명성의 기초가 되고 감사원이 미치는 영향력의 기저가 된다. 전문성이 전제가 되지 않으면 감사결과의 신뢰성에 심대한 지장이 초래하게 된다. 영국 감사원은 전문성을 확보하기 위해 우수한 대학졸업자를 선발하려는 노력을 많이 기울이고 있다. 영국 감사원에 대졸 재무감사요원으로 충원이 되면 일단 영국 감사원과 약 3년 이상의 훈련 계약을 맺어야 한다. 연간 약 70명에 달하는 신규 채용 대졸자 감사원 직원은 영국 감사원과 훈련계약(Training Contracts)을 맺는바, 이 계약은

50) NAO(2007), Corporate Plan 2007, London : Stationery Office, p.49.

ICAEW가 발행한 표준 계약에 기초를 하고 있으며 훈련생과 영국 감사원 모두가 서로 지켜야 할 의무를 담고 있다. 이 훈련계약은 고용계약(Employment Contract)의 일부분을 차지한다. 이 기간 동안 신규 충원자는 영국 감사원의 대졸자 훈련 프로그램인 TOPPs[51](Training Outside Public Practice)에 따라 공인회계사 자격을 취득하고 450일간(90주×5일)의 실무연수를 해야 한다[52]. 이 기간 동안 신규 충원자인 훈련생에게는 공인회계사 시험에 대비할 목적으로 런던 중심부에 위치한 훈련 전문 대학에 강의를 받기 위해 직무의 일부가 면제(Block Release)되나 보수를 받게 된다. 이 훈련기간 동안 신규 충원자는 영국 공인회계사(CA : Chartered Accountants) 자격을 시험과 필요한 직무 훈련을 마쳐야 ICAEW의 정식 멤버가 될 자격이 생긴다. ICAEW의 정식 멤버가 될 자격이 발생하여 자격 취득을 신청하면 ICAEW의 담당자(Member Responsible for Training)가 자격부여 여부를 승인하게 된다.

공인회계사 자격을 취득하고 ICAEW의 정식 멤버가 된 경우에는 후보자의 훈련 실적과 영국 감사원내 이용가능한 직위의 형편에 따라

---

51) TOPPs의 훈련내용을 간략히 보면, 1년차에는 6주간 Financial Accounting, Audit & Assurance 등을 공부하고, 2년차에는 12주간 Business Strategy, Financial Management, Taxation and Financial Reporting 등을 공부하며, 3년차에는 7주간 Advanced Technical Integration, Advanced Case Study 등을 공부한다.
이 기간 동안 실무연수를 병행하고 있다(www.naograduates.org.uk).

52) http://nao.org.uk/manuals/PersonnelManual/chatper13.htm

감사관(Audit Principal)으로서 정식 감사원 직원이 된다. 이 훈련 기간 동안 공인회계사 자격을 취득하지 못하면, 계약서에 따라 몇 차례 더 공인회계사 시험에 응시할 기회가 주어진다. 주어진 기회 내에 시험을 합격하지 못하면 감사원 정식 직원으로 채용될 기회가 없어진다. 단, 본인의 건강상 문제가 있거나 부모의 喪 등을 당한 경우에는 계약 기간이 연장될 수 있는 예외가 있다.

공인회계사 자격 취득을 위한 훈련 이외에도 영국 감사원은 직원들의 전문성을 확보하기 위해 다양한 훈련 개발 프로그램을 운영하고 있다. 현재나 미래의 직무와 관련되는 분야의 학위과정(Support for further education)을 중심으로 하여 석 · 박사 과정 등을 이수하도록 하거나, 하위직인 Audit Technician Trainee로 충원된 직원에게는 '영국 감사원의 회계검사관 훈련 계획(NAO Audit Technician Scheme)'에 따른 훈련 과정도 있다. 아울러 '잠재능력 열기(Unlocking our Potential)'라는 슬로건 아래 주문형으로 리더십 및 관리 기법에 관한 훈련 프로그램을 운영하고 있다. 예를 들면 감성 지능[53](emotional intelligence), 설득과 영향력 발휘 방법, 리더십 훈련, 조직을 고객 지향적으로 만드는 전략 방안, 또는 감사실무상 필요한 실질적인 케이스 스터디 등이 그것이다.

53) 감성 지능이란 자신의 감정이나 타인의 감정 또는 집단의 감정 등을 인지하고 평가하며 관리하는 능력이나 기술을 말하는데, 우리는 이 감정 지능을 객관화하기 위해 '감성 지수(EQ)'라는 지수를 이용하여 평가하기도 한다.

영국 감사원 직원들의 능력 개발을 위한 프로그램 중 특이한 것은 '지속적인 전문성 개발(CPD : Continuing Professional Development)' 프로그램이다. CPD의 내용은 공식적인 활동과 비공식적인 활동으로 구분하는데, 전자에는 대학 강의(courses), 워크숍, 회의(conferences), 프로젝트, 실무그룹, 연구 및 개발 학습 프로그램(research and open learning programmes) 등이 포함되고, 후자는 학습의 효과는 있으나 덜 구조적인 접근을 하는 전문적인 자원봉사 활동(professional voluntary work), 위원회 활동(committee work), 파견[54], 방문 및 작업관찰[55] 등이 포함된다. 직원들의 회계 검사 능력 등을 배양하기 위해 옥스퍼드 대학의 Said Business School과 공동으로 재무분석(Financial Analysis)에 관한 훈련을 하기도 한다[56]. CPD는 개인의 능력발전이 개인만이 아니라 조직과 사회 전체의 이익에 부합된다는 전제하에 모든 감사원 직원들은 3년 동안 최소한 220시간을 CPD에 투입하되, 1년에 최소한 50시간씩을 투입하고 이중 30시간 이상은 공식적인 활동에 투입하도록 권고되고 있다[57].

54) 영국 감사원 직원의 능력을 배양하기 위한 파견 제도의 운영 실태를 보면, 하원이나 '회계표준위원회(Accounting Standards Board), 영국정부의 주요한 기능인 교육, 건강, 범죄 및 교통 등에 관한 행정서비스의 전달을 모니터링하고 강화하기 위해 2001년에 설립된 '수상실 딜리버리 유니트(Prime Ministers Delivery Unit)' 도 포함된다〈NAO(2007), NAO Annual Report, p.22〉.

55) 작업관찰(work shadowing)은 교육이나 연구 목적으로 근로자를 관찰하는 행위를 말하는데, 이 관찰 과정을 통해 주어진 업무의 성과를 향상하는 방법을 찾아낸다.

56) NAO(2007), NAO Annual Report, p.22.

57) http://nao.org.uk/manuals/PersonnelManual/chatper13.htm

(2) 감사보고서의 질 제고 방안

감사원 직원들의 전문성을 확보하는 방안 이외에 감사결과 보고서의 질을 제고함으로써 전문성을 확보하는 방안이 있을 수 있다. 감사를 수행하면서 전문적인 기준이나 규제 및 법적인 요구사안 등을 충족하는 것은 기본이고 재무감사를 실시하면서 방법론이라든지, 거증자료를 수집하면서 전문성이 확보되지 않으면 감사대상기관이나 전문가들로부터 신뢰를 잃기 쉬우므로 수집된 증거자료에 대한 검토라든지 주요한 판단을 하기 전에 감사원 내 · 외부의 제 3자가 검토하는 과정을 거치도록 하고 있다. 영국 감사원에서는 기술적인 재무감사나 복잡한 판단이 요구되는 분야 등에 대하여는 '재무회계지원팀(Financial Audit Support Team)' 이 필요한 자문 등을 제공하고 있으며, 위험도가 높은 재무감사나 감사대상기관이 사회적으로 저명한 기관 등일 경우에는 감사주관 부서가 아닌 다른 감사원내 국장으로 하여금 주요 판단이나 감사방법론 등 기술적인 사항에 대하여 검토를 하도록 하여 전문성을 확보하기 위한 노력을 하고 있다. 이런 유사한 과정이 VFM 감사에도 적용되는바, 감사를 실시하기 전에 원장보 이상의 수준에서 감사와 관련된 위험성이 무엇이 있으며 감사결과의 질이 어떨지에 대한 검토를 받고 있다. 감사결과가 발간되기 전에 감사원장의 승인을 받아야 하는데 감사원장의 승인절차를 밟기 전에 감사대상기관의 관련자에게 감사결과 지적사항에 대하여 동의를 하는지 질문을 하여 답변을 듣도록 하고 있고, 다른 이해 관계자에게도 필요한 진술이 있으면 하도록 하고 있다. 아울러 성과 감사의 범위, 감사중점 및 방법론에 대하여 감사원 내부의 다른 직원들로부터의 동료 검토와 아울러 관련 전문가의 의견을 듣고 있다.

위와 같이 감사결과 보고서가 발간되기 전에 감사원 내부적인 검토과정과 아울러 감사결과가 어느 정도 확정된 뒤 감사원 외부 전문가의 검토과정도 거치고 있다. 이를 간략히 언급하면 재무감사의 경우에는 ICAEW의 '감사 품질 담당 이사(Quality Assurance Directorate)'의 검토과정을 거치는 데 모든 감사사항이 아닌 표본으로 선정된 감사에 대하여 검토를 하고, 성과감사의 경우에는 옥스포드 대학이나 런던경제대학(LSE)의 전문가들로부터 모든 감사사항에 대하여 감사결과 보고서의 초안단계나 완성단계에서 검토를 받고 있다.

(3) 전문분야에 대한 감사실시 방안

영국 감사원이 다루고자 하는 감사분야가 점차 복잡해지고, 신뢰할 만할 감사자료를 수집하기가 점차 어려워지고 있으며, 감사대상기관으로부터 감사의 수용성을 제고하기 위해서는 정확하고 최근에 업데이트된 자료가 필요할 뿐만 아니라 각기 다른 감사를 수행하기 위해서는 다양한 증거를 수집할 필요성이 증가하고 있어 다음과 같은 다양한 분야의 전문가를 채용한 별도의 팀을 운영함으로써 이들의 도움을 받아 감사를 수행하고 있다. 이를 구체적으로 언급하면, 자료 수집을 위한 별도의 조직뿐만 아니라, 영국 감사원은 효율성(efficiency), 성과 측정(performance measurement), 규제(regulation), 민자유치(private finance), 재무관리(financial management), 프로젝트 관리(project management), 경제 및 통계(economics and statistics)에 관하여 각각 센터를 구축하여 운영하고 있다. 이들 센터에 있는 전문가들은 연구 방법론에 관하여 전문가적인 자문을 제공하고 감사과정에 이루어진 분석을 재검토하며 복잡한 사항에 대한 점검을 통해 감사의 질을 제고하고 있다.

Data Collection and Analysis Services[58)]

교육분야에서 과거의 재무자료 및 성과 자료 등을 활용하고 가장 최근의 자료가 필요하여 설치하였다가 최근에 와서 그 영역을 교육분야뿐만 아니라 다른 분야의 프로그램에 대한 자료 수집과 분석을 지원함으로써 감사의 질을 제고하고 있는 '자료 수집 및 분석팀(Data Collection and Analysis Services)' 이 영국 감사원 내에 있다.

Private Finance Practice Area[59)]

도로나 다리 등과 같은 공공재 건설분야에 민간자본을 유치하거나, 민영화, 공공부분과 민간부분이 합작한 제3섹터를 만들거나 인수 및 합병 또는 처분 등에 대한 감사를 수행하거나 자문을 하기 위해 영국 감사원내 설립된 부서로 '민자유치감사팀(Private Finance Practice

58) NAO(2007), NAO Corporate Plan, London : Stationery Office, p.31.

59) www.nao.org.uk/practice_areas/private_finance/index.htm

Area)' 이 있다. 이 팀은 모두 20명의 다양한 배경을 가진 전문가들로 구성되어 있다. 공공부분 감사관, 경제, 금융, 정부, 사기업 분야의 계약 전문가 등으로 구성되고 이 팀은 부원장인 Ed Humpherson이 3명 국장의 보좌를 받고 있다. 이 3명의 국장은 PFI 개발 담당 국장인 David Finlay와 PPP 담당 국장인 Patricia Leahy와 PFI 국장인 James Robertson 등이다. 영국 감사원은 1997년 이후 PFI 및 PPP에 관한 감사보고서를 약 50편 상당 발간하여 약 500개에 달하는 권고사항을 행정부에 하였다. 하원의 PAC가 영국 감사원의 감사보고서에 기초하여 청문회를 개최하여 관계부처의 책임자들과 논의하여 권고한 내용은 무려 1,000개에 달한다. 이런 권고 내용과 관계부처(주로 재무성)의 이행 현황 등을 파악하여 D/B화하여 관리함으로써 고객, 계약자, 투자자, 다른 이해관계자들에게 서비스를 하고 있다. 아울러 동 팀은 필요시 컨퍼런스를 개최하여 민자유치에 관하여 상호 토론을 통해 감사원의 지적 내용을 전파하고 모범 사례도 알리고 있다[60].

Regulation(VFM) Team[61]

2003년부터 영국 감사원은 정부가 마련한 규제영향평가(Regulatory Impact Assessments : RIA)에 대한 상위평가를 위해 감사원 내 규제

60) www.nao.org.uk/guidance/focuslist.htm을 참고하면 영국 감사원의 민자유치 등에 관한 보고서나 역사 등을 이해할 수 있음.

61) www.nao.org.uk/ria/index.htm

감사팀을 만들어 '보다 나은 규제(Better Regulation)' 라는 슬로건 아래 정부의 규제영향 평가의 표본을 선정하여 동 영향 평가의 질과 철저성에 대하여 독립적인 VFM 감사의 일환으로 평가업무를 수행하고 있다. 규제실태에 대한 감사는 감사원내 규제감사팀이 직접 수행하거나 영국 감사원내 다른 팀들이 수행하기도 한다[62]. 동 감사의 목적은 규제영향평가의 모범사례와 잘못된 사례를 발굴하여 배울 점이 무엇인지를 파악하고 있다. 규제영향평가에 대한 영국 감사원의 3차 연간 보고서인 'Evaluation of Regulatory Impact Assessments 2005-06' 이 2006년 6월에 발간되었다. 동 보고서를 통해 영국 감사원은 규제영향평가의 초기의 목표를 이행하기 위해 중앙행정기관들이 더 많은 노력과 강조점을 두어야 할 필요성이 있다고 하였다. 영국 감사원은 2003년과 2004년 2년간은 정부의 규제영향 평가 중 표본을 선정하여 평가를 하였으나 영향 평가의 질에 있어 별다른 변화가 없어 2005년부터 영국 감사원은 중앙부처가 어떻게 영향 평가를 업무의 과정과 문화에 체화시키는지에 관하여 평가를 하는 등 평가의 범위를 확대하는 한편, 보다 심층적인 분석을 위하여 산업자원부(Department for Business, Enterprise

62) 규제감사팀이 직접수행한 규제관련 VFM 감사보고서는 'The Office of Gas and Electricity Markets : Sale of gas networks by National Grid' 등 12개가 있고, 영국 감사원 내 다른 감사팀이 규제관련 VFM 감사를 수행한 것은 'The UK Emission Trading Scheme - A New Way to Combat Climate Change' 등 7개 보고서가 있다
(자세한 것은 www.nao.org.uk/ria/ria_our_work.htm을 참고)

and Regulatory Reform), 교통부, 문화체육부(Department for Culture Media and Sports), 총무처(Home Office) 등 4개 중앙부처에 집중하여 분석을 하고 있다. 이런 평가를 하면서 수상실의 규제담당부서[63](Cabinet Office's Better Regulation Executive)와 독립된 규제 위원회[64](Better Regulation Commission)와 긴밀한 협조를 하고 있다.

영국 정부는 1998년부터 규제영향평가제도를 도입하여 연간 약 150 내지 200여개의 규제를 하려고 하는 중앙행정기관으로 하여금 신설되는 규제로 인해 나타날 것으로 예상되는 결과에 대하여 평가를 하도록 함으로써 '과도한 규제(over-regulating)' 와 '과소한 규제(under-regulating)' 가 아닌 적정한 규제가 되도록 노력하고 있다. 과도한 규제를 하면 관료제의 병폐가 나타나고 과소한 규제를 하면 공익을 보호하지 못하는 결과를 가져오기 때문에 이 사이에 적정한 균형을 유지하

---

63) Cabinet Office Better Regulation Executive(BRE)은 각 부처의 규제가 공정하고 효과적이도록 돕는 기능을 수행한다. 즉, 좋은 규제의 원칙을 설정하고 규제의 대안을 평가하고 위험요인을 분석하며 Better Regulation Commission을 지원하며, 규제개혁법(Regulatory Reform Act)에 주어진 권한을 이용하여 불필요하거나 시대에 뒤떨어지거나 너무 과도한 규제가 포함된 법조항을 제거하는 역할과 규제에 관한 평가, 규제의 실시, 중소기업에 대한 영향 등을 검토하여 규제의 질을 제고하는 역할을 수행한다.

64) Better Regulation Commission은 1997년 9월에 설립된 독립기관으로 그 기능은 각종 규제가 '좋은 규제의 5가지 원칙' 에 합치되기 위해 어떤 노력이 필요한지에 대하여 정부에 대하여 권고하는 것이다. 5가지 원칙이란 비례성(proportionality), 책임성(accountability), 일관성(consistency), 투명성(transparency), 목표성(targeting)이 그것이다.

는 것이 매우 중요하다. 규제영향평가를 통해 정책의 제안이 가져올 비용과 편익을 확인하는 한편, 규제를 하지 않을 경우의 위험에 대하여도 확인을 한다. 규제 영향평가는 3단계로 이루어지는데, 초기 규제영향평가(Initial RIA) ➡ 부분 규제영향평가(Partial RIA) ➡ 최종 규제영향평가(Final RIA)가 그것이다. 초기 규제영향평가단계에서는 정책의 개발단계에서 이루어지고 이 단계에서는 어떤 정보가 필요한지를 확인한다. 부분 규제영향평가 단계에서는 초기평가에 기초하여 공식적으로 이해 당사자 등 공공의 자문이 수반되어야 하고, 최종평가는 부분평가에 기초하여 분석을 하는데 어떤 자문과 분석 및 정보가 필요한지를 확인한 뒤 의회에 법안과 함께 제출되어야 한다.

이런 규제영향평가에는 평가의 목적 및 의도된 결과, 규제로 인해 나타날 문제점, 규제로 인해 나타날 편익과 비용(간접비용까지 포함), 새로운 규제에 대한 순응을 최대화하는 하는 방안(Securing Compliance), 중소기업에 대한 영향, 영국시장에서의 경쟁에 미치는 영향, 공공의 자문, 모니터링과 평가를 하는 방안, 장관에 대한 권고내용 등이 포함되어야 한다.

영국 감사원은 각 중앙부처가 수행하는 규제영향평가에 대한 상위평가기관으로 2001년 11월에 최초의 보고서인 'Better Regulation : Making Good Use of Regulatory Impact Assessments'를 통해 23개 규제영향평가의 표본을 선정하여 지나치지도 않고 모자라지도 않는 규제를 어떻게 각 부처가 평가를 하는지를 점검하였다. 이런 점검을 통해 영국 감사원은 영향평가를 성공적으로 수행한 모범사례[65] (Good Practice)를 확인하고 이런 모범사례는 어떻게 부처내외의 과정을 효과적으로 거쳤는지를 분석하면서 1) 규제영향평가 과정을 초기에 이행하고 2) 규제로 인해 영향을 받는 사람들과 효과적으로 논의를 하며, 3) 정책제안에 대한 미래 발생할 비용과 효과를 적절하게 분석하였다는 사실을 확인하였다. 이런 감사보고서에 대하여 영국 하원의 PAC는 2002년 4월에 각 부처가 의무적으로 영국 감사원의 상위평가를 받도록 권고하여 규제영향평가에 대한 영국 감사원의 상위평가는 영국 감사원의 한 업무로 정착을 하였다.

2) 윤리성 확보방안

어느 나라나 최고감사기관과 그 직원들에게 요구되는 기본적인 원칙은 독립성(Independence)과 객관성(Objectivity)이다. 감사를 외부로부터 압력이나 부탁을 받아 감사를 수행하거나 사실에 입각하여 객관적이지 못하고 주관적으로 감사를 수행하거나 감사결과를 처리한다면 최고감사기관에 대한 신뢰성이나 명예는 곧 훼손될 것이므로 최고감사기관에 근무하는 직원들에게는 엄격한 근무행태와 자세를 요구하는 등 윤리성의 확보(Ethical Requirements)가 매우 중요하다 할 것이다.

영국 감사원 직원들의 윤리성을 확보하기 위한 지침은 '영국 감사원

65) 영국 감사원이 규제영향평가 실태에 대한 감사를 수행하면서 파악한 Good Practice에 대한 자세한 내용을 알기 위해서는 www.nao.org.uk/ria/ria_good_practice.htm을 참고.

인사매뉴얼 제4장 행동강령(UK National Audit Office Personnel Manual - Chapter 4 : Code of Conduct[66])' 에 잘 나타나 있다. 영국 감사원 직원은 의회, 감사대상기관 및 업무상 관련 있는 사람이나 기관들과의 신뢰성을 확보하기 위해 항상 가장 높은 수준의 전문적이고 도덕적인 행태를 유지하여 '혐의가 없고(above suspicion)', '나무랄 데가 없이 훌륭해야(beyond reproach)' 한다. 영국 감사원 직원들에 대한 행동강령에 따르면 감사원 직원은 성실성, 객관성, 독립성, 예절, 건설적인 사고와 직무에 대한 능력 등을 가져야 함과 아울러, '회계검사전문위원회(UK Auditing Practices Board, 이하 APB로 약칭)' 에서 제정한 전문적이고 윤리적인 기준도 준수해야 한다. 영국 감사원 직원으로의 채용 시 모든 직원들은 행동강령을 숙지하고 준수하겠다는 내용이 담긴 진술서를 완성하도록 요구받고 있고, 외부 파견자와 장기간 휴직중인 직원들을 포함하여 모든 감사원 직원들은 매년 이런 진술서를 온라인상으로 작성하여 제출하도록 요구받고 있으며, 이를 어겨 정해진 기한 내에 진술서를 제출하지 않았을 경우에는 징계대상이 된다.

이 행동강령에는 감사시 지켜야 할 준칙, 정보 보안에 관련되는 준칙, 정치적인 행위에 관련되는 준칙, 이해 충돌과 관련되는 준칙, 개인행동과 관련되는 준칙 등이 포함되어 있다. 먼저 감사시 지켜야 준칙(Conduct of NAO Work)에 의하면 감사관은 성실성, 객관성, 전문

66) http://nao.org.uk/manuals/PersonnelManual/Contents.htm

성, 기밀성, 전문가적인 행태(긍정적이고 건설적인 자세)등을 가져야 한다. 특히 재무감사시에는 회계검사 전문위원회(APB)에서 정한 '품질 통제 국제표준(International Standard on Quality Control)'과 '윤리 표준(Ethical Standards)' 및 '회계검사 국제표준(International Standards on Auditing : UK and Ireland)' 등을 준수하여야 한다.

다음으로 정보 보안에 관련되는 준칙(Information Security)으로는 영국 감사원 정보 매뉴얼(NAO Security Manual)에 담겨져 있다. 영국 감사원은 '정부보안인터넷(GSi : Government Secure Internet)'의 구성원이므로 컴퓨터와 관련되는 보안내용이 많이 담겨져 있다. 패스워드를 어니에 석거나 방치를 해서는 안 되고 접근 권한이 없는 자료에는 접근하려고 하지 말고, 이메일 송부시 보안관련 내용에 주의하도록 하는 등의 내용이 담겨져 있다.

영국 감사원의 감사결과는 대상기관이나 단체 등에 미치는 영향이 매우 크므로 정치적인 영향으로부터 배제되는 것이 매우 중요하다. 이런 면에서 감사원 직원들도 중앙정부나 지방정부 차원에서 정당원이 되거나 선출직의 후보자가 되거나 국가적이든 지역적이든 논쟁이 되어 있는 사안에 대하여 공연히 발언하는 것 등이 제한되어 있다. 다만, 과장급(Audit Manager/Grade 7)과 그 이상 직급의 직원들은 인사국장(Director of Human Resources)의 승인을 득한 뒤 국가적이든 지역적인 정치 활동에 참여할 수 있되 업무상 비밀 준수의무가 부과되고 직무와 관련되는 정치적인 행위는 금지되어 있다.

영국 감사원 직원은 감사원이나 자신의 직무와 이해가 충돌되는 활동이나 행위를 할 수 없는 등 이해 충돌행위를 할 수 없다. 사기업에서의 부업을 가지는 행위, 사적 영역에서 활동하여 보수를 받는 행위, 업무상 연관되는 회사의 주식 투자의 제한, 친구나 친척 등과의 계약이나 자문 등의 제한, 선물이나 공짜 여행 등 이익의 향유 금지 등을 통해 이해충돌의 위험성을 사전에 막고 있다.

마지막으로 개인행동과 관련되는 준칙으로는 체포나 기소 및 법원의 판결을 받았을 경우 기관에 보고하도록 하고 있으며, 전화나 컴퓨터와 같은 공공자산의 사적 사용 금지, 기타 인종이나 성별 및 종교의 차이에 따른 차별행위 금지나 성희롱 등을 금지하고 있다.

3) 책임성 확보방안

영국 감사원은 위에서 언급한 윤리성 확보를 위한 제반 준칙이나 지침 등을 위반한 경우에는 징계 등의 조치를 취함으로써 책임성 확보를 위해 노력하고 있다. 감사원 간부나 직원들의 잘못된 행동에 대한 조치 절차나 방안 등은 앞에서 언급한 '영국 감사원 인사매뉴얼 제19장[67] (Managing Misconduct)'에 잘 나타나 있다. 非行(misconduct)이란 영국 감사원에서 받아들일 수 없는 행동이나 행태를 말하는바, 어떤 비행은 심각한 내용일 수 있고 어떤 비행은 가벼운 처벌이 수반되는 사소한

---

67) http://nao.org.uk/manuals/PersonnelManual/chatper19.htm

잘못일 수도 있다. 비행의 사례를 들면, 병을 빙자한 결근, 도둑질이나 뇌물 또는 사기행위, 인가받지 않은 정보의 폭로나 누설, 기관의 명성을 훼손하는 언행, 양성 평등 원칙의 위반, 보안 준칙의 위반, 공공시설이나 물자의 사적 사용, 폭력이나 약자 괴롭힘, 직무 수행의 태만이나 부주의, 고객이나 동료에 대한 무례 또는 공격적인 행태, 회계기준 위원회 등에서 정한 윤리기준의 위반, 잦은 지각이나 무단 결근등의 행위가 있다.

이런 비행 사례가 발생하면 직원을 관리할 책임이 있는 관리자[68]는 동 비행에 대한 철저하고도 객관적인 조사를 위해 직무정지 조치를 취해야 하는지, 아니면 비행의 내용에 따라 공식적인 절차를 밟을 것인지 아닌지를 결정해야 한다. 직무정시(suspension)조치를 취할 경우에는 범죄행위 등이 아니면 보수는 그대로 지급하되 필요한 최소한 기간에 그쳐야 한다. 비행의 내용이 몇 번의 지각 등 경미한 것이라면 비공식적으로 기록에 남기고 공식적인 징계조치를 밟지 아니하나 비행이 심각한 것이라면 가능한 빠른 시일 내에 공식적인 절차를 거쳐야 한다. 공식적인 절차를 밟을 경우 비행 직원에 대하여 왜 공식적일 절차를 거치기로 결정을 했는지 설명을 해주고 난 뒤, 비행 내용을 적시한 '징계내용[69](Case Summary)' 을 인사팀에 제출해야 한다. 인사팀에서는

68) 감사원 직원들의 비행을 교정할 책임이 있는 관리자는 '개발관리자(Development Manager)' 또는 '개발국장(Development Director)' 이 담당하고 있다.

69) 징계 내용에는 비행직원의 이름 및 계급 등 인적 사항, 조사 내용, 주요 비행 행위, 비행의 영향, 그간 다른 비행 기록과 조치 권고 내용 등이 포함되어 있다.

'징계 내용'과 관련되는 서류를 '인사위원회(Review Meeting)' 개최 전에 비행 직원에게 송부한다.

다음으로 인사팀은 징계 내용에 대해 관계자가 모여 토론을 하고 가장 적절한 조치 방안을 논의하기 위해 인사위원회를 개최하는바, 인사위원회 개최 전에 인사팀은 비행 직원에 대해 인사위원회 개최 시기, 비행 내용, 노조원이나 동료 직원을 동반할 수 있는 권리, 관련 다른 직원이 동 위원회에 참석하도록 요구할 수 있는 권리 등을 서면으로 알려준다. 비행 직원은 인사위원회가 개최되기 전에 징계내용에 대해 서면으로 반박할 기회가 주어진다. 인사위원회가 개최되면 징계대상이 되는 비행내용과 가장 적절한 조치 방안을 놓고 논의를 한다. 동 위원회에서는 필요할 경우 동료 직원 등을 출석하도록 하여 증언을 청취할 수 있다.

인사위원회에서는 만약 징계대상이 되는 행위가 용인될 수 없는 것이어서 개선이 필요하지만 그 행위가 심각한 것이 아니고 처음 행해진 것이고 개선의 여지가 있다면 '최초 서면경고(a first written warning)'를 한다. 그러나, 비행의 정도가 심각하고 최초 서면경고시 정해진 기간 내에 행태에 변화가 없지만 해임할 정도에 해당되지 않는다면 '최후서면경고(a final written warning)'를 한다. 그러나 징계대상이 되는 비행의 정도가 심각하고 지속적인 고용관계를 가질 수 없는 정도에 해당된다면 '즉결해임(summary dismissal)' 조치를 취한다. 사실관계와 비행이 행하여진 환경 등에 따라 다르겠지만 즉결해임 사유에 해당하는 비행의 사례를 보면, 도둑행위, 뇌물수수행위, 기록의 고의적인 변조행위, 물리적인 폭력행위, 심각한 괴롭힘, 성적희롱이나 성폭행, 공공재산에 대한 고의적이고 심각한 손상행위, 감사원의 재산이나 명성에 대한 고의적인 잘못 사용이나 손상행위, 감사원 명성에 대한 심각한 훼손행위, 업무수행에 지장을 주는 과도한 음주나 업무수행시 마약 복용, 부주의나 태만의 정도가 심각하여 위험을 초래하거나 손실, 손상 또는 부상을 초래하는 행위, 건강 및 안전 또는 보안에 관련되는 준칙을 심각하게 위반하거나 반복하여 위반하는 행위, 허가받지 않고 비밀을 폭로하는 행위, 이해충돌 관련 사항을 미리 고지하지 않아 감사원의 독립성이나 신뢰도를 위태롭게 할 정도의 행위 등이 이에 해당한다.

징계대상 직원으로서 최초서면경고나 최종서면경고 또는 즉결해임 조치를 통보받은 경우에는 징계사유에 불복하는 이유, 인사위원회 결정이 불공정하다고 판단되는 이유, 새로운 증거가 나타났다면 그 증거, 기타 절차상 문제점 등을 적시하여 개최되었던 인사위원회 위원장보다 상급자에게 재심(Appeal)을 청구할 수 있다. 징계대상 직원이 Audit Manager 계급보다 하위의 계급인 경우 인사위원회 위원장은 통상 인사국장이 하고 재심은 감사원장보가 하거나(Audit Manager인 경우도 동일) 최초서면경고인 경우에는 인사위원회 위원장을 인사국의 국장이 아닌 Human Resources Manager가 하고 재심을 인사국장이 하기도 한다. 그러나, 징계대상이 Audit Manager 계급보다 하위라 하더라도 즉결해임인 경우와 국장급 이상이 징계대상인 경우에는 감사원장보가 인사위원장, 부원장이 재심을 한다(단, 부원장이 대상이면 원장이 재심을 맡음). 재심청구를 받은 상급자는 혼자서 결정을 하든지 필요할 경우(즉결해임의 경우에는 반드시) 재심청구자와 인사위원회 구성원들이 모인 자리에서 결정하되, 인사부서나 외부 전문가와 상의할 수 있다. 재심결정이 이루어지면 징계대상자에 대한 조치는 즉시 이행된다.

제④장

영국 감사원의 주요 활동

1 연간 예산

영국 감사원의 2006/07 회계연도의 연간 예산 규모(gross resources requirement)는 총 8,801만 파운드(건물 보수비 및 임시사무실 임대료 등은 제외) 상당이다. 영국 감사원은 연간 예산액을 모두 의회에 청구하는 것이 아니라, 국제기구나 비부처 공공기관 (non-departmental public bodies)등에 대한 회계감사나 국제적인 자문이나 훈련 등을 시행함으로써 발생하는 자체수입(income)을 제외하고 청구하고 있다. 이렇게 자체 수입을 제외하고 의회에 청구하는 금액을 순청구액(net resource requirement)이라 한다. 2006/07 회계연도 중 전체 예산액의 22.7%에 달하는 1,998만 파운드 상당은 국제기구 등에 대한 외부감사를 실시함으로써 얻은 자체 수입이고, 나머지 6,803만 파운드 상당만을 국가로부터 예산 지원을 받고 있다. 영국 감사원이 2006/07 회계연도 중에 자체 수입으로 얻은 1,998만 파운드에 대한 기능별 현황을 보면, 재무감사를 통해 얻은 수입이 1,528만 파운드로 대부분을 차지하고 있으며, 성과감사를 통해서는 100만 파운드 정도의 수입이 있었고, 다른 조직 등에 대한 직접 지원활동 등을 통해 얻은 수입이 369만 파운드를 차지하고 있다.

2007/08 회계연도의 연간 총 예산액은 건물 보수비 및 임시사무실 임대료 등을 제외하고 8,868만 파운드에 달하며, 이 회계연도 중에 얻은 자체 수입액은 前 회계연도보다 다소 감소하여 전체 예산액의 20.1%에 상당하는 1,783만 파운드에 달하여 순수하게 국가로부터 지원받는 純 예산액은 7,085만 파운드에 달한다. 자체 수입액의 내역을 보면 재무감사 활동을 통해 1,401만 파운드, 성과감사를 통해 18만 파운드, 다른 조직에 대한 직접 지원활동을 통해 364만 파운드 상당의 자체 수입을 얻었다. 이런 통계를 보면 영국 감사원이 재무감사를 통해 전체예산액의 15.8%(2007/08 회계연도)나 17.4%(2006/07 회계연도)에 달하는 상당한 수입액을 제고하고 있음을 알 수 있다.

영국 감사원의 연간 예산액을 주요 활동별로 구분하여 보면, 먼저 가장 많은 액수의 예산을 사용하는 분야가 재무감사로 2006/07회계연도에 45.7%에 해당하는 4,022만 파운드를 사용하였고, 다음으로 성과감사에 27.7%에 해당하는 2,442만 파운드를 사용하였으며, 각 부처의 시스템 점검 활동에 10.6%에 해당하는 937만 파운드를 사용하였고, 의회와 일반시민 및 다른 조직 지원 등의 활동에 15.7%에 해당하는 1,382만 파운드의 예산을 사용하였다. 나머지 '통제관의 기능(Comptroller Function)' 에 0.2%에 상당하는 18만 파운드의 예산을 사용하였다. 2007/08 회계연도 중에도 2006/07 회계연도와 비슷하여 재무감사에 전체예산액인 8,868만 파운드(건물 보수비 및 임시사무실 임대료 등은 제외)의 45.7%, 성과감사에 28.4%를, 각 부처 시스템 점검 활동에 11%를, 의회 지원 등에 14.6% 사용하였고 통제관 기능에 전 회계연도와 동일한 0.2%를 사용하여 2006/07 회계연도와 유사하게 자원을 사용하였다[70].

2007/08 회계연도 중 연간 예산액 8,868만 파운드에 대하여 영국 감사원의 목표 내지 기능별 지출이 아닌 부분별 지출 내용을 보면, 가장 많은 부분이 직원들에 대한 급여(staff), 연금, 사회보장비 등 인건비 부분에 60%를 사용하였고, 다음으로 외부 자문비용(consultancy) 등 아웃소싱 부분에 20%를, 그 다음으로는 시설 투자 등 내부 인프라 구축비용(infrastructure and support) 등에 14.0%를, 마지막으로 출장비 등 여행비용(travel)에 4%를, 나머지 활동에 2%를 지출하였다[71].

2007/08 회계연도 중 영국 감사원의 총 인력 845명을 투입된 활동별로 인력 현황을 보면[72], 재무감사 활동에 389명(전체 인력의 46%)이

70) NAO(2008), NAO Annual Report 2008, London : Stationery Office, p.23, 77.

71) NAO(2008), NAO Annual Report 2008, London : Stationery Office, p.22.

72) NAO(2008), NAO Annual Report 2008, London : Stationery Office, p.84.

평균적으로 투입되었고, 성과감사에 238명(전체 인력의 28%), 부처 시스템 점검활동에 88명(전체 인력의 10%), 의회 등에 대한 지원활동에 127명(전체 인력의 15%), 기타 통제관 기능에 3명(전체 인력의 0.2%)이 투입됨으로써 예산활동과 거의 비슷하게 투입된 결과가 되었다.

2 영국 감사원의 주요 활동

1) 재무감사

먼저 재무감사에 대하여 살펴보면, 영국 감사원장은 정부의 회계 모두와 다양한 분야의 공공 단체의 세입 및 세출 회계에 대하여 檢定(certification)할 법상 의무가 있다. 아울러 영국 감사원은 감사 대상 회계에 대하여 검정한 결과를 의회에 보고할 의무가 있다. 2007년도 중 감사대상이 되는 회계 453개를 운영하는 기관의 성격별로 나누어 감사대상기관수를 보면, 첫째 국방부와 같이 법상 회계검사대상이 되는 '중앙부처의 자원회계(Departmental resource accounts)' 가 모두 56개가 되고, 둘째 법상 회계검사대상인 농업지급청[73](Rural Payments Agency)과 같은 '책임운영기관(Executive Agencies)' 이 70 개에 이

73) 농업지급청은 영국 환경농식품부(Department for Environment, Food and Rural Affairs) 산하의 책임운영기관으로 농민과 농산물 무역업자에게 연간 20억 파운드에 이르는 보조금 등의 지급업무를 담당하고 있는 기관이다.

르며, 셋째 법상 회계검사대상인 지역개발청(Regional Development Agencies)과 같이 비정부부처 공공기관(Non-departmental public bodies)의 숫자가 245개이며, 넷째 의료연구위원회[74]의 기부펀드(Medical Research Council Endowment Funds)와 같이 '법상 회계검사대상이 아닌 (재무성 등에서 감사를 요청한) 공공부분 회계(Non-statutory public sector audits)' 가 모두 66개 상당에 이르며, 다섯째 국제기구의 회계가 14개이고 여섯째 국세청과 같이 수입회계가 2개로 위의 6개 기관별 회계를 모두 합치면 영국 감사원의 회계검사대상수는 모두 453개가 된다[75].

영국 감사원의 감사대상이 되는 회계를 회계의 특징별로 분류하면 책임운영기관(Executive Agencies), 국제기구회계(International Accounts), 국가대부펀드(National Loans Fund), 선택적 감사대상 회계(Non-statutory certification audit), 자원회계(Resource Accounts), 백서회계(White Paper Accounts) 등 6종류[76]가 있다.

먼저 책임운영기관의 회계는 1988년 2월에 영국 의회의 대정부 권고사항인 '정부 관리 향상(Improving Management in Government :

---

74) 영국의 의료연구위원회는 중앙정부 부처인 혁신, 대학 및 기능부(Department of Innovation, Universities and Skills) 등의 예산지원과 감독을 받는 영국내 7개 연구위원회 중의 하나로 의료연구와 관련 생물제제 연구의 균형된 발전을 도모하기 위한 기관이다. 동위원회에 기부되는 자금 등으로 조성된 펀드가 바로 Endowment Fund 이다.

75) NAO(2007), NAO Corporate Plan 2007, London : NAO Press Office, p.20.

76) www.nao.org.uk/about/accounts.htm을 참고할 것.

Next Steps)'을 보면, 정부의 집행 업무는 집행기관 단위별로 명료해야 한다고 하며 이런 권고의 바탕위에 정부의 회계 중 많은 기관이 매일매일 운용을 책임지는 집행기관(즉, 책임운영기관 : 첨부 5 참고) 단위별로 이루어지고 있어 이에 대하여 재무감사를 한다.

다음으로 국제기구회계는 영국이 기여하고 있는 국제노동기구(ILO)와 같은 국제기구에 대하여 회계감사를 실시하고 있는바, 이 감사는 의회를 대신하여 실시하는 것이 아니라 국제기구의 초청에 의해 실시한다.

국가대부펀드(첨부 6 참고)는 1968년에 제정된 '국가대부펀드법(National Loans Fund Act 1968)'에 따라 만들어진 펀드로 정부의 모든 차입거래 및 대부분 국내 대부 거래 등을 다루고 있다. 이 펀드의 회계처리의 적정성과 일관성 등에 대하여 회계검사를 한다.

선택적 검사대상 회계는 재무성의 요청에 의하여 감사대상기관의 장과의 합의에 의하여 영국 감사원장이 감사를 실시한다. 이런 회계는 비중앙부처 공공기관으로 법상 영국 감사원의 감사대상기관은 아니지만, 대부분 수입이 정부 보조금에 의존하는 영국문화원(British Council) 같은 기관이 해당된다. 우발펀드회계(Contingencies Fund Account)도 이 범주에 포함되는바, 영국 하원의 공공회계특별위원회(PAC)의 권고에 따라 재무성이 요청하여 감사를 실시하고 있다.

자원회계[77]는 현금주의에 입각한 재무보고에 대신하여 발생주의로 상업베이스에 입각한 재무보고 회계를 지칭한다. 자원회계는 상업회계에서 발견되는 것과 유사한 재무제표와 의회보고 목적으로 설계된 재무제표도 포함하고, 소득과 비용을 목적에 따라 분석한 재무제표도 포함하고 있다.

백서회계는 법상 지칭하는 용어는 아니지만 공공기관(Public Sector Bodies)에 의해 준비된 연간 회계에 적용하기에 편리한 표현 방법으로 각 부처의 자원회계와는 분리되어 있지만 의회에 제출한다는 점에서는 유사하다. 동 회계를 준비할 기관은 회계와 관련된 행정서비스를 관할하는 기관으로 법에 명기가 되어 있다. 관련 법에는 회계 담당 기관이 의회에 제출하기 전에 영국 감사원장의 회계검사를 받도록 규정하고 있다. 이런 규정이 없다면 민간회계법인등에게 회계검사를 받도록 규정하고 있다.

2006/07 회계연도 중 영국 감사원이 실시한 재무감사를 회계별로 나누면[78], 핵폐기청(Nuclear Decommissioning Authority)과 같이 법상 의무가 부과된 비부처공공기관(Non-Departmeutal Public bodies) 등에 대한 회계에 대한 감사의 수가 전체의 49%로 가장 많고, 다음으로 책임운영기관의 회계가 16%, 합의에 의해 재무감사를 실시

77) Resource accounting is an accruals-based commercial style of financial reporting which has replaced the cash-based system of funding, i.e. the Appropriation Accounts. Resource accounts comprise financial statements similar to those found in commercial accounts but also include a statement designed for Parliamentary reporting purposes and a further statement analysing income and expenditure by objectives.

78) NAO(2006), NAO Corporate Plan 2006, London : Stationery Office, p.6.

한 회계가 13%, 자원회계가 12%, 국제회계가 7%이고, 국가대부펀드가 3%를 차지하고 있다. 2005/06 회계연도의 경우 영국 감사원은 정부 등의 회계 총 450개에 대하여 재무감사를 실시하여 이 중 22개 회계에 대하여는 심각한 문제(serious mis-statement or irregularities)가 있어 감사원장은 한정의견(qualified opinion)을 제시하고 의회에 보고를 하였다[79]. 2006/07 회계연도에는 총 462 개 회계에 대하여 재무감사를 실시하여 이 중 11개의 회계에서 심각한 회계상 문제가 있어 한정의견을 제시함으로써 전 회계연도보가 한정의견이 감소하였다[80].

2) 성과감사

다음으로 성과감사에 대하여 살펴보면 영국 감사원은 연간 다양한 감사사항으로 60편 내외의 성과감사보고서를 발간하고 있다. 이런 성과감사를 통해 영국 감사원은 의회에 정부 활동의 경제성, 효율성 및 효과성에 대한 독립된 의견(확신과 자문)을 제공함과 아울러 감사대상기관에게도 성과를 제고하고 자원을 사용함에 있어 더 높은 가치가 달성되도록 하고 있다.

성과감사 사항을 개발하기 위해 영국 감사원은 중앙행정기관의 모든 업무에 대하여 평소에 VFM 차원에서 모니터링하고 분석하고 있다. 모니터링과 아울러 의회에서 관심있게 질의를 하거나 제시하는 사항이

79) NAO(2007), NAO Annual Report 2007, London : Stationery Office, p.10.

80) NAO(2008), NAO Annual Report 2008, London : Stationery Office, p.11.

나 잠재적인 위험이 있는 사항, 또는 새로운 정책 등에 대하여도 관심을 가지고 평상시에 모니터링하고 분석하고 있다. 국가감사법 제1조 제3항에 의하면 영국 감사원장은 그의 직무를 수행하기 위해 감사 사항 및 방법을 정하면서 '완전한 재량(complete discretion)'을 가지지만, 하원의 PAC 위원회에서 이루어진 제안을 고려하여 결정해야 한다고 규정(in determining whether to carry out any such examination he shall take into account any proposals made by the Committee of Public Accounts)하고 있다. 모니터링한 후 잠정적인 감사사항에 대하여 내부적인 제안을 함으로써 감사사항으로 선정되고 있다.

영국 감사원이 감사사항을 개발하기 위해 모니터링하고 분석하며 제안을 하기 위한 비용을 보면 연간 약 350만 파운드[81] 가량이 소요되고 있어 이를 60개 감사사항으로 나누면 한개 감사사항 당 약 5만 8천 파운드(한화로 약 1억 1,600만원 상당)를 투입하고 있는 셈이다. 모니터링 비용 등(Monitoring departmental programmes and developing study proposals)을 연도별로 보면, 2004/05 회계연도에는 310만 파운드, 2005/06 회계연도에 340만 파운드, 2006/07 회계연도(배정액)에 350만 파운드, 2007/08 회계연도(추정치)에 350만 파운드, 2008/09 회계연도(추정치)에 360만 파운드 상당에 달하고 있다.

81) NAO(2006), NAO Corporate Plan 2006, London : Stationery Office, p.43.

감사사항으로 선정되어 실제 감사를 실시하고 나면 성과감사보고서가 완성되는바, 감사보고서를 의회에 보고를 하고, 의회는 동 보고서를 근거로 각 부처의 관계 책임자를 의회에 불러 청문회를 개최한 다음 영국 감사원의 보고서 내용을 참고하거나 추가로 확인된 사항 등을 담아 필요한 조치사항을 권고하고, 사후에 권고한 내용이 이행되도록 촉구하는 등의 조치를 통해 감사결과가 이행되도록 한다. 아울러 영국 감사원도 성과감사와 재무감사 공통적으로 각 부처에 권고한 내용이 이행되고 있는 지 사후관리(following up recommendations/advice/other assurance work)를 하는바, 이를 위해서도 많은 자원을 투입하고 있다. 2005/06 회계연도 중 권고내용의 사후관리를 위해 영국 감사원이 투입한 자원을 보면 성과감사의 경우가 310만 파운드이고 재무감사가 250만 파운드에 달한다. 이 비용의 변화과정을 보면 성과감사의 경우 2008/09 회계연도에는 640만 파운드로 예상하고 있는데 비해 재무감사의 경우에 같은 회계연도에 310만 파운드로 예상하고 있어 성과감사의 권고내용이 재무감사에 비하여 더 복잡하고 이행하는데 어려움이 더 함을 알 수 있다. 권고내용의 사후관리와 아울러 영국 감사원에서 성과감사의 영향을 최대화하기 위해 다양한 방법을 사용하고 있는데, 상세보고서를 활용하거나 모범사례의 전파를 위해 노력하거나 감사대상기관과의 워크숍을 통한 토론, 이해 관계자들과 함께하는 컨퍼런스 등을 개최하거나 CD-ROM을 이해관계자들에게 배부하는 등의 노력을 하고 있다.

영국 감사원에서 매년 성과감사를 하는 주제를 보면 다음과 같이 정리할 수 있다[82]. 연금이나 사회보장 분야(Work and pensions)에 3~5개 사항, 건강 분야(Health)에 5~7개 사항, 교육 및 기술 분야(Education and skills)에 3~5개 사항, 내국세 등 세입과 재무성 업무 분야(Chancellor's Departments)에 3~7개 사항, 범죄 및 치안, 사법 분야(Home Affairs, Justice) 등에 4~7개 사항, 국방 분야에 5~7개 사항, 교통이나 무역, 문화 및 미디어와 스포츠, 통신 및 지방정부, 환경, 식품 및 농업, 외교 분야 등 기타 분야(Other expenditure programmes)에 최대 14개 사항, 성과 측정과 효율성, IT, 조달, 규제, PFI 또는 PPP 분야(Cross-cutting topics) 등에 10~12개 사항 등 총 약 60개 사항에 대하여 매년 성과감사를 실시하고 있다.

여기서 영국 감사원이 2007년 7월에 발간한 '치매환자에 대한 서비스와 지원 제고 실태(Improving services and support for people with dementia)' 에 관한 성과감사보고서를 요약하면 다음과 같다[83].

치매환자에 대한 서비스와 지원 제고 실태 감사결과 요약

치매는 환자의 숫자나 이를 치료하기 위해 투입되는 비용 면에서 매우 중요하고도 시급히 개선되어야 할 국가의 과제이다. 잉글랜드에 최소한 56만 명의 치

82) NAO(2006), NAO Corporate Plan 2006, London : NAO Press Office, p.40.

83) NAO(2007), NAO Corporate Plan 2007, London : NAO Press Office, p.28.

매환자가 있으며, 인구의 고령화로 인해 향후 15년간 치매환자는 약 30% 상당 증가할 것으로 예상된다. 치매로 인한 직접적인 사망자는 전체 사망자의 3%에 불과하지만, 간접적인 영향까지 합치면 최대 12% 상당의 사망자가 치매로 인해 발생할 수도 있다. 치매는 영국경제에 연간 143억 파운드의 비용을 지출하며, 이 비용에는 NHS와 사회보장 분야에서 연간 직접 지출한 33억 파운드도 포함된다.

2005년까지 관계 중앙행정기관이나 지방의 관계자들도 암이나 심장병 등과 같은 다른 중요 질병 때문에 치매에 대하여는 별다른 우선순위를 두지 않았다. 아울러 치매에 관하여 양질의 자료가 없었고, 치매는 치료가 안 된다는 선입관과 노인들의 정신적인 질병에 대한 정치적이고 국가적인 관심도가 낮은데도 우선순위가 낮은 이유가 된다. 이런 결과로 치매를 앓고 있는 사람들은 노인들을 위한 정신질환 서비스의 개발에 따른 혜택을 받지 못하게 되었다.

치매의 경우 초기 진단과 개입은 비용에 비하여 효과가 있는 것으로 알려져 있다. 그러나 치매 환자의 1/3에서 1/2만이 공식적인 진단을 받은 것으로 나타나고 있다. 영국은 치매 치료약을 복용하는 환자의 비율이 유럽에서 낮은 순위로 3번째에 해당되고, 치매환자를 진료하는 평균 소요시간도 다른 유럽국가에 비하여 2배나 길다. 이런 지적 내용에 대하여 영국 감사원은 다음 3가지 내용을 권고하고 있다.

첫째, 치매 환자의 진료와 국가의 초기 개입을 높이고

둘째, 치매 환자에 대한 서비스의 관리와 지역사회의 지원을 제고하며

셋째, 미래 치매 환자의 증가에 대응하여 전반적인 관리 시스템을 개선하여야 한다.

3) 기타 활동

영국 감사원은 위에서 보듯이 재무감사와 성과감사만 수행하는 것은 아니다. 분류기준에 따라 다소 다르지만, 영국 감사원의 목표는 크게 5개로 나누는데, 제1목표가 재무감사, 제2목표가 성과감사이고, 제3목표는 시스템 점검활동(Review of departmental systems), 제4목표는 의회 및 각 부처 지원 활동(Direct support to the public, Parliament and other organisations), 제5목표는 통제관 기능(Comptroller function) 등으로 분류한다[84].

영국 감사원은 재무감사와 성과감사 등 2대 주요 기능에 전체 예산의 약 70% 내외를 투입하고 , 나머지 30%를 시스템 점검활동이나 의회나 각 부처 지원 업무 등에 투입하고 있다. 제3목표인 시스템 점검 활동은 각 부처가 '좋은 협치[85](good governance)' 를 하도록 격려하고 재무체계의 점검을 통해 위험관리를 잘 하고 있는지를 살피며, '공공서비스협약(Public Service Agreement : PSA)' 목표가 제대로 설정되고 이행되는지 성과를 확인(Performance validation)하며, 규제업무의 타당성 등에 대한 검토를 하는 기능을 말한다[86]. 그러나 시스템 점

84) NAO(2008), Annual Report 2008, London, p.77.

85) 영국 감사원의 '좋은 협치(good governance)' 점검 기능은 성과감사와 재무감사의 중간지대에 위치한 성격의 것으로 업무량은 비록 아직 미미하나 점차 증가하고 있는 업무 영역이다. '좋은 협치' 감사보고서는 성과 감사 보고서 보다 분량이 작고, 단기간 내 보고서가 완성되며 의회 특별위원회가 요청한 문서 등을 담고 있다. 이 감사에는 내국세나 관세 등의 징수의 적정성에 대한 보고서인 'Section 2 Reports' 도 포함된다.

86) NAO(2006), NAO Corporate plan 2006, London : Stationery Office, p.12

검 기능에 대한 개념의 불명확으로 인해, 즉 종래의 재무감사 및 성과감사와 개념적으로 명확하게 구분되지 않아 2007년도 Corporate Plan에는 동 기능이 없어지고, '좋은 협치'는 재무감사에, 성과 확인 및 규제업무 점검 등의 기능은 성과감사에 포함되었다[87].

의회나 일반인 등에 대한 직접 지원업무는 먼저 국제기구 등에 대하여 감사비용을 받고 외부감사자로서 재무감사 등을 수행하고, 의회가 요청하는 경우 정식 감사보고서의 형태가 아닌 예산 분석이나 개략적인 실태 등을 담아 의회 각 상임위 등에 제공하며, 일반인들이 질문을 하는 경우 등에 답변을 하고 있으며, 감사결과 모범사례나 Good Governance가 있는 경우 등에 이를 모아 컨퍼런스를 개최하거나 회의 등을 개최하여 이의 확산을 위해 노력하고 있는 활동이다.

통제기능이란 감사원장의 통제관 기능(Comptroller)을 말하는데 통상 2~3명이 수행하는 업무로[88] 이는 예산과 업무의 비중이 미미하고 점차 중요성이 떨어지는 기능이나 전통을 중시하는 영국에서는 아직 그 기능을 영국 감사원의 주요 활동에 포함하여 분석하고 있다.

87) NAO(2007), NAO Corporate Plan 2007, London : Stationery Office, p.54.

88) NAO(2008), NAO Annual Report 2007/08, London : Stationery Office, p.84.

3 감사보고서의 활용

영국 감사원의 기능에 대하여 체제 이론적으로 평가를 할 경우, 투입요소(inputs)는 직원, 자문, 여행경비, 인프라 및 지원 등이 되고 산출물(outputs)은 감사의견, VFM 감사보고서, 하원 위원회에 대한 자문, 의회와 행정 부처에 대한 다른 보고서, 의회 의원 및 일반대중으로부터의 질의에 대한 회신, 기술 자문 및 훈련 프로그램 등이 되며, 감사결과 나타난 최종적인 결과(outcomes)는 예산절감, 행정서비스 질의 향상, 보다 나은 재무관리, 행정에 대한 신뢰도 제고 등이 될 것이다.

영국 감사원의 연간 감사결과 2006/07 회계연도 중 약 5억 8,200만 파운드(한화로 약 1조 1,640억원)의 예산절감을 이루어 영국 감사원의 연간 운영예산액 6,803만 파운드(전체 예산액 8,801만 파운드에서 자체 수입액 1,998만 파운드를 제외한 금액)의 약 8.5배에 달하는 성과를 이룬 것으로 나타났다. 2007/08 회계연도 중에는 연간 예산절감액이 6억 5,615만 파운드로 영국 감사원의 연간 운영 예산액 중 실제 운영비용(actual running costs)으로 사용된 7,085만 파운드의 9.3배를 달성하였다[89].

영국 감사원 및 하원 PAC 위원회의 보고서에 따른 권고내용에 따라

89) NAO(2008), NAO Annual Report 2008, London : Stationery Office, p.21.

감사대상기관의 업무가 개선되고 자원사용에 있어 3Es가 확보되는바, 감사지적내용의 약 95% 상당을 감사대상기기관이 수용하여 개선을 이룬 성과를 달성하고 있다.

영국 감사원의 감사결과가 의회에 보고되고 의회에서 관계부처와 청문회를 개최하고 의회의 권고 내용에 대해 사후 관리되는 등 책임성 확보 과정(Accountability Process)을 요약하면 다음과 같다. 첫째, 영국 감사원의 보고(NAO Report) 단계로 영국 감사원의 감사보고서가 의회에 보고되고 발간된다. 둘째, PAC 청문회(PAC Hearing) 단계로 하원 PAC에서 관계부처의 관계자(주로 재무 책임관)를 출석시킨 가운데 감사원의 감사보고서 내용에 대하여 청문회를 가져 문제가 되는 사안에 대하여 질의 응답시간을 가진다. 셋째, PAC 보고서(PAC Report) 단계로 PAC는 감사결과 지적내용이 되풀이 되어서는 안 되거나 학습할 필요가 있는 내용을 의회의 권고내용으로 자세히 담아 보고서를 발간한다. 넷째, 관계부처의 대응(Government Response) 단계로 의회가 권고한 내용에 대한 이행계획 등을 보고하거나 발표한다. 마지막으로 NAO 및 PAC의 사후관리(NAO/PAC Follow-Up) 단계로 NAO와 PAC의 권고 내용에 대한 이행 실태를 사후관리 한다. 이런 과정을 거쳐 영국 감사원의 지적내용에 대하여 의회의 청문회와 사후관리 등을 통해 감사결과의 실효성을 확보한다.

전통적으로 영국 감사원이 감사결과를 의회에 보고하는 등으로 의회를 지원함으로써 의회가 행정부를 통제하고 국민의 세금이 제대로 사용되도록 촉구하는 기능 이외에 다양한 기능을 수행하고 있다. 영국의회를 통하지 않고 영국 감사원이 직접 행정부의 각 부처 등을 상대로 감사결과 지적 내용이나 모범 사례(Best Practices)를 확산하기 위해 노력하고 있는바, 그 첫 번째가 컨퍼런스이다. 영국 감사원은 효율성, 규제, 제3섹터, 성과측정, 공공시설에의 민자유치(PFI, 또는 PPP) 등에 관하여 높은 수준의 전문가를 보유하고 있다. 이런 점을 활용하여 정부기관 등을 상대로 감사결과에 나타난 문제점이나 모범사례 등에 관하여 각종 컨퍼런스를 개최하여 감사결과의 확산을 통해 정부의 능력을 제고하기 위해 노력하고 있다. 가장 최근에 개최한 컨퍼런스의 주제를 보면, 성과 측정, 국방 프로젝트 관리, 공공서비스에서의 VFM 달성을 민간 자발조직과 함께 하는 방안 등이 있다. 특히, 지방 하위 조직에서 주로 이루어지는 건강이나 교육과 같은 주제에 대하여는 영국 감사원의 지적 사항이 잘 전달되지 않을 수 있으므로 지방의 하위 조직을 상대로 중앙의 담당 부처에 대한 감사결과를 직접 설명하고 모범사례를 전파하기 위해 노력하고 있다. 이외에도 영국 감사원이 전 부처에 공통적으로 적용될 내용이 담긴 모범사례 등을 CD-Rom에 담거나, 재무감사시 회계처리상 새로운 수요(신 금융기법 등의 발생으로) 등의 발생으로 실수하기 쉬운 사항 등을 정리하여 영국 감사원 홈페이지에 새로운 지침 등을 담아 확산하기 위해 노력하고 있다.

아울러, 영국 감사원은 감사보고서와 별도로 감사대상기관에 감사결과 지적내용과 개선향상을 위한 권고 내용을 담은 '관리서한(Management Letters)' 을 보내는 한편, 약 480개 이상의 조직에 대한 외부 감사자(External Auditor)로서 영국 감사원의 기능에 보다 충실하기 위해 영국 감사원 간부들이 연간 약 1,000번 이상 감사대상기관의 자체 감사위원회 회의(Audit Committee Meetings)에 참가하여 회계, 재무관리, VFM 잇슈, 감사결과 발견된 위험요소 등에 대하여 조언을 하고 있다[90].

이외에도 영국 감사원은 각종 민간 회계 단체 등에 적극 참여하거나 동 민간 회계 관련 단체 등이 기준을 제정할 경우 영국 감사원의 의견을 구하는 등으로 감사결과 문제점을 반영하여 감사기준을 변경하도록 하거나 개선하도록 하는 등의 노력도 하고 있다. 예를 들면, 전임 영국 감사원장이었던 Sir John Bourn은 '재무보고협의회(Financial Reporting Council)' 의 理事였으며, 동 회의 산하기구인 '전문감시위원회(Professional Oversight Board)' 의 의장직도 겸하고 있었다(그러나, 2008.2.1.자로 감사원장직을 사임함으로써 POB의 의장직만 수행). 또한 ICAEW에 영국 감사원 간부 중 한 사람이 '공공부문회계위원회(Public Sector Audit Committee)' 에 참여를 하는 등 많은 간부들이 각종 기준 등과 관련되는 소위원회 등에 참여를 하고 있다. 이외에도

90) NAO(2006), NAO Corporate Plan 2006, London : NAO Press Office, p.9.

영국 감사원 간부들은 The Chartered Institute of Public Finance and Accountancy, The Association of Chartered Certified, The Auditing Practices Board, The Financial Reporting Advisory Board, Accounting Standards Board 등에 참여를 하고 있다.

4 영국 감사원의 예산절감액 산정 원칙 및 사례[91)]

1) 개요

성과 중심의 정부 운영 기조 하에서는 객관적이고 투명한 성과 목표의 제시 및 성과 결과의 측정과 보고 등에 대한 요구가 증대될 것이다. 감사활동의 정당성과 타당성을 위해 감사결과 투입된 예산과 비교하여 훨씬 더 나은 성과(Value for Money)가 나타났음을 국민과 국회 및 여론 주도층 등에 체계적이고 설득력 있게 제시할 수 있는 방안이 필요할 것이다. 우리나라의 감사원도 종래와 같이 감사원 내부 직원에 대한 평가에 그치는 평가 방안인 감사실시 횟수나 징계건수나 시정 주의 건수나 금액 등과 같은 성과지표로는 대국민 설득력이 떨어져 2005년부터 BSC 제도를 도입하는 등 최근 감사성과 평가 개선을 위해 많은 노

91) NAO(2008), NAO Annual Report, London : Stationery Office, pp. 93~96.

력을 하고 있다. 그 방향은 감사의 최종 고객인 국민들의 입장에 서서 국민 편익 증대와 예산절감 및 세수 확대 등에 초점을 두어 선진국(특히, 미국 및 영국)과 유사한 평가방안을 도입하려고 노력하고 있다. 즉, 감사자원의 효율적 운영과 생산성 증대를 도모하고 감사의 영향(Impacts) 또는 결과(Outcomes)에 초점을 둔 감사접근방법을 유도하는 것이 매우 중요하다고 판단되어 영국 감사원에서 운영하고 있는 재무성과 평가 방안을 소개하고자 한다.

그러나, 재무적 성과는 감사성과를 효과금액으로 표시함으로써 설득력있고 이해하기 쉽게 국민이나 국회 등에게 전달될 수 있다는 장점이 있는 반면, 객관적이고 정확한 규명 및 측정 자체가 어려울 뿐만 아니라, 재무적 성과가 모든 분야의 감사에서 나타나는 것이 아니라 특정(국방이나 세무, 복지, 노동 및 교육 등) 감사사항 및 감사분야에 집중해서 발생하는 편중성과 연도에 따라 달라지는 변동성을 가지고 있어 조직 내부적인 갈등과 불필요한 외부 비판에 직면할 수 있다는 단점이 있음을 명확히 인식해야 한다. 따라서 위와 같은 위험요인에 대한 충분한 대비없이 재무적 성과 측정을 위한 지표를 설정하여 조직 내부적인 보상체계와 연계한다면 고압적인 감사나 재무적 성과 확보가 어려운 분야에 대한 장기간 감사 미실시 등 감사운영상 예측하지 못한 부작용이 발생할 수 있다. 이런 이유로 인해 전세계 최고감사기구 중 재무적 성과 측정을 하고 있는 국가는 미국과 영국 이외에 별로 없다고 할 수 있다.

영국 감사원에서 재무적 성과(Financial Impacts)측정은 다음의 3가지 요인을 모두 충족해야 한다. 먼저 영국 감사원이 예산절감액을 증거에 입각하여 입증해야 한다. 둘째, 감사대상기관에서 이를 예산절감액으로 동의해야 한다. 셋째, 감사결과 권고한 내용으로 인해 감사대상기관이 목표를 달성하기 위해 사용되었거나 사용예정인 예산을 절감할 수 있거나 예산의 효율성이나 효과성을 제고하거나 또는 수입을 제고하여야 한다. 이런 예산절감액에는 현금 절감액(cash saving), 효율성 향상(efficiency improvements), 세입징수액의 증가(improvements in revenue collection) 등이 포함된다. 통상적으로 연간 예산절감액의 40% 상당액은 현금 절감액이 차지하고, 세입징수액의 증가 또한 40%를 차지하며, 나머지 20% 상당액은 현금이 아닌 수혜나 효율성 향상 등으로 인해 발생한다[92]. 그러나 예산절감액 산정은 그리 쉬운 과제는 아니다. 어떤 감사결과 권고 내용은 계량화가 용이한 경우도 있지만, 계량화가 아주 어려운 경우도 있다. 이런 경우 영국 감사원은 감사대상기관과 감사결과의 영향 평가에 기초하여 절감액 비율을 협상하기도 한다.

예산절감액 산정은 감사원 직원들이 임의로 하는 것이 아니라 감사원에서 정한 내부적인 지침(internal guidance)에 따라 실시된다. 동 지침은 직원들에게 예산절감액을 산정하고 동의를 받으며 기록하는 방안

92) NAO(2008), NAO Annual Report, London : Stationery Office, p.17.

등에 대하여 정하고 있다. 동 지침에 따르면 예산절감액 산정시 사용한 방법론(사용된 공식 등) 등은 분명하게 서류화하여야 하며, 관련 기관 등과 산정액과 방법론 등에 대하여 합의를 하여야 한다고 되어 있다.

감사 실무자가 산정한 예산절감액에 관한 보고서(이를 재무성과보고서라 함)는 각 감사국에 설치된 감사성과담당(Unit of Impact Leads)으로부터 작성기준 등에 따라 올바르게 작성되었는지 등의 검토를 거친다. 각 국에서 취합한 재무성과 보고서는 영국 감사원 내부의 품질 담당부서(VFM Development Team)와 해당 간부의 검토와 내부 감사 부서 등의 검토과정을 거쳐 집행간부위원회(Management Board)에서 최종적으로 예산절감액을 확정하며, 외부감사자로부터도 산출액이나 산출방법의 적정성 등에 대하여 감사를 받는다. 2005년도부터는 영국 감사원내 감찰담당관(Director of Internal Audit and Assurance)은 매년 독립적으로 재무성과 보고서에 대한 검증을 실시하되 성과금액의 정확성과 완전성을 외부에 증명할 수 있도록 각국의 재무성과 보고서를 임의 추출하여 내부적인 지침에 따라 검증을 실시한다. 외부감사자는 영국 감사원내 감찰팀의 검증결과를 토대로 확인작업을 실시한다.

2) 예산절감액 산정의 원칙

영국 감사원은 예산절감액 산정시 다음과 같은 원칙하에 운영하고 있다. 첫째, 신중성(prudence)의 원칙으로 순수 절감액만을 산정해야 한다는 것이다. 이를 위해 권고 내용의 이행을 위해 추가적으로 소요되는 비용은 제외하고 예산절감액을 산정해야 한다.

둘째, 인과성(attribution)의 원칙으로 감사원의 권고내용과 감사결과 영향 간에 인과관계가 성립되어야 한다. 즉, 영국 감사원의 관여가 없었다면 감사결과 영향과 같은 재무적인 충격(financial impacts)은 없었을 것이라는 인과관계가 성립되어야 한다.

셋째, 현실화(realisation)의 원칙으로 감사결과 권고내용의 충격이 주장되었을 때 절감액이 이루어져야 한다. 즉, 영국 감사원에서 권고한 내용이 이행되고도 절감액이 주어진 기간 내에 현실화되지 않고 몇 십년 후에 현실화 되거나 권고내용이 이행되어도 절감액이 없다면 그것은 절감액으로 볼 수 없다는 것이다.

넷째, 전달성(delivery)의 원칙으로 감사대상기관이나 행정서비스 수혜자가 권고내용대로 변경된 제도로 인해 절감액이 있다는 확인이 있어야 한다는 것이다. 감사원의 고객으로부터 확인을 받기 위해서는 감사 이전과 이후 간에 분명한 차이가 존재해야 한다는 것이다.

다섯째, 합의성(agreement)의 원칙으로 모든 재무충격에 대해 감사대상기관과 합의를 봐야 한다는 것이다. 감사대상기관에서 동의하지 않고 감사원만 예산절감액으로 주장하고 있다면 그것은 무의미한 주장에 지나지 않기 때문이다.

여섯째, 비용등가성(cost equivalence)의 원칙으로 감사결과 권고내용으로 인해 비용이 감소되거나 산출량이 증가하였다면, 절감된 비용은 그대로 계산하더라도, 증가된 산출량을 생산하기 위해 들어간 비용으로 계산을 해야 한다는 것이다. 즉, 감사원의 권고내용대로 이행하여 비용만 절감된 경우에는 그 비용을 예산절감액으로 하면 되지만, 편익이 제고된 경우에는 동 편익 제고를 위해 비용이 추가된다면 그 비용을 공제하고 편익을 계산하는 등 모든 예산절감액 산정을 비용으로 계산되어져야 한다는 것이다.

일곱째, 정성충격(qualitative impacts)의 원칙으로 계량화가 어려운 정성적인 권고내용에 대한 예산절감액 산정시에는 행정의 고객이 '추가적인 행정의 질(extra quality)' 을 구입한다고 가정할 경우에 절감 가능한 비용만을 계산하여야 한다는 것이다. 즉, 감사결과 권고내용으로 인해 동 제도가 변경되어 정성적인 개선효과가 이루어진 경우라 하더라도 행정의 고객인 시민이 동 제도를 더 이상 이용하지 않거나 추가적으로 동 제도를 활용하지 않는 사장된 제도까지 예산절감액으로 산정해서는 안 된다는 의미이다.

여덟째, 조화(matching)의 원칙으로 감사원의 권고 내용으로 인해 지속적인 예산절감이 이루어진다면, 그 인과관계가 성립되는 한 예산절감액으로 산정되어져야 한다는 것이다.

미국 감사원(GAO)은 영국 감사원과 비슷하지만 다소간 차이가 있게 운영하고 있다[93]. 첫째, 사후측정의 원칙으로 필요한 조치가 이미

93) GAO Policy Manual, Section 390 : Public Reporting Part E -Documenting Benefit from GAO' s work.

완료되었거나 실질적으로 완료된 경우에 한하며 향후 미래에 조치를 취할 계획이라는 언급으로는 예산절감액으로 산정할 수 없다는 것이다. 둘째는 보고의 적시성의 원칙으로 재무적 충격에 관한 성과 보고서를 제출하기 2년 이내에 필요한 조치가 이루어져야 하며, 셋째 GAO의 지적내용을 원인으로 하여 성과가 달성되는 인과관계가 있어야 하고, 넷째 감사성과는 조치결과 발생한 직접적 효과만을 대상으로 하는 직접적 효과 위주로 하며, 다섯째 조치에 수반된 비용은 효과금액에서 차감하며, 몇 년에 걸쳐 효과가 나타나는 경우 순현재가로 계산해야 하며, 여섯째 예산절감액 산정은 반드시 제3자에 의해 수행되어야 하며, 일곱째 감사보고서와 같은 수준의 증거확인 절차를 거치도록 하는 엄격한 내부검증 절차를 요하고 있다.

3) 예산절감 사례

영국 감사원이 발표한 2007/08 회계연도 중 예산절감액은 모두 6억 5,615만 파운드 상당액(한화로 1조 3,123억 원 상당)에 이른다. 이 금액을 성과감사와 재무감사로 분류하면 성과감사로 인해 절감된 금액이 5억 4,418만 파운드로 82.9%를 차지하고 있으며, 재무감사로 인해 절감된 금액은 전체의 8.9%인 5,865만 파운드 상당이고, 좋은 협치(Good Governance)로 인해 절감된 금액이 전체의 8.2% 상당인 5,332만 파운드에 이른다.

먼저 성과감사로 인한 예산절감 사례를 보면, 영국 감사원이 2002/03 회계연도 중에 '국세청(HMRC : HM Revenue & Customs)' 을 대상으로 감사를 실시한 '내국세 탈루 실태(Fraud against the Inland Revenue)' 감사에서 지적하여 제도적으로 개선된 내용인 '탈세목적의 역외신탁 사용의 감소로 인해 증가된 세입(Recovery of revenue from reducing fraud in the use of offshore trusts to evade tax)' 은 예산절감 효과가 2007/08 회계연도부터 향후 5년간 나타나고 절감액이 2007/08 회계연도 중에만 1억 260만 파운드가 발생하는 것으로 계산되었다. 두 번째 사례로 1999년부터 2004년까지 '조달청(OGC : Office of Government Commerce)' 을 상대로 매년 실시한 '1999년 이후 물자 조달실태(NAO work on improving procurement since 1999)' 감사에서 지적하여 개선된 '전략적이고 구체적인 조달과정 상의 개선사항' 으로 인해 예산절감효과가 2007/08 회계연도부터 향후 3년간 나타나고 2007/08 회계연도 중에 9,900만 파운드의 절감효과가 나타났다. 세 번째 사례를 보면, 2001/02 회계연도 중에 국세청을 대상으로 실시한 '소득세 자진 평가실태(Income Tax Self Assessment)' 감사에서 지적한 내용인 '소득세 환급 제출 지연에 따른 과징금 계산시 일일 단위 계산의 확대 및 제재 효과의 규칙적인 평가(Greater use of daily penalties for failure to submit income tax returns, and to regularly assess the effectiveness of its sanctions)' 로 인해 2007/08 회계연도에 7,540만 파운드의 예산절감 효과가 나타났다.

다음으로 재무감사로 인해 발생한 예산절감 사례를 보면, 첫째 2006/07 회계연도 중에 국방부 산하의 '방위물자조달청(Defence Procurement Agency)'에 대한 감사시 지적한 '교환이익 계산방법(accounting for exchange gains)'의 개선으로 인해 2007/08 회계연도 중에 예산절감액 2,329만 파운드의 예산절감액이 발생하였다. 두 번째 사례를 보면 2006/07 회계연도 중 환경농식품부(Department for Environment, Food and Rural Affairs)가 관리하는 유럽펀드(European Funds) 감사시에 '유럽연합의 상환자금 과소청구(Underclaimed reimbursement from EC)' 사례를 지적하여 2007/08 회계연도 중 1,181만 파운드의 예산절감을 이루었다. 세 번째 사례로 2005/06 회계연도 중에 국세청을 대상으로 실시한 '이중 청구의 시정(correction of duplicate payments)'로 인해 2007/08년부터 향후 3년간 시정효과가 나타나는바, 2007/08 회계연도 중에는 989만 파운드의 예산절감 효과가 나타났다.

다음으로 Good Governance 감사 실시로 인해 발생한 예산절감 사례를 보면, 첫째 2005/06 회계연도 중 주택공사(Housing Corporation)을 대상으로 실시한 '정부보조금 비교측정(Value for Grant Comparator)' 감사시 지적하여 반영된 '주택 구입시 포토폴리오의 효과적 관리(Better management of portfolio of housing procurement)'라는 지적으로 인해 2006/07 회계연도부터 5년간 예산절감 효과가 나타나는데 2007/08 회계연도에는 2,478만 파운드의 예산절감액이 발생하였다. 두 번째 사례도 주택공사를 대상으로 하여 2006/07 회계연도 중에 실시한 '건축의 현대적인 기법(Modern methods of construction)' 감사시 지적하여 시책으로 반영된 '비현장 제조 자산 관리의 비용 절감 방안(Reduced costs in off-site manufactured properties)' 으로 인해 2006/07 회계연도부터 2007/08 회계연도까지 예산절감 효과가 발생하는바, 2007/08 회계연도 중에 2,300만 파운드의 예산절감액이 발생하였다. 셋째 사례는 영국군사비행훈련단(UKMFTS : UK Military Flying Training System)을 대상으로 실시한 조종사훈련(pilot training) 감사결과 지적하여 시책으로 반영된 내용인 'VFM 전략과 관련되는 제휴 방안' 으로 인해 2007/08 회계연도부터 향후 10년간 예산절감 효과가 나타나는데, 2007/08 회계연도에는 500만 파운드의 예산절감효과가 발생하였다.

그 이외의 다른 예산절감액이 발생한 사례들을 보면 의외로 그렇게 많은 사례가 없다는 점이다. 2007/08 회계연도 중에 예산절감액이 5백만 파운드 이상 발생한 경우가 모두 25개 사례에 불과하고 이들 25개 사례가 전체 절감액 6억 5,615만 파운드의 97.9%인 6억 4,094만 파운드로 대부분을 차지하고 있다.

5 감사활동의 변천과정

영국 감사원의 감사활동의 변천과정을 살펴보기 위해 연간 영국 감사원의 예산 사용 내역의 변천과정을 살펴보면 다음과 같다.

표 : 영국 감사원의 기능별 · 연도별 예산 현황 (금액단위 : 백만 파운드)

구 분			2004/05 (실적치)	2005/06 (실적치)	2006/07 (실적치)	2007/08 (실적치)	2008/09 (예상치)
영국 감사원의 기능별 업무	재무감사	금액	34.2	38.0	40.2	40.6	42.1
		비율	44.4%	46.6%	45.7%	45.7%	43.2%
	VFM 감사	금액	19.4	22.3	24.4	25.2	28.6
		비율	25.2%	27.4%	27.7%	28.4%	29.3%
	시스템점검 (Review of System)	금액	7.7	8.6	9.4	9.7	11.1
		비율	10.0%	10.6%	10.6%	11.0%	11.4%
	의회지원 및 국제감사	금액	15.8	12.6	13.8	13.0	15.7
		비율	20.5%	15.5%	15.7%	14.6%	16.1%
영국 감사원의 연간 예산액 (건물 보수비 및 임대료 제외)			77.1	81.5	88.0	88.7	97.5
예산절감액 등(Financial Impact)			515	555	582	656	707
감사결과 수용비율(%)			94	94	95	95	95

위 표에서 보듯이 재무감사와 VFM 감사 등 영국 감사원의 2대 주요 기능에 전체 예산의 약 70% 내외를 투입하고 , 나머지 30%를 의회나 각 부처 지원 업무 등에 투입하고 있는 실정이다. 아울러, 재무감사가 전체 예산에서 차지하는 비율은 2004/05 회계연도에 44.4%에서

2008/09 회계연도에는 예상치의 43.2%로 다소 감소추세에 있지만 별 변동이 없다. 그러나 VFM 감사가 전체 예산에서 차지하는 비율은 25.2%에서 29.3%로 다소 증가 추세에 있다. 이런 증가 추세는 시스템 점검 활동은 별 다른 변화가 없는 데 비해 의회 지원 및 국제 감사의 비율이 감소한데서 비롯되는바, 의회 지원과 국제 감사가 전체 예산에서 차지하는 비율을 보면 2004/05 회계연도에는 20.5%였다가 2008/09 회계연도에는 16.1%로 감소될 것으로 예상된다. 시스템 점검 기능은 다소 증가하고 있으나, 앞에서도 언급하였듯이 동 개념의 불명확성으로 인해 2007년도 Corporate Plan에는 동 기능이 없어지고, '좋은 협치'는 재무감사에, 성과 확인 및 규제업무 점검 등의 기능

은 VFM 감사에 포함되었다. 위 표에서는 감사원장의 통제관 기능(Comptroller)은 앞서 언급하였듯이 2~3명이 수행하는 업무로 이에 대하여는 비중이 매우 미미(2006/07 회계연도의 경우 17만 9천 파운드)하여 분석을 하지 않았다.

여기서 우리가 궁금하게 여기는 점은 과연 영국 감사원은 공기업에 대한 감사권을 가지고 있느냐는 것이다. 결론부터 말하면, 공기업법의 제정(Companies Act 2006)으로 2008년 4월부터 영국 감사원은 영국에서 약 100여개에 달하는 공기업(Public Limited Companies/Government-owned companies)에 대한 감사 권한을 가지게 되었다[94]. 이 법의 제정으로 이전에는 중앙정부를 통해 간접적으로 공기업에 대한 예산지원의 적정성 여부 등을 검토하던 것을 이제는 공기업을 직접 감사대상으로 하여 감사를 실시할 수 있게 되었고, 하원의 PAC 위원회의 감시 감독하에 놓이게 되었다.

94) NAO(2007), NAO Corporate Plan 2007, London : Stationery Office, p.6
www.nao.org.uk/pn/06-07/retirement_sir_john_bourn.htm

제 5 장

영국 감사원의 최근 주요 변화 및 비판

1 최근의 주요 변화

영국 감사원이 당면한 현안과제는 여러 가지가 있다 그러나, 여기서 간략히 정리를 해보면 다음과 같이 몇 가지로 정리할 수 있다.

첫째, 한국 감사원과 같이 감사결과 보고서의 처리기한 단축이 주요한 당면과제이다. 재무감사를 실시하면서 각 연도 마감 후 4개월 이내(즉, 회계연도가 3월 말에 종료되므로 그해 7월 말까지)에 감사가 종료되는 것이 전체 재무감사 회계에서 차지하는 비율(Accounts audited within four months of the relevant financial year end)을 보면 2003/04 회계연도 중에는 33%에 불과하였다. 이 비율을 제고하기 위해 많은 노력을 하여 2004/05 회계연도에는 동 비율이 38%, 2005/06 회계연도에는 52%까지 그 비율을 제고하였고, 2006/07 회계연도에는 약 64%를 달성하였고, 2007/08 회계연도에는 목표치인

65%를 초과한 70%를 달성하였다[95]. 아울러, VFM 감사를 8개월 이내에 종료하는 비율(Value for money studies taking 8 months or less)을 보면, 2003/04 및 2004/05 회계연도에 10%에 지나지 않았으나 2005/06 회계연도에는 27%로 실적치를 높였고, 2006/07 회계연도에는 37%를 달성하였고, 2007/08 회계연도에는 목표치를 75%로 설정하였으나 목표치에 훨씬 미달한 28%에 그쳤다. 그러나 VFM 감사 보고서가 감사 착수 후 1년 이상이 되어서야 감사가 완전히 종료된 비율을 보면 2006/07 회계연도에는 전체 VFM 감사의 30% 상당이었으나 2007/08 회계연도에는 그 비율이 19%로 낮추어져[96] 신속한 처리를 위해 많은 노력을 하고 있다고 할 수 있다.

둘째, 최근 전임 감사원장이었던 Sir John Bourn의 잦고 무분별한 해외출장 및 부적절한 처신 등의 사례를 반영하여 영국 감사원장에 대한 내부적인 견제 장치를 마련해야 한다는 주장이 제기되고 있다. 지금도 하원의 위원회(TPAC)나 외부 감사관 임명 등을 통한 견제 장치가 있지만, 상시적이고 내부적인 사정에 정통하지 않은 문제점을 내포하고 있다고 할 수 있다. 이런 점에서 현재의 감사원장 1인에게 권한이 집중된 체제를 이사회(a body corporate with a governing board)와 실무 책임자(Chief Executive)를 따로 두는 방안이 2008년 2월에 발간

95) NAO(2008), NAO Annual Report, London : Stationery Office, p.21.

96) NAO(2008), NAO Annual Report, London : Stationery Office, p.20.

된 TPAC의 14차 보고서에서 제시되었다[97]. 이사회에는 감사원 내 독립된 집행간부(independent non executive directors)가 중심(5명)이 되고 의장, 감사위원회 의장, 집행간부 일부(3명), 감사원 실무 책임자 등 11명으로 구성하되, 그 임무는 감사원의 일상적인 업무나 감사 판단 등에 대하여는 관여를 하지 않고 전략을 수립하고 우선순위를 설정하며, 감사원 업무의 감독, 내부 통제 등에 대한 승인 업무 등을 수행하되 임기는 3년으로 하는 안이 제시되었다. 한편, 현재 감사원장과 같은 기능을 수행하게 될 실무 책임자의 임기(현재 감사원장의 임기는 종신임)는 8년 단임으로 하되, 이사회 의장과 함께 현재의 감사원장(CAG) 임명 절차와 같은 절차를 밟는 것으로 제안되었다. 2008년 3월에 발간된 TPAC의 제15차 보고서에는 위 14차 보고서의 내용을 일부 변경하여 이사회를 신설하고 감사원장은 그대로 두는 방안이 제시되었다[98]. 감사원장의 임기는 10년으로 하고 단임으로 연임이 되지 않은 방안을 강구하고 있다. 이사회 의장은 감사원장의 임무인 일상적인 감사실시와 처리 과정 등에는 관여하지 않고 감사원의 내부관리체계와 전반적인 전략 등을 다룰 권한을 가지며, 감사원장의 보수도 재무성 사무차관에 연계하고 감사원장의 행위제한도 동 사무차관과 유사하게 제한하는 방안 등

---

97) The Public Accounts Commission of House of Commons(2008), Review of the National Audit Office' s Corporate Governance, 14th Report, London : Stationery Office.

98) NAO(2008), NAO Annual Report, London : Stationery Office, pp.44~45.

99) NAO(2007), NAO Corporate Plan 2007, p.49.

이 제시되었다. 이와 관련하여 2008년 10월 현재 영국 정부와 영국 의회는 영국 감사원의 지배구조(Governance)에 관한 논의를 종결지어 감사원장의 임기를 10년으로 제한하고, 감사원에 이사회를 두되 이사장(Chair)과 감사원장을 포함하여 9명의 이사를 두는 방안을 수립하여 현재 이사장과 감사원장 인선을 공모 중에 있다. 이와 관련하여서는 첨부 7에서 자세히 설명하겠다.

셋째 감사과정에 전문성을 요구하는 분야에 대하여는 외부의 전문가에게 아웃소싱을 하는 등 전문성을 확보하기 위하여 노력하고 있다. 재무감사와 VFM 감사를 하면서 외부의 전문가에게 자문을 구하는 등 아웃소싱 비용으로 매년 전체예산에서 차지하는 비중이 증가하고 있어, 2004/05 회계연도에는 전체예산의 14.2%에 지나지 않았으나, 2006/07 회계연도에는 21.8%(실적치), 2007/08 회계연도에는 20.0%(실적치), 2008/09 회계연도에는 24.9%(예측치)로 연도별로 다소 부침이 있으나 전반적으로 점차 증가하고 있다. 재무감사의 경우 의회에서 정해준 자문비용 목표치가 25%로 이를 달성하기 위해 영국 감사원은 복잡한 IT 체계 및 금융 분야 등의 경우 6개 회계법인과 경쟁을 통해 계약을 맺어 그들과 파트너십을 형성하여 재무감사를 실시하고 있으며, VFM 감사를 위해서도 8개 관련 조직과 경쟁계약을 맺어 의회에 보다 나은 보고서를 제출하려고 하고 있다[99].

넷째, 2007. 10. 18. 영국 감사원의 자료 제공 요청에 따라 국세청(HMRC)에서 영국 감사원에 전달하는 과정에 약 2,500만 명의 개인정보가 담긴 디스크가 분실되는 보안사고가 발생하였다. 영국에서 아동복지수당(Child Benefit Payments)을 받는 영국인 2,500만 명의 이름, 주소, 생일, 은행계좌 등 725만 가구에 대한 기록이 담겨져 있는 디스크 2장을 영국 국세청의 하급직원이 배송업체를 통해 우편물로 영국 감사원에 보내는 과정에 발생하였으며, 동 디스크는 영국 감사원에 도착하지 못하고 배송과정에서 사라졌다. 이 사건과 관련하여 2007. 2월에 취임한 국세청장은 취임후 1년이 안되어 사임하였다. 동 사건과 관련하여 영국 감사원은 비록 분실의 직접적인 당사자는 아니지만, 간접적으로 관련이 있어 감사자료 관리 절차에 관해 검토 작업에 착수하여 '감사자료 보호 프레임워크(Data Protection Framework)' 라는 제도를 도입하였다. 동 프레임워크는 감사 자료 요구 시점과 정도, 요구 과정, 자료 저장 및 파기 절차 등에 관해 감사원 직원들이 최선의 방안을 선택할 수 있도록 도와주고 있다. 아울러 영국 감사원은 개인 신상에 관한 자료를 보호하는 주요 정책을 담은 '개인 정보 관리 방안(Statement on the Management of Personal Data)' 을 마련하였다. 동 관리방안에 따르면[100] 영국 감사원 직원은 법상 의무 수행을 위해 필요한 경우에만 개인 신상에 관한 정보를 요구할 수 있고, 개인 신상에 관한 자료 요구 시에는 담당 국장(Director)의 승인을 받아 요구하며, 자료 제출기관에게 동 자료의 용처, 정보 보안 방안, 파기 방안 및 책임 소재 등에 관하여 제출 받기 전에 미리 감사대상

100) NAO(2008), Review of the Handling and Security of Personal Data Used by the NAO for Audit Purspses. pp.46~47.

기관과 합의를 보아야 하며, 자료 파기 시에는 자료 제출 기관에 통지를 해주며, 영국 감사원에서 자문을 구하거나 외주를 줄 경우에 개인 신상에 관한 정보의 보호방안이 확립된 경우에만 자문 등을 하는 것을 원칙으로 하고 있다. 또한 영국 감사원은 개인 신상에 관한 정보가 관련 법과 내부 지침 등에 맞게 수집되고 관리되며 파기되고 있는 지를 감사원이 자체 감사를 실시한다. 2008/09 회계연도에는 모든 감사원들은 자료 보안과 정보 보안에 관한 훈련을 받게 될 것이고 신규 직원 훈련 프로그램에도 포함될 것이다. 아울러 감사원 직원이 매년 작성하여 제출하는 직원 행동 강령 선언 내용에 개인 신상 정보 요구와 처리에 관한 감사원의 정책에 따르겠다고 선언해야 한다. 이와 아울러 감사원 내 사무실에서 사용하는 랩탑에 내장된 하드 드라이버의 암호화 작업을 수상실(Cabinet Office) 지침에 따라 시작하고 있으며, 정부 내 인터넷으로 송부할 수 없는 개인 신상에 관한 정보 등은 '승인된 암호화 작업(approved encryption)'을 하여 자료를 송부하도록 하고 있다[101].

다섯째, 영국 감사원이 직면하는 감사업무의 성격이 점차 복잡해지고 있어 예산 증가의 필요성이 그 어느 때 보다도 높아 영국 감사원의 예산 증가가 현안과제가 되고 있다[102].

영국 감사원은 2008년부터 약 100여 개에 달하는 정부공기업에 대

101) NAO(2008), NAO Annual Report, London : Stationery Office, pp.56~57.

102) NAO(2007), Corporate Plan 2007, London : Stationery Office, pp.46~47.

한 감사를 실시할 예정이고, 아울러 정부의 요청에 따라 '2007년 통합 지출검토제도(2007 Comprehensive Spending Review : 첨부 8 참조)' 에서 설정한 매년 각 부처의 예산절감 목표액이나 현금 절약 목표치의 달성여부를 확인하는 작업을 하는 등 영국 감사원은 점차 효율성 측정의 업무가 증가하고 있다. 이와 함께 의회에서 요구하는 업무도 증가하고 있는 실정에 있는바, 재무관리에 관한 새로운 기준 등이 설정되어 새로운 형태의 보고서가 작성되어져야 하고, 2011년까지 예산(Budgets)과 추계치(Estimates)와 회계계정(Accounts)이 결합(aligning)되도록 하여 정부비용의 보고를 단순화하도록 하기 위한 업무에 있어서도 하원의 PAC에게 자문을 하고 있으며, 의회의 다른 상임위에서 영국 감사원에 정부기관의 성과에 관한 보고서를 요구하고 있다. 또한 2008년부터 2차로 지역개발청(Regional Development Agencies)에 대한 독자적인 성과평가를 수행하고 있으며 지역적인 이슈에 대한 성과감사를 수행하고 있다.

이와 더불어 영국 재무성이 2008-09 회계연도부터 '국제재무보고기준(International Financial Reporting Standards)' 을 채택하기로 결정함으로써 영국 감사원은 이런 새로운 기준에 맞추어 각 부처의 B/S 등을 감사하여야 하므로 추가적인 예산이 필요하게 되었다. IT 분야에 대한 감사수요의 증가에 대비하여 IT 전문가를 육성하거나 채용하여야 하며, 정부부처와 사기업 및 시민단체 등과 제휴하여 공공서비스를 제공하는 업무가 증가하는 등 공공서비스 전달의 성격이 점차 복잡해지고 있어 이런 부분에 대한 감사수요에도 대처해야 할 필요성이 증대되고 있으며, '2007년 통합지출검토제도' 에서 설정된 '부처별 新戰略目標(new Departmental Strategic Objectives)' 를 다루는 성과확인(validation)작업을 위해서도 추가적인 예산이 필요하다. 또한 정부에서 생산되어 있는 통계치와 아울러 영국 감사원이 성과감사과정에 신뢰할 만한 통계치를 생산할 필요성도 증대되고 있고, 규제완화 감사 수요도 끊임없이 증가하고 있는 등 예산 증가의 필요성이 늘고 있다.

2 영국 감사원에 대한 비판[103)]

1) 책임성 부족

비록 영국 감사원이 공적 단체를 감사한다고 공개적으로 발표를 하지만, 감사과정이 충분하게 투명하지 않다. 영국 감사원의 재무감사는 ICAEW의 '감사 품질 담당 이사(Quality Assurance Directorate of the ICAEW)' 에 의해 외부 검토(External Review)를 받고, VFM 감사보고서는 발간을 전후하여 옥스퍼드 대학과 런던경제대학(LSE : London School of Economics) 등의 외부 전문가로 구성된 팀의 검

103) http://en.wikipedia.org/wiki/National_Audit_Office

토과정을 거친다[104]. 재무감사에 대한 외부 검토는 유사한 사항들이 발생할 가능성이 있으므로 외부검토시 지적받은 사항을 정리하여 모든 재무감사팀에 전달하여 확산하는 전략을 채택하고 있고, VFM 감사는 공통적인 사항이 별로 없고 개개 감사사항이 매우 다르므로 모든 VFM 감사보고서에 대하여 외부검토를 거친다. 이런 과정에서 보고서에 나타난 방법, 감사결과 문제점 및 결론 등이 건전한지 때때로 보고서의 기초가 내용이 없이 빈약하지는 않은지 등을 검토하고 있다. 그러나, 검토의 결과는 일반인에게 알리지 않고 있다.

2) 감사보고서의 문제점

영국 감사원의 감사보고서가 너무 신중하고 중립적이며, 몇몇 보고서는 충분하게 전략적이지 못하다는 비판이 있다. 영국 감사원의 보고서는 감사관 수준에서 작성된 초안이 하원의 PAC에 최종적으로 제출되기 전에 감사대상기관과 영국 감사원과 감사과정에 드러난 모든 사실관계에 관하여 합의를 보아야 한다.

이런 과정(영국에서는 이를 clearance라고 한다)을 통하여 합의된 내용이 하원에 제출되지 않으면 하원 PAC에서 이루어지는 청문회 과정에서 감사대상기관의 간부 등이 감사결과에 대해 이의를 제기하므로 감사보고서 초안은 대상기관과의 합의과정에서 논쟁적이거나 과격한

104) NAO(2008), NAO Annual Report, p.67.

표현은 사라지고 점차 중립적이고 완곡한 표현으로 변하여 신중한 내용을 담기 마련이다.

정치적으로 매우 예민한 사항 등이 포함된 감사보고서의 경우에는 발간조차도 되지 않는 경우도 있다. 이런 경우로 자주 인용되는 사례를 보면 영국 감사원이 1992년에 감사를 실시한 '알 야마마 무기 거래(Al Yamamah Arms Deal)' 사건을 들 수 있는데, 이 사건에 대한 감사결과는 법적인 조사가 현재 진행 중이라는 이유로 보고서가 발간되지 않았다.

아울러, 영국 감사원의 보고서는 정부 인쇄물, 농촌 도로나 철도역과 같은 사소한 주제를 다루기도 하여 충분히 전략적이지 못하다는 비판도 받고 있다. 영국 가디언지의 칼럼니스트인 David Walker는 영국 감사원이 학교 교육에 있어 학급의 크기가 학업성취도에 미치는 영향이나 민간투자사업(Private Finance Initiative[105])의 주요한 원칙과 같은 주요한 전략적인 과제들을 다루지 않고 있으며 다룰 수도 없다고 비판하였다[106].

105) 민간투자사업이란 도로 등 공공시설 제공에 민간자금을 활용하기 위해 1992년 영국에서 시작된 제도로, 공공부문은 종래에는 시설의 소유 및 운영의 주체였음에 비해 새로이 서비스의 구입주체가 되고, 민간부문은 서비스의 제공자가 되어 종래와 다른 새로운 민간협도의 관계를 가지게 되는 민자유치 내지 민간위탁의 한 형태이다. 종래에 국가 및 자치단체 등이 제공하던 도로, 교량, 학교, 문화시설, 발전시설, 정보통신 시스템, 폐기물 처리설비 등의 공공시설을 통한 공공 서비스를 민간 주도로 실시함으로써 민간의 자금, 기술, 지식 등을 활용하고 시장원리를 도입함으로써 국가나 자치단체가 시행하는 것보다 효과적이고 효율적으로 업무처리를 하고, 비용을 절감하며 양질의 공공서비스를 제공함을 목적으로 한다.

106) http://www.guardian.co.uk/politics/2001/jul/20/socialsciences.economy

또한 영국 감사원의 감사보고서는 VFM(Value For Money)을 제대로 다루지 못하고 보다 포괄적인 평가를 하기 위해 비용과 효과에 대해 비계량적인 정성적인 분석을 하고 있다는 비판을 받고 있다. 2005년에 영국 감사원이 발간한 '지역투자재무신탁(Local Investment Finance Trust)' 감사보고서는 영국 공공회계특별위원회(PAC) 위원이었던 John Trickett에 의해 동보고서가 정성적인 분석에 초점을 맞추고 있고 재무분석이 너무 적다는 이유로 비판을 받았다. 최근에 영국 감사원은 공공분야에 컨설턴트를 활용하는 실태에 관한 감사보고서를 발간했는데, 동 보고서가 공공부문에 고용된 컨설턴트가 VFM을 내고 있고 있는지에 관해 직접적으로 답하지 못하고 있다는 비판을 받고 있다.

3) 예산절감액 산정의 문제점

영국 감사원은 자체 기관 운영예산으로 1파운드를 사용하여 감사를 실시함으로써 8 파운드의 예산을 절감하고 있다고 주장하며, 동 예산절감액은 직접적인 현금 절감액(direct cash saving), 계량화 가능한 효율 제고(quantifiable efficiency improvements) 및 세입징수 제고(improvements in revenue collection)만을 계산한 것이고, 행정서비스의 질적인 향상(qualitative improvements in services), 보다 개선된 프로그램 및 자원의 관리(better management of programmes and resources) 및 효과적인 협치(effective governance) 등은 포함되지 않는다고 영국 감사원은 주장한다[107]. 그러나 이런 절감액에는 공공

경비의 감소만이 아니라 영국 감사원의 감사결과로 나타난 비재무적인 충격(예를 들면, 위의 계량화 가능한 효율제고 등과 같은)을 계량화한 것도 포함된다. 비재무적 충격을 계량화한 사례를 보면 목표로 정하여 감사결과가 반영된 결과가 오히려 비용이 증가하는 경우도 있다. 예를 들면, 연금 관련 부서(Department of Work and Pension)를 감사하면서 일반인들이 의당 받을 자격이 있는 사회보장비에 관해 홍보가 부족하다는 지적을 한 경우에는 오히려 감사결과로 인해 국가의 예산이 증가하는데 이런 경우까지 예산절감으로 산정하고 있다는 문제가 있다. 만약 영국 감사원의 예산절감액을 공공비용지출에 있어 감소로 한정하는 것으로 개념 정의를 한다면, 영국 감사원이 대외적으로 발표하는 절감액이 줄어들 것이다. 그럼에도 불구하고 예산절감액에 비재무적 충격의 계량화 수치도 포함시키는 이유를 보면, 영국 감사원의 임무가 비용의 최선화가 우선인 경제성뿐만 아니라, 같은 비용으로 최고의 효율성을 추구하고 제도의 합목적성도 검토하는 효과성도 검토해야 하기 때문이다.

예산절감액의 규모에 관해서도 영국 감사원의 운영예산보다 8~9배의 예산절감을 하고 있다고 주장하고 있으나, 영국 가디언지의 칼럼니스트인 David Walker는 영국 국세청 같은 경우에는 추가 조사로 인해 약 200배의 성과를 내고 있는 데 비하면 그만한 규모는 인상적이라고 할 수 없다고 주장한다[108].

---

107) NAO(2007), NAO Corporate Plan 2007, pp. 41~45.

108) http://www.guardian.co.uk/politics/2001/jul/20/socialsciences.economy

PART 2

지방정부 등에 대한 감사제도

감사위원회의 포괄적 성과 평가(CPA)를 중심으로

Audit Commission

제 1 장

영국의 지방정부

1 영국 지방정부 구조 개황

우리말로 영국이라고 하면 매우 다의적인 개념이다. 어떤 경우에는 영국 본토(britain 섬)의 England만을 뜻하기도 하다가, 어떤 경우에는 영국 본토 섬 전체를 말하기도 하여 영국이라는 말 뜻에는 England, Wales, Scotland 등을 포괄하기도 하다가, 어떤 경우에는 영국 본토인 Britain 섬과 북아일랜드를 포괄하기도 한다. 영국의 정식 국호는 약칭으로 UK라고 부르고, 'The United Kingdom of Great Britain and Northern Island'가 정식 국호이며, 북아일랜드를 제외한 Great Britain에는 England, Wales, Scotland가 포함된다. 어떤 경우에는 본토 섬만을 지칭하여 영국을 GB라고 약칭하기도 한다.

UK에 포함되는 England, Scotland, Wales, Northern Island

를 UK의 구성국가(Constituent Country)라고 하며, UK는 주권국가(Sovereign State)라고 한다. UK는 외교와 국방 등에 관해서는 대외적으로 하나의 주권국가로서 행사를 하며, 나머지 교육, 의료, 체육 등의 자치분야는 UK내의 구성 국가마다 달리하고 있다. 따라서 월드컵 등에서도 이들 구성 국가별로 축구 대표 팀이 따로 출전한다.

영국의 모든 지방정부는 우리나라, 일본, 프랑스, 독일 등 대륙계 국가가 지방자치제도를 헌법적인 가치로 인정하고 있는 것과는 달리 성문헌법의 부재로 인하여 지방정부와 지방행정기관의 권한은 전적으로 의회, 특히 하원의 입법내용과 법원의 해석에 따라 달라지며 헌법을 토대로 그 존재와 권한을 인정받지 못하고 있다. 다시 말하면 영국에서는 지방자치와 관련하여 의회주권(우월)주의 원칙하에 하원이 최종 법률제정권을 가지게 되므로 모든 지방정부는 의회가 제정한 법의 창조물(the creations of parliamentary statute)이고, 이런 원칙하에 중앙 정부의 지방정부에 대한 통제는 하원에서 제정된 법률을 통하여 이루어진다. 특히, 대처 정부가 들어선 이후 당정 간의 원활한 협의를 바탕으로 하여 지방의 권한을 축소하고 중앙집권을 강화하는 법률이 많이 제정되었다. 이런 사례를 보면 1986년에는 대런던 시의회(GLC)와 6개의 영국 대도시 광역권 의회가 헌법적인 보호를 받지 못하여 폐지되기도 하였다. 영국 의회가 제정하는 법률 가운데에는 구체적인 권한을 주무장관에게 위임함으로써 중앙정부의 훈령(circular)이나 지시(directives) 또는 지침(guidance) 등을 통하여 중앙정부가 지방정부를 사실상 통제하는 경우가 많다.

사법부를 통한 유권해석과 판례를 통해서도 중앙과 지방간의 관계를 정립하기도 한다. 대처 정부가 들어선 1980년대 이후 중앙과 지방정부 간에 갈등이 많이 노출되었는데 이 경우에 법원을 통해 관계가 정립되었다.

통상 영국이라 함은 UK를 말하는데, 본 연구보고서에는 말하는 영국이라 함은 England를 지칭하는 것으로 한정하고자 한다. England에는 9개의 Region이 있다. 즉, East Midlands, Eastern, London, North-West, North-East, South East, South West, West Midlands, Yorkshire & Humber 등이 그것이다. 영국에서의 지방 개념도 매우 다의적이다. 그러나, 영국 내에서 제도적으로 정착된 '지방' 이라는 개념이 지방정부의 구조로 나타난 개념은 다음 표와 같다.

표 : England의 지방 정부 구조

<table>
<tr><td>regional level</td><td colspan="5">9 regions</td></tr>
<tr><td>county level</td><td>metropolitan counties(6)</td><td>non-metropolitan counties(36)</td><td rowspan="2">unitary authorities (47)</td><td colspan="2">Greater London</td></tr>
<tr><td>district level (총 354개)</td><td>metropolitan districts(36)</td><td>non-metropolitan districts(238)</td><td>London borough(32)</td><td>City of London</td></tr>
<tr><td>parish level</td><td>town/ parish</td><td>town/ parish</td><td>town/parish</td><td colspan="2"></td></tr>
</table>

우선 Region은 행정단위로서는 의미가 없으나 유럽연합 의회(European Parliament)의 의원을 선출하기 위해 필요한 구역단위이고, 동 Region에 포함된 자치단체가 지역개발 등을 위해 광역으로 해결해야 할 필요가 있을 때 사용되는 구역 단위이다. 대부분 Region에서는 '지역개발청(Regional Development Agency, 약칭 RDA)' 이라는 '비부처 공공조직(Non-Department Public Bodies)' 을 설립하여 지역 내 투자 유치, 실업 해소, 지역 내 불균형 시정, 지역 개발 및 재개발, 지속적인 개발 등을 위해 관계기관이 합동으로 업무를 추진하고 있다.

2 영국 지방정부의 단계별 구조

1) Metropolitan County와 Metropolitan District

Metropolitan County는 잉글랜드에서 도 단위(county-level) 구역으로서 1974년부터 1986년까지 사이에 기능이 작동되었으나 지금은 전혀 행정구역으로서 의미가 없는 상징적인 지역 구분의 개념이다. 잉글랜드에는 6개의 Metropolitan County가 있는바, Greater Manchester, Merseyside, South Yorkshire, Tyne and Wear, West Midlands, West Yorkshire 등이 그것이다. 통상 Metropolitan County의 인구 규모는 120만명에서 280만명 사이

가 되고, 대개가 대도시 지역으로 Non-Metropolitan Counties(일명 Shires 지역) 보다는 인구밀도가 높은 편이며, 개개 County에는 다수의 Metropolitan District가 존재하여 총 36개의 Metropolitan District가 있으며, 동 District의 인구는 최소 17만 4천명에서 최대 110만 명의 규모에 해당한다. 동 6개의 Metropolitan County 지역은 1974년에 정해졌고, 동 County의 Council은 1986년에 폐지가 되었고[109] Metropolitan County Council에서 하던 기능은 Metropolitan District에서 수행하여 동 District가 사실상 Unitary Authorities가 되었다. 그러나, Metropolitan County Council은 사실상 폐지가 되었으나 광역으로 행정을 할 필요가 있는 분야는 Metropolitan District가 공동으로 종래의 County 지역을 기준으로 업무를 수행하기도 한다. 예를 들면, 공동위원회(Joint Board)라는 행정기관을 새로이 만들거나 '특별 공동 기구(special joint arrangement)' 를 만들어 경찰, 소방, 대중교통, 쓰레기 처리 등과 같은 업무를 수행하기도 한다.

Greater London은 인구밀도나 도시적인 특징 등에 비추어 보면

---

109) 1985년에 개정된 지방정부법(Local Government Act 1985)에 따라 1986년에 Metropolitan County 제도가 폐지될 당시 Greater London Council 제도도 동시에 폐지되었다. County Council은 폐지가 되었으나, County 자체가 폐지되지는 않았고 존재하고 있다. 통계조사를 하거나 지리상 구분을 할 경우 등에 Metropolitan County라는 개념이 사용되고 있다. 아울러, 동 County에는 상징적인 시장이 존재한다. 즉, '의식적인 도(Ceremonial County)' 로서 여왕이 임명하는 무보수 명예직인 도지사(Lord-Lieutenant)가 존재한다.

Metropolitan County와 유사하나 Metropolitan County가 아니다. Greater London은 1963년 런던정부법(London Government Act 1963)에 따라 이미 특별법에 의해 설치되어 있어 1974년에 정해진 Metropolitan County의 적용을 받지 않는다.

표 : Metropolitan County와 Metropolitan District

Metropolitan County	Metropolitan Boroughs(Metropolitan District)
Greater Manchester	City of Manchester, City of Salford, Bolton, Bury, Oldham, Rochdale, Stockport, Tameside, Trafford, Wigan
Merseyside	City of Liverpool, Knowsley, Sefton, St Helens, Wirral
South Yorkshire	City of Sheffield, Barnsley, Doncaster, Rotherham
Tyne and Wear	City of Newcastle upon Tyne, City of Sunderland, Gateshead, South Tyneside, North Tyneside
West Midlands	City of Birmingham, City of Coventry, City of Wolverhampton, Dudley, Sandwell, Solihull, Walsall
West Yorkshire	City of Leeds, City of Bradford, City of Wakefield, Calderdale, Kirklees

Metropolitan District가 Non-Metropolitan District와 같은 Level이라고 하여 같은 기능을 가지고 있는 것은 아니다. Metropolitan District가 Non-Metropolitan District보다 더 많은 권한을 가지고 있다. 전자는 교육이나 사회복지 같은 분야의 서비스를 전달하는 기능과 권한을 가지고 있지만, 후자의 경우에는 그런 권한은 상위 자치단체인 County Council이 가지고 있다.

2) County와 District

Non-Metropolitan County는 Shire County라고도 하며 인구 밀도가 상대적으로 낮은 시골 지역 등이 이에 해당하며 지방정부의 전형적인 모습을 보여주는데 잉글랜드에는 총 36개가 있다. 한 개의 County 아래 여러 개의 Districts가 있으며, 각 District마다 별개의 Council이 있다. County Council과 District Council간에는 다음과 같은 기능상의 분화가 있다.

County Council은 교육, 사회서비스, 도서관, 간선도로, 대중교통, 경찰 및 소방, 통상 기준, 쓰레기 처리 및 전략 계획 등과 같은 County 전체에 영향을 미치는 광범위한 업무를 담당하고, District Council은 지역 계획, 건축물 인허가 등 통제, 지선 도로, 시의회 소유 주택, 건강, 시장 및 공연, 쓰레기 수거, 묘지 및 화장장, 레저 서비스, 주차장 및 관광 등과 같이 District에 한정되는 업무를 수행한다.

현재의 Non-Metropolitan County와 District는 1974년 런던을 제외하고 잉글랜드를 Metropolitan Counties와 Non-Metropolitan Counties로 나누면서 시작되어, 당초에는 District가 총 296개였으나 1990년대 들어 많은 수의 County와 District를 합쳐 '단일 정부(Unitary Authorities)' 로 변경되면서 2008년 5월 현재에는 총 238개(단일정부는 제외)의 Non-Metropolitan District가 있다. 다음의 표는 Non-Metropolitan County의 명단이고 괄호안의 숫자는 동 County에 속한 District의 숫자이다.

표 : England의 Non-Metropolitan County의 현황

Bedfordshire(3), Buckinghamshire(4), Cambridgeshire(5), Cheshire(6), Cornwall(6), Cumbria(6), Derbyshire(8), Devon(8), Dorset(6), County Durham(7), East Sussex(5), Essex(12), Gloucestershire(6), Hampshire(11), Hertfordshire(10), Kent(12), Lancashire(12), Leicestershire(7), Lincolnshire(7), Norfolk(7), Northamptonshire(7), Northumberland(6), North Yorkshire(7), Nottinghamshire(7), Oxfordshire(5), Shropshire(5), Somerset(5), Staffordshire(8), Suffolk(7), Surrey(11), Warwickshire(5), West Sussex(7), Wiltshire(4), Worcestershire(6)

3) 단일정부(Unitary Authorities)

잉글랜드 지역에서 Unitary Authority는 1992년 지방정부법(Local Government Act 1992)에 따라 1995년에 창설된 단층구조(single tier)의 지방정부로, 종래 County Council과 District Council로 2층 구조(two-tier)이었던 일부 지방정부 중에서 County Council을 폐지하고 남은 District Council이 Unitary Authority가 되었으나, Isle of Wight는 특이하게도 Districts를 폐지하고 County Council이 Unitary Authority가 되었다. 잉글랜드에는 1995년 이전에 District 이었다가 단일정부가 된 총 45개의 Unitary Authorities가 있으며, 이와 별도로 County 이었다가 단일정부가 된 Isle of Wight와 1890년에 독특하게(sui generis) 창설되어 County나 District가 아닌 특별한 형태의 의회가 존재하는 Isles of Scilly가 단일정부와 비슷하여 총 47개의 단일정부가 다음 표와 같이

존재한다[110].

1889년 County Council이 처음으로 창설되었을 때, 단일정부 형태를 County Borough라고 불렀다. 그러나 1974년에 동 County Borough가 폐지되고 2층 구조(two-tier system)의 지방정부가 자리잡게 되었다. 그러다가 1990년대 들어 2층구조의 지방정부가 복잡하고 효율성이 떨어진다는 문제점이 지적되어 큰 규모의 지방정부 의회가 단일정부의 형태로 복귀하게 되었다. 단일정부의 창설은 시의회와 주민들의 의견을 수렴하여 1992년 지방정부법에 따라 중앙정부가 결정하는바, 모든 지역의 주민들이 단일정부 형태를 선호하는 것은 아니다.

표 : England의 Unitary Authority의 현황

Bath and North East Somerset, Blackburn with Darwen, Blackpool, Bournemouth, Bracknell Forest, Brighton and Hove, Bristol, Derby, Darlington, East Riding of Yorkshire, Halton, Hartlepool, Herefordshire, Kingston Upon Hull, Leicester, Luton, Medway, Middlesbrough, Milton Keynes, North East Lincolnshire, North Lincolnshire, North Somerset, Nottingham, Peterborough, Plymouth, Poole, Portsmouth, Reading, Redcar and Cleveland, Rutland, Slough, Southampton, Southend-on-Sea, South Gloucestershire, Stockton-on Tees, Stoke-on-Trent, Swindon, Telford and Wrekin, Thurrock, Torbay, Warrington, West Berkshire, Windsor and Maidenhead, Wokingham, York, Isle of Wight, Isles of Scilly

110) Non-Metropolitan County 중에서 Cornwall, Wiltshire, Cheshire, Shropshire, County Durham, Northumberland 등 6개 County는 2007년 12월에 관련법의 개정으로 2009년 4월부터 단일정부가 될 예정이다.

4) London Boroughs

London 지역에는 1개의 City of London과 32개의 London Boroughs가 다음 표와 같이 있다. London Borough는 London Borough Council에 의해 관리되며, 동 Council은 단일정부 형태와 상당히 유사하나 다른 점도 있다. 현재의 London Borough는 1963년 London Government Act에 의해 창설 근거가 마련되었고, 1965년에 Greater London의 창설과 더불어 London Borough가 자리를 잡게 되었다. 1965년부터 1986년까지 London Borough는 2층 구조의 지방정부 시스템을 갖추고 있어 권한을 상위구조(London Borough Council는 District Council에 해당)인 Greater London Council(이하 GLC)과 공유하고 있었다. 그러다가 1984년 4월에 GLC가 폐지되고 난 뒤 London Borough가 모든 권한을 혼자 가지게 되어 단층구조가 되었다. 그 후 2000년에 들어 종래의 GLC와 기능은 유사하나 권한은 상당히 제한적인 Greater London Authority가 새로이 창설되어 외관상으로는 2층 구조를 갖게 되었다. 결국 London Borough는 단일정부와 Non-Metropolitan District 양자 모습을 모두 가지게 되나 단일정부 쪽에 가까운 형태를 가지고 있다. The City of London은 London Borough보다 먼저 창설되어 자신만의 독특한 기관인 The City of London Corporation이라는 지방정부를 두고 있다.

London Boroughs 현황

Barking and Dagenham, Barnet, Bexley, Brent, Bromley, Camden, Croydon, Ealing, Enfield, Greenwich, Hackney, Hammersmith and Fulham, Haringey, Harrow, Havering, Hillingdon, Hounslow, Islington, Lambeth, Lewisham, Merton, Newham, Redbridge, Richmond upon Thames, Southwark, Sutton, Tower Hamlets, Waltham Forest, Wandsworth, Westminster, Royal Borough of Kensington and Chelsea, Royal Borough of Kingston-upon-Thames

5) 마을 단위 자치단체(Parish와 Town)

영국(England)에서 教區會(parish council)는 지방행정구의 자치기관으로 마을(town이나 village)단위에서의 사회복지(특히, 빈민구조) 업무와 시민들의 의무를 감독하기 위해 1894년 지방정부법(Local Government Act 1894)에 의해 형성되었다. 영국에서 教區(parish)라 함은 교회와 성당 성직자를 둔 종교상의 구역을 말하는바, 1894년 이전에는 8세기의 봉건제도하에 기반을 둔 교회의 교구 단위로 다양한 형태의 교구가 존재하여 왔다. 오늘날 모든 교구가 가장 기본 자치기구인 교구회를 가지는 것은 아니며, 모든 교구회가 교구를 기초로 하는 것도 아니다. 통상 선거민이 약 200명 이하인 교구에서는 교구모임(parish meeting)만을 가질 뿐이지 행정기관으로서 교구회를 가지지는 않는다. 교구회의 의원(councilor)는 4년 임기의 무보수 자원봉사자로 채워지며, 의원의 숫자는 각 교구회마다 다르다.

교구회와 법상 동등한 지위를 가지는 자치기관으로 town council이 있다. 각 지역마다 이런 기초자치단체를 지칭하는 명칭이 다르나, 1972년 지방정부법(Local Government Act 1972)에 의해 권한이 인정된 조직으로 캠브리지 지방 같은 경우에는 3단계의 자치단체가 존재한다. 먼저 최상층으로 우리나라의 도의회에 해당하는 Cambridgeshire County Council이 있고, 다음으로 우리나라의 시군에 해당하는 District Council이 있으며, 다음으로 우리나라에는 없는 동사무소 정도에 해당하는 자치단체인 Town/Parish Council이 있다. Town/Parish Council은 지역사회의 건물, 공원, 시 경작대부지(allotments), 운동장, 거리 가로등, 버스 정류장 대합실, 주차장, CCTV 실치, 인도의 관리, 다양한 레저 및 놀이시설 관리, 공중 화장실 관리 등과 같이 지역사회의 기본적인 문제에 관해 돌볼 권한을 가지고 있다. Town/Parish Council은 앞에서 본 바와 같이 제한적인 기능만을 수행하며 특별한 경우를 제외하고는 영국에서는 '基幹 지방정부(principal local authority)' 라고 간주하지 않으며, 전문 공무원이 아닌 서기(clerk)에 의해 조직화되고 열성적인 지방주민들이 직원으로 활동한다. 이런 면에서 Town/Parish Council을 직접 민주정치의 예로 보기 어렵다는 견해도 있다. 이런 임무를 수행하기 위해 세제(taxation)나 지방세 납세명령(precept)으로 재원조달을 할 권한을 가진다. 지방정부의 재원조달의 25%를 차지(나머지는 중앙정부의 보조금이나 Business Rate 등으로 충당)하는 시의회세(council tax)가 부과되면 그 중 일정부분을 교구회 운영 유지를 위해 할당받고 있다.

최근 영국 정부의 설치 권유에 힘입어 parish council이나 town council이 없는 지역에서 동 council 새로이 설치되는 경향을 보이고 있어 1997년 이후 약 100개의 council이 새로이 생겨났으며, 동 지역의 유권자의 10% 이상이 동 council의 설치를 동의하면 District Council이나 단일정부는 그 제안을 심사해야만 하는 의무가 부여되고 최종적인 결정은 중앙정부(Department for Communities and Local Government)가 한다. 현재 England에는 약 8,700개의 parish council 또는 town council이 있으며, 이 이외에도 약 1,500개의 parish meeting이 있다.

제 ② 장

영국 지방정부에 대한 내 · 외부 감사제도

1 외부감사제도로서 영국 감사위원회

1) 지방정부에 대한 외부감사의 역사 및 감사위원회 설치 근거

영국의 중앙정부나 지방정부 등에는 행정과 관련하여 심각한 부패행위나 불공정 및 부정행위가 언론이나 의회에서 폭로되거나 사회적인 문제가 제기되는 것을 보기는 어렵다. 영국은 민주주의의 역사가 오래되고 시민들의 행정에 대한 참여 정도가 높으며, 행정행위도 투명하게 공개적으로 진행하는 경우가 많아 심각한 부패 행위가 발생할 가능성이 개발도상국이나 다른 어느 나라보다도 낮다고 할 수 있다. 특히, 감사제도와 관련하여서는 행정과 재정에 대한 외부적이고 내부적인 통제가 상당히 오랜 기간에 걸쳐 발전되고 수정되어 왔다고 할 수 있다.

영국 지방정부에 대한 감사제도는 외부감사(external audit)와 내부감사(internal audit)로 나눌 수 있는데, 역사적으로는 내부감사보다는 외부감사 중심으로 발전하여 왔다. 지방정부에 대한 감사행위란 지방정부가 운용하는 회계의 절차가 적절한지, 회계와 관련하여 부정부패 행위가 없는지, 지출되는 예산이 지방의회가 의도한 대로 사용되고 있는지, 예산이 효율적이고 효과적으로 사용되고 있는지, 그리고 지방정부의 전반적인 재정상태는 건전하여 위험성이 없는지 등을 살피는 행위라고 할 수 있다.

영국의 자치단체에 대한 외부감사는 1982년 지방재정법(Local Government Finance Act 1982)에 의하여 설립되어 1983년부터 감사업무를 시작한 독립기구로서 비중앙공공기관(Independent Non-Departmental Public Body)인 감사위원회에서 임명하는 감사관에 의해 이루어지며 1983년부터는 지방정부에 대한 감사를 실시하다가 1990년부터는 국민보건의료서비스기관(NHS : National Health Service), 주택, 경찰 및 소방 등 지역사회의 안전과 긴급구조업무 등으로 감사영역이 확장되었다.

아울러 1996년에는 감사위원회가 사회보장 감찰업무에 대하여 '사회보장감찰관(Social Services Inspectorate)' 과 공동으로 감사를 실시하도록 의무가 부여되었으며, 1997년부터는 지역 학교에 대한 감찰업무를 '교육표준청(Ofsted)' 과 공동으로 감사를 실시하도록 함으로써 감사위원회는 지방정부 업무뿐만 아니라, 지역의 교육, 사회보장, 경찰, 소방, 건강 업무 등 지방정부의 거의 모든 업무에 대한 감사권을 가지게 되었다. 1983년 이후 감사위원회 설치근거를 지방재정법에 두어 운영한 뒤 15년이 지난 1998년에야 감사위원회는 감사위원회법(Audit Commission Act 1998)이라는 독자적인 법률을 가지게 되었다. 총 55개 조항으로 구성된 동 법에는 감사위원회의 감사대상기관, 감사관의 임명, 감사관의 의무와 감사기준, 감사수수료, 감사 자료 수집권한, 감사보고서 작성 절차 등을 규정하고 있다.

2) 감사위원회의 기능 및 조직 현황

감사위원회는 지방정부, 주택, 건강, 범죄관련 正義 및 소방과 구조 시비스 분야에서 공공의 자원이 경제적이고 효율적이며 효과적으로 사용되고 있음을 확인할 책임이 있는 독립된 공공기관이다.

> The Audit Commission is an independent public body responsible for ensuring that public money is spent economically, efficiently, and effectively in the area of local government, housing, health, criminal justice and fire and rescue services

감사위원회는 위와 같이 지방정부 등이 자원을 사용함에 있어 3Es를 확보하도록 하기 위해 공공 서비스의 개선 향상을 위한 추진동력(driving force)기능을 수행한다. 감사위원회는 우수사례(good practice)를 권장하고, 시민들을 위해 더 나은 결과를 달성하고자 공공서비스 제공에 책임이 있는 기관이나 사람들을 돕고 있으며, 특히 공공서비스를 절실히 필요로 하는 사람들에 초점을 두고 임무를 수행하고 있다.

이런 임무수행을 위해 2006년도의 전략계획(Strategic Plan 2006)에 나타난 전략목표(Strategic Objectives)를 보면 다음과 같이 5가지 주요 목표를 들 수 있다[111].

- 재무 관리와 재무 보고의 기준을 향상시키고
  - to raise standards of financial management and financial reporting
- 공공기관으로 하여금 보다 나은 VFM을 전달하기 위해 도전하도록 하며
  - to challenge public bodies to deliver better value for money
- 공공 서비스의 지속적인 개선향상을 격려하여 이들 서비스가 다양한 지역사회의 변화하는 수요를 충족할 수 있도록 하며, 모든 사람들이 이들 서비스에 공평하게 근접할 수 있도록 하고
  - to encourage continual improvement in public services so that they meet the changing needs of diverse communities and provide fair access for all
- 協治와 책임성의 수준을 높이도록 장려하며
  - to promote high standards of governance and accountability

111) Audit Commission(2007), Audit Commission Annual Report and Account(Aprial 2006 to March 2007), London : Stationery Office, p.14.

• 의사결정자들이 사용하는 정보와 자료의 질이 많이 개선되도록 자극한다.

– to stimulate significant improvement in the quality of data and the use of information by decision makers

2008년 4월 현재 영국 감사위원회는 의장(Chairman) 1명과 부의장(Deputy Chairman) 1명을 포함하여 모두 16명의 감사위원(Commissioner)으로 구성되어 있다. 감사위원은 영국 중앙정부인 '지역사회 및 지방정부 담당 부처(Department for Communities and Local Government)[112]' 가 임명하며 독립적으로 감사위원회의 직무에 대하여 감시 감독을 한다(Commissioners independently oversee the Audit Commission's remit). 영국 감사위원회는 영국 감사원(NAO)로부터 외부감사를 받고 있다[113].

---

112) 영국 중앙행정기관인 Department for Communities and Local Government에는 총 6명의 Minister가 있다. 선임 장관이자 내각의 구성원을 Secretary of State라고 하며, 현재 여자 하원의원인 Hazel Blears MP가 하고 있으며 당연직 내각 구성원이고, Minister for Housing은 여자 장관인 Caroline Flint MP가 주택분야를 책임지고 있으며, 수상이 지명하여 내각의 참석 대상이며, 다음으로 내각에 참석하지는 않으나 Minister로 불리우는 4명의 장관이 있는바, John Healey MP(Minister for Local Government), Parmjit Dhanda MP(Parliamentary Under Secretary of State), Iain Wright MP(Parliamentary Under Secretary of State) 등은 하원의원이고, 나머지 1명인 Kay Andrews OBE(Parliamentary Under Secretary of State)는 상원의원으로 Minister로 활동하고 있다.

113) Audit Commission(2007), Audit Commission Annual Report and Accounts(April 2006 to March 2007), London : Stationery Office, pp.34~36.

감사위원회의 의장, 부의장 및 감사위원의 임기는 고용계약 관계에 따라 결정된다[114]. 감사위원회 의장을 맡고 있는 Higgins의 경우 2006. 10. 1.부터 2009. 9. 30.까지 3년이 계약기간이고, 감사위원인 Dr. Jennifer Dixon은 2003. 11. 1.부터 2009. 4. 30.까지 5년 6개월이 계약기간으로 서로 다르다. 아울러 감사위원을 사직하고자 하는 자는 '지역사회 및 지방정부 담당 장관' 에게 서면으로 통보하여 사직할 수 있다. 예를 들면, 2006. 1. 3.부터 2008. 3. 31.까지 감사위원으로 채용된 Tim Parker의 경우 본인의 뜻에 따라 2006. 10. 19. 감사위원직을 사임하였다. 감사위원이 신용파산을 하거나 채권자와 화해를 하거나 신체적이나 정신적인 병으로 인해 무능력하게 되거나 허가를 받지 않고 6개월간 감사위원회의 회의에 참석하지 않는 등의 사유가 발생하였을 때에는 위 장관은 감사위원을 해임할 수 있다.

감사위원은 경제계, 의료관계자, 공인회계사, 지방정부 의회 의원 등 각계로부터 선정되어 임명되며, 2008. 8월 현재 활동하고 있는 16명의 감사위원 명단을 보면 (감사위원회법에는 15명에서 20명 사이 감사위원 임명 가능), 의장은 10여 년간 PA Consulting이라는 컨설팅 회사의 파트너였다가 2006년 10월에 감사위원회 의장으로 취임한 Michael O'Higgins이고, 나머지 15명의 감사위원은 Steve

114) Audit Commission(2007), Audit Commission Annual Report and Accounts(April 2006 to March 2007), London : Stationery Office, p.8

Bundred(사무총장 겸임), Bharat Shah(부의장 겸임), Jim Coulter, Dr. Jennifer Dixon, Lord Adebowale, Sheila Drew Smith, Cllr(지방의회 의원인 Councillor의 약칭임) Stephen Houghton, Dame Denise Platt, Cllr Peter Jones, Sir Thomas Legg, Raj Rajagopal, Brian Pomeroy CBE, Professor Peter C. Smith, Jenny Watson, Cllr Chris White 등이다.

감사위원들은 월단위로 모임을 가지며 다음과 같은 사항에 대하여 책임을 진다.

- 감사위원회의 가치, 표준, 전략 및 목표를 설정하며
  - setting the Commission's values, standards, strategy, and objectives
- 예산 및 감사위원회의 기능을 수행하는 방법을 결정하고
  - determining the Commission's budget and for the way the Commission carry out the functions
- 감사위원회의 기능 수행을 모니터링하며
  - monitoring the Commission's performance
- 감사위원회의 업적에 대한 책임을 지고
  - accountability for the Commission's work
- 감사위원회가 주어진 법상 책무 범위 내에서 활동하고 있음을 확인하는 기능을 수행한다.

– ensuring that the Commission act within the statutory remits

감사위원회의 감사위원들이 월단위로 만나 주요 의제에 대하여 논의를 하기 때문에 일상적인 업무는 사무총장(Chief Executive)이 이끄는 사무처 국장들(Managing Directors)이 수행한다. 현재 사무총장은 감사위원을 겸임하고 있는 Steve Bundred가 맡고 있으며, 그는 2003년 9월부터 사무총장으로 일하고 있다. 사무총장 아래 7명의 집행국장[115]이 있는 등 감사위원회에는 총 2,500명의 직원이 일하고 있다.

감사위원회는 모두 4개의 지역사무소(런던, 중부, 남부 및 북부)를 운영하고 있다. 런던 사무소는 런던 시내의 Milbank에 위치한 감사위원회 본부와 같은 사무실을 사용하고 있으며, 중부 사무소는 Leicester, Solihull, Stevenage 등 3곳에 사무실을 두고 있고, 남부 사무소는 Bristol과 Exeter에 사무실을 두고 있으며, 북부 사무소는 Gateshead, Bolton 및 Leeds에 사무실을 두고 있다.

감사위원회는 총 11,000개의 감사대상기관에 대하여 감사를 실시하고 있으며 이들 감사대상기관의 연간 예산액은 1,800억 파운드(한화로 약 350조 원 상당)에 이른다. 위원회의 활동 경비는 자치단체에서 납부

115) 7명의 집행국장 명단과 기능을 보면, Greth Davies(Local Government and Housing), Tracey Dennison(Human Resources), Martin Evans(Audit), Jenny Grey(Communications and Reporting), Andy McKeon(Health), Jo Whitehead(Corporate Services), Peter Wilkinson(Policy Research and Studies)등이다.

하는 수수료로 충당된다.

2006/07 회계연도에 감사위원회의 총 수입과 지출을 보면[116), 총수입액은 2억 2,358만 파운드에 달하고 이들 대부분이 지방정부 등에 대한 회계검사와 직무감찰 수행으로 인한 수입이다. 즉, 이 총수입액의 내역을 보면 회계검사로 인한 수입액(Audit Fee Income)이 1억 8,309만 파운드이고, 직무감찰 수행으로 인한 수입액(Inspection Income)이 3,721만 파운드이고, 기타 운영 수입액이 329만 파운드이다. 운영비용 현황을 보면 총 비용이 2억 2,819만 파운드인데, 이들 내역을 보면 감사관 등 직원에 대한 비용(Staff and Members' costs)이 1억 2,985만 파운드이고, 민간 회계법인에게 재무감사를 위탁하거나 연구 및 자문 비용 등으로 인하여 지출하는 '매입서비스(Bought-in Service)' 가 6,530만 파운드, 기타 운영 비용 등에 3,319만 파운드를 사용하고 있다.

1998년 감사위원회법(The Audit Commission Act 1998)에 따르면 동 위원회는 감사를 받게 되어 있는 기관(도의회나 기초의회나 등)과 감사업무의 성격 및 감사기간 등에 따라 감사 수수료를 따로 미리 정하도록 규정되어 있다. 이렇게 감사수수료를 정하기 전에 지방정부협회, NHS 관련 조직 및 회계 전문기관 등의 자문을 받도록 되어 있다. 아

116) Audit Commission(2007), Audit Commission annual report and accounts, London : Stationery Office, p.37.

울러 감사대상기관 및 다른 이해관계자들에게 이런 자문이 진실되고 가능한 한 생산적이라는 점을 확신시켜 주기 위해 감사위원회가 제시한 감사수수료 복사분을 제공한다. 만약 감사관과 감사대상기관이 감사수수료표의 범위 내에서 구체적인 수수료 액수에 대한 합의를 보지 못하면, 감사위원회가 개입하여 수수료 액수를 정할 권한을 가지고 있다. 2008/09 회계연도에 있어 지방정부의 종류별, 감사종류별, 감사일수 등에 따른 표준 감사수수료는 아래 표와 같다[117].

표 : 감사종류 및 기간에 따른 표준 감사수수료 현황

구분	감사의 종류	표준감사일수	표준 감사수수료(파운드)
단일정부 (unitary)	평가에 있어 연락 관리자의 역할	10일	11,200
	방향성 평가 감사	10일	11,200
	성과 제고 지원 감사	20일	22,400
	통합성 평가 감사	155일	105,080
	행정서비스 평가 감사	40일	24,040
도의회 및 기초의회 (괄호내는 기초)	평가에 있어 연락 관리자의 역할	10일(10일)	7,470(2,990)
	방향성 평가 감사	10일(10일)	7,470(2,990)
	성과 제고 지원 감사	20일(20일)	14,940(5,980)
	통합성 평가 감사	155일(79일)	70,050(14,270)
	행정서비스 평가 감사	40일(40일)	16,030(6,410)

117) http://www.audit-commission.gov.uk/aboutus/whatwedo/audit.asp

3) 감사위원회로부터 임명된 감사관의 지위와 역할

감사관(Auditor)은 감사위원회에 의해 임명되고, 감사대상기관으로부터 독립되어 있으며, 감사위원회는 자체 직원이나 외부 민간 전문회계법인의 직원으로 감사관을 임명한다. 2008년 현재 감사위원회가 수행하는 감사업무의 약 30%를 Baker Tilly, Deloitte, KPMG, PKF, PricewaterhouseCoopers, Mazars, Grant Thornton 등과 같은 외부 민간회계전문법인이 하고 있다. 아울러 감사위원회가 점검할 책임이 있는 지방의회에 대한 회계검사의 약 70%도 민간회계법인에 위탁을 주고 있다. 즉, 지방정부는 민간부분이 회계검사를 많이 하는 반면, 감사위원회가 맡은 의료서비스나 기타부분은 직접하는 비율이 높다. 이런 민간부분이 수행하는 회계검사는 경쟁입찰을 통해 민간회계법인에 대하여 회계검사의 위탁을 함으로써 향후 5년간 공공부문은 2,600만 파운드의 예산을 절감할 수 있다.

감사위원회로부터 일단 임명이 되고 나면 감사관은 업무에 관한 한 감사위원회부터도 독립된다. 즉, 감사위원회는 감사관에게 지침을 줄 수 있으나 구체적인 지시나 직무상 결정을 방해하지 못한다.

감사관은 감사위원회로부터 한번 임명이 되고 나면 5년 동안 정해진 대상기관에 대한 감사를 수행한다. 이 기간은 연장도 가능하다. 그러나 감사대상기관에 대한 감사관의 감사실시기간이 길어질수록 감사대상기관과의 유착가능성이 존재한다.

이런 유착관계를 방지하고 감사관의 책임을 확보하기 위한 장치가 마련되어 있는바, 이 장치 내용을 살펴보면 첫째 감사관의 책임에 대하여는 1998년 감사위원회법에 잘 나타나고 있다. 첫째, 자치단체에 대한 감사를 수행하는 감사관은 감사행동준칙(Code of Audit Practice for local government)[118]을 준수하여야 한다. 둘째, 감사위원회는 감사관이 감사를 수행하고 보고서를 작성함에 있어 관련 법령 및 행동준칙 등을 잘 준수했는지를 평가한다. 감사관은 매년 감사대상기관의 재정상태와 아울러, 대상기관이 예산을 사용함에 있어 VFM(Value for Money)확보 여부도 점검하고 있다. 감사대상기관별 감사관 명단은 감사위원회의 홈페이지(www.audit-commission. gov.uk/aboutus/downloads/Appointments200708.xls)에 잘 나타나 있다. 감사위원회가 임명하는 감사관을 감사대상기관의 성격별로 나누어 보면, 지방정부(local authorities)가 433개 기관, 국가의료기관(NHS bodies)이 350개 기관, 경찰관서(police authorities)가 38개 기관, 기타 소방기관과 응급구조기관 및 국립공원, 보호관찰위원회 등이 96개 기관, 또한 9,700개의 지방의회(local councils including parish and town councils)도 있다.

감사관의 책임에 관하여는 다음과 같이 3가지로 정리할 수 있다[119].

118) 감사행동준칙은 지방정부에 대한 감사를 실시함에 있어 범위, 성격 및 감사의 정도 등을 담고 있는바, 이 준칙은 매 5년마다 하원의 승인을 받아 시행되며, 감사관은 따라야 하는 법령상 의무가 부과된다. 현재의 준칙은 2005년 5월에 하원의 승인을 받았다.

119) www.audit-commission.gov.uk/aboutus/faqs/

(1) 해야만 하는 것들(예를 들면, 법령상 의무, 재량권 제로)

- 감사행동준칙을 준수하고(to comply with the Code of Audit Practice)
- 감사대상기관의 재정상태에 대한 의견을 제시하고(to give an opinion on the financial statements of the audited body)
- 감사대상기관의 회계 계정이 법령상 요구사항을 충족하고 적절한 관행과도 일치하는지 확인하며(to satisfy themselves that the accounts comply with statutory requirements and have been complied in accordance with proper practices)
- 감사대상기관이 자원을 사용함에 있어 3E를 준수하기 위한 적절한 조치를 했는지를 확인하고(to satisfy themselves that the audited body has made proper arrangements for securing economy, efficiency and effectiveness in its use of resources)
- 지방정부에 대하여 최상의 가치 성과계획을 검토하여 보고하며(to review and report on specified bodies' best value performance plans -local government only : and)
- 감사의 종결을 증명한다(to certify completion of the audit)

(2) 할 수 있는 것들(예를 들면, 재량권이 있는 법령상 의무나 권한)

- 모든 감사대상기관 공통사항(지방정부 및 NHS 포함) : 감사를 하

는 과정에 감사관의 관심을 끌어 감사대상기관이나 일반시민들이 알아야 된다고 판단되는 어떤 이슈에 대한 보고서를 작성하여 발표할 수 있다.

• 모든 지방정부를 대상으로 하여
  - 감사관은 감사보고서에 제기된 어떤 문제점에 대해 감사대상기관이 공식적으로 고려하여 시민들에게 알려야 하는지 여부를 결정할 수 있으며
  - 감사관은 유권자들이 특정 예산계정에 관하여 질문(문제 제기)을 할 수 있는 기회를 주어 유권자가 제기한 특정 계정과 관련하여 감사를 실시할 것인지를 결정할 수 있고
  - 감사대상기관에 의해 불법적인 지출이 있어 왔거나 막 임박하여 일어날 것으로 판단되면 감사관은 당해 기관에 '정식으로 이를 알리고(to issue an advisory notice)' 당해 계정이 불법적이거나 법원의 검토를 받을 필요가 있다고 법원에 위법 지출의 선언청구를 할 수 있으며
  - 감사관은 감사위원회 또는 '담당 장관(Secretary of State for Communities and Local Government)' 에게 감사 과정에 다른 지방정부에 권고할 만한 '모범 사례 기관(best value authority)' 을 추천할 수 있다.

• 여기서 지방정부의 위법지출에 대한 감사관의 권한과 의무에 대하여 자세히 살펴보면, 1988년도 지방정부법에 의하면 감사관은 감사과정에 지방정부의 관계자 등의 위법한 지출행위로 인해 회복불능의 손해가 발생할 가능성이 있는 경우, 그 손해를 방지하기 위해 감사관은 금지명령을 내릴 수 있는 권한(pre-emptive 또는 stop power)을 가지고 있다. 아울러 위법한 경리처리에 대하여는 감사관이 금지명령(prohibition order)을 내릴 수 있는 권한

이 있다. 동 금지명령에 대하여 7일 이내에 그 이유를 제시하지 않으면 무효가 되며, 이 경우 해당 지방정부나 관련 직원은 28일 이내에 공소가 가능하다. 재정 지출 과정에 비합리적인 지출행위가 있으면 지방정부의 재무관은 지방의회와 감사위원회의 담당 감사관에게 보고할 의무가 있다. 만일 특정 지출에 위법성이 있다고 판단되면 감사관은 법원에 그 위법성을 선고하도록 요청할 수 있으며, 법원이 감사관의 요청을 인정하게 되면 특별한 증거제시가 없는 한 지출 담당자는 추징금을 물어야 한다. 이런 감사관에 대한 권한 부여에 대하여 비민주적이고 지나친 권한 부여로 인해 감사위원회가 중앙정부의 통제수단의 하나로 진락하고 있다는 비판도 있다[120].

(3) 감사위원회에 의해 요구되는 사항들

- 감사대상기관의 수입과 지출의 규칙성에 관하여 의견을 제시하고
- 감사대상기관의 재무관리의 효과성과 VFM 확보 가능여부를 평가하며
- 감사대상이 되는 지방정부의 특정 시스템과 과정을 검토하여 CPA를 위한 성과지수(PI : Performance Indicator)의 생산이 가능한지에 관하여 보고를 하고
- 감사를 실시하여 감사대상기관의 업무처리가 법령상 요구되는 전

120) 임성일 · 최영출(2001), 영국의 지방정부와 공공개혁, 서울 : 법경사, pp.451~454.

문회계기준에 부합되는지와 감사위원회가 정한 감사실시준칙 등에 부합하는지를 검토하여 주요한 감사결과를 보고하며

- 지방정부가 '통합재정수지(Whole of Government Accounts)[121]'를 위해 준비한 일정대로 이행되고 있는지를 검토하여 보고하고
- 감사위원회가 발표할 연간 감사 보고서에 포함될 정보를 제공해준다.

4) 감사관 평가방안

그러면 감사관이 권한을 남용하거나 감사위원회가 정한 지침이나 준칙 및 관계 법을 준수하고 있는지를 어떻게 검토하고 파악하고 있는지를 알 필요가 있다. 이에 관해 검토를 하면, 영국 감사위원회는 그들이 임명하는 감사관을 위해 기준을 제정하고 그들의 성과에 관해 모니터링하고 있다. 그 주요 수단을 '감사의 질 검토과정(Quality Review Process, 이하 QRP라고 약칭)' 라고 부르는데, QRP는 감사관이 생산한 보고서를 읽고(Product Reading) 감사대상기관 등으로부터 조사한 만족도 조사(Satisfaction Surveys) 등을 통해 주로 이루어진다. 이런 과정을 통해 QRP는 감사위원회가 적절한 시스템과 절차를 갖추어 감사대상기관에게 양질의 감사를 실시하고 있음을 확인하고 감사관의 임명과정과 감사

121) 영국에서는 2000년에 제정된 Government Resources and Accounts Act에 의하여 상업회계기준에 입각하여 모든 영국의 공공부문이 한 세트의 통합재정수지를 생산하도록 하고 있으며, 영국 재무성에서 지정한 약 500개의 지방정부도 이 통합재정수지에 포함된다. 지방정부는 Department of Communities and Local Government를 통해 재무성에 보고하고 있다.

서비스의 마련 등이 적절한지를 판단하는 데 도움을 주고 있다.

이런 QRP를 위해서는 먼저 지방정부 등 감사대상기관이 자체적으로 검토한 평가가 선행되어야 한다. 이런 자체 평가를 통해 감사위원회가 요구하는 기준에 적합하게 감사관이 감사를 실시하고 보고서를 작성하였는지를 살펴보는데, 감사위원회가 마련한 체크리스트가 이런 자체 평가를 돕고 있다. 그런 연후에 감사위원회는 감사대상기관의 이런 자체 평가를 근거로 감사관에 대한 평가를 한다.

지방정부 및 공기업 등은 '영국 회계위원회(Auditing Practices Board)' 와 감사위원회가 설정한 최소한의 전문 준칙에 부합되도록 작성된 사체 내부 규성 등에 따라 회계처리와 업무가 이행되어져야 한다[122]. 감사관에 대한 평가 작업은 최소한 3년에 한번은 이루어져야 하고, 이 평가 작업에는 문서화된 감사 절차와 감사결과에 대한 내용과 아울러 감사결과 영향에 대한 평가도 이루어진다. 감사위원회가 매년 서면상으로 검토한 결과, 감사관에 대한 평가는 다음과 같은 3가지 유형으로 분류할 수 있다.

첫째, 더 이상 조치가 필요 없는 경우이다(No further action). 이 경우에는 모든 감사 작업이 만족할 만한 수준으로 이행되고 있음을 의미한다.

---

122) 지방의회가 지방정부의 재정상태를 공지할 경우 지켜야 할 법의 종류를 보면 Audit Commission Act 1998 및 the Accounts and Audit Regulations 2003 등 2가지가 있다.

둘째, 지방정부의 관련 당사자를 방문하는 경우(to visit the supplier)이다. 이는 연동계획에 의거 3년 주기로 지방정부 자체평가 결과를 테스트하기 위해 방문한다.

셋째, 특정 관심사를 해결할 필요가 있다면 당해 연도에 바로 지방정부를 방문하는 경우이다(If the Audit Commission do have concerns, to visit the supplier during the current year to resolve the concerns).

이외에도 감사위원회는 특정한 이슈에 대하여 조사하기를 원하거나 예측하지 못한 사건에 대응하기를 원하는 경우에는 어떤 때라도 특별 검토를 할 권리를 가진다.

QRP 보고서는 다음과 같은 3가지 주요한 내용을 담아야 하는바, 1) 지방정부가 제공하는 서비스 질 및 모니터링 결과에 관한 자체평가를 검토한 내용과, 2) 감사대상기관에 대한 감사의 질에 대한 내용을 담아 감사위원회의 내에 설치된 '감사위원회(Audit Committee)' 에 제출하는 연간보고의 내용, 3) 이와 아울러 감사위원회의 홈페이지에 담아 공표할 보고서의 내용도 포함된다.

5) 감사위원회가 발간하는 보고서의 종류

영국 감사위원회가 발간하는 보고서에는 다음과 같은 5가지 종류가 있다. 감찰보고서(Inspection reports), 합동보고서(Joint Reviews), 국가보고서(National reports), 공공관심보고서(Public interest reports), 연간감사의견서(Annual audit letters) 등이 그것이다.

첫째 감찰보고서는 특정 하나의 지방의회내의 특정 서비스에 대한 검토 결과를 담고 있다(Inspection reports look at a particular service within one individual council).

둘째, 합동보고서는 종전에 각각 진행하던 2가지 검토보고서를 통합한 것으로 감사위원회에서 진행한 사회보장서비스에 대한 감사결과와 사회보장감찰관(Social Services Inspectorate)이 수행하였던 감찰결과를 통합하여 '사회보장감찰위원회(Commission for Social Care Inspection)[123]' 가 수행하도록 하였다. 그러나, 실제 감사실시는 감사위원회와 사회보장감찰위원회가 공동으로 수행하고 있다.

셋째, 국가보고서로 감사위원회는 건강, 주택, 사회보장, 경찰 및 교육과 관련하여 광범위한 범위의 서비스에 대한 연구 프로그램을 수행하고 있다.

넷째, 공공관심보고서로 임명된 감사관은 감사과정에 일반시민에게 공지를 할 필요가 있다고 판단되는 어떠한 이슈에 관해서 보고서를 작

---

123) 사회보장감찰위원회는 2003년에 Health and Social Care Act에 의해 창설되어 사회보장서비스에 대한 감찰, 규제 및 검토 등을 하나의 기관에서 수행하기 위해 2004년 4월부터 기능을 수행하고 있다. 즉, 동 위원회는 잉글랜드 지역에 있어 성인에 대한 사회보장 제도의 운영 실태를 감사하기 위한 기관으로 성인에 대한 사회보장 서비스에 대해 감사를 함과 아울러 동 서비스를 사용하는 사람들을 위해 서비스의 질을 높이기 위해 돕는 다는 차원에서 지방정부에 대해서도 성인의 사회보장 서비스 운영 실태에 대해 감사를 하고 있다. 동 위원회는 중앙정부(Department of Health)로부터 보조금을 받거나 규제기관으로부터 수수료를 징구하여 기관을 운영하고 있다. (기능에 대한 자세한 내용은 www.csci.org.uk를 참고할 것).

성하여 발행할 수 있으며 발행 시기는 감사가 종결된 이후로 할 지 아니면 즉시 발행할 것인지도 감사관이 스스로 결정할 수 있다. 과거 동 보고서에 포함된 내용을 보면 사기(fraud), 부패(corruption) 및 다양한 종류의 행정실패(wider failures of governance)가 있었다. 이 보고서를 입수하기 위해서는 관련 지방정부에 요구(지방정부는 동 요구에 응할 법령상 의무가 있음)하거나, 만약 지방정부가 이를 제공하지 않는다면 바로 감사를 실시한 감사관에게 요구를 할 수 있다. 동 보고서의 발행이 1년이 경과한 경우라면 바로 감사위원회와 접촉하여 입수하여야 한다.

다섯째, 연간감사의견서로 감사관은 감사대상기관에게 연간 감사의견서를 제공한다. 이 의견서는 감사대상기관의 주의를 환기하고 감사관과 감사대상기관이 동의를 할 경우에는 감사위원회는 홈페이지에 동 의견서를 게재하기도 한다. 동 의견서는 감사대상기관의 주요 기능과 실적에 대한 감사관의 견해를 요약하고 있다.

6) 영국 감사위원회에 대한 비판

영국에서 감사위원회가 출범한 1983년 이후부터 지방재정이 투명해지고 책임성도 많이 제고 되었을 뿐만 아니라 엄격한 외부 감시자의 노력으로 인해 예산 낭비 요인을 많이 줄이는 등과 같은 긍정적인 평가가 많다. 그러나 감사위원회가 미친 부정적이고 역기능적인 평가도 없는 것은 아니다.

비판적인 의견의 예를 들면, 감사위원회에 권한을 지나치게 많이 부여하였고, 감사영역이 지방정부 만이 아니라 NHS와 주택, 소방 등 많은 분야로 확대되었으며, 획일적인 기준으로 감사를 실시하여 지역 특성에 맞는 지방자치를 실시하지 못하고 있고, 지방자치를 사실상 인정하지 않고 중앙정부의 통제의 수단으로 감사위원회가 활용되고 있다는 등의 비판이 있다.

이 중 많은 부분에서 공감을 얻고 있는 비판 의견으로는 감사위원회가 활용하는 감사수단이나 성과 측정, 그리고 대안 제시 등에 있어서 지나치게 획일적이고 통일적이라는 점은 겸허히 받아 들여 그 대안을 보색하여야 할 것이다.

2 내부 감사제도로서 수석재무관

내부감사는 통상 지방정부의 집행기관 내부 공무원에 의해 수행되는 감사를 의미한다. 즉, 지방정부 내에서 자체적으로 수석행정관, 수석재무관, 재정담당 국장 등이 재정과 회계를 책임지고 있지만, 주로 지방정부의 수석재무관(Chief Finance Officer)의 책임하에 내부감사가 이루어진다. 수석재무관을 책임자로 하는 내부감사인의 수는 지방정부마다 다르다. 1972년의 지방정부법에 따르면 모든 지방정부는 수석재무관을 의무적으로 임명하도록 규정하고 있으며, 수석재무관에게 지방정부의 재무관리에 관한 포괄적인 책임을 부여하였다. 아울러 1988년 지방정부법에는 수석재무관이 반드시 공인회계사협회에 속하는 사람으로 규정함으로써 자격요건이 강화되었다[124]. 수석재무관은 지방정부가 불법적인 재정 사용을 한 것을 발견했을 경우에는 감사위원회에 고지할 의무가 부여되어 있다.

1972년 지방정부법에 따라 수석재무관의 직위는 일반적으로 지방정부의 재정국장이 하게 된다. 따라서 재정국장은 수석재무관으로서 내부감사자인 동시에 지방정부 전체의 재정책임도 함께 담당하게 된다. 수석재무관은 재무책임자로서 모든 지방의원, 지방정부 공무원이나 외부감사관 등에게 재정운영보고서를 제출하도록 의무화하고 있으며 영

124) 1988년 지방재정법 제113조 2항에 의하면, '수석재무관은 공인회계사 협회의 회원이어야 한다' 라고 규정되어 있다.

국에서 공공부문 관련 공인회계사협회인 CIPFA(Chartered Institute of Public Finance and Accountancy)에 소속된 전문직 자격자가 되어야 한다.

수석재무관의 책임하에 운영되는 내부감사는 다음과 같은 역할 및 의무를 가진다[125].

첫째, 수석재무관은 지방정부에 대하여 일상적으로 재무감사를 실시한다. 지방정부의 위법, 손실발생 가능한 재정행위에 대하여 보고할 의무를 가진다. 세입초과지출의 위험성이 있을 경우에 보고의무가 있으며, 특히 그 위험정도가 심각할 경우에는 외부감사관에게 반드시 서면으로 보고하도록 되어 있다. 이때 지방의회는 21일 이내에 이 보고서를 심의하는 회의를 개최하여야 한다. 만일 지방정부가 심의 회의를 개최하지 않았을 경우에는 월권행위로 간주하여 그에 따르는 조치가 이루어진다.

둘째, 수석재무관은 재무감사뿐만 아니라 재정운영 전반에 걸치는 자문역할을 한다. 그리고 더 나아가 정책 집행의 적정성에 대한 감사책임자로서 역할을 한다. 이를 구체적으로 말하면 수석재무관은 지방채와 자본투자관련회계, 현금회계의 관리, 보험가입, 투자관리, 세입확보, 재정지출 등에 관하여 직접 책임을 진다. 그리고 지방정부의 재정

125) 임성일 · 최영출(2001), 영국의 지방정부와 공공개혁, 서울 : 법경사, pp.444~445.

관련 위법 및 탈법 행위가 발생하는 경우 수석재무관은 법적 책임을 면하기 어렵다.

셋째, 지방정부의 간부들이나 지방정부 내에 존재하는 정당세력 등을 조정하는 역할을 하기도 한다. 영국에서는 지방의 정당정치가 활성화되어 있고 그 결과 정당이 지방재정에 미치는 영향도 다양하다. 수석재무관은 이런 정당 간의 영향을 적당히 조정하면서 효율적인 지방재정 운영을 도모하고 지방정부 내의 간부들과 밀접한 관계를 유지하면서 재정 운영에 관해 각종 자문을 하고 있다.

종합적으로 보면 내부감사의 목적은 지방정부가 수행하는 모든 재정거래가 승인된 예산 요건을 충족하는 가운데 가장 적절한 방식으로 수행되도록 유도하는 데 있다. 그러나 최근에는 이런 기본적인 임무 이외에 지방정부의 예산회계처리에 대한 가치평가 및 정책 제언을 해주는 성과감사의 기능을 추가시키는 경향이 있다.

제 3 장

영국 감사위원회의 포괄적 성과평가(CPA)

1 영국 지방정부에 대한 성과 감사

영국은 지방정부에 대하여 분권화를 추구하되 그에 상응하는 책임성을 확보하는 것을 전제로 하고 있다. 따라서 지방정부에 대하여 성과평가를 한 뒤, 그 결과에 따라 행정서비스 제공이 부실한 자치단체에 대하여는 중앙정부가 개입하여 당해 자치단체의 권한을 박탈한다든지, 자구책(Recovery Plan)을 마련하게 하고 이에 상응하는 기능적, 재정적 패널티를 부여하여 분권화에 상응한 책임성 확보에 노력하고 있다. 이런 영국정부의 지방정부에 대한 성과관리 역사를 살펴보면 다음과 같다.

지방정부 차원에서는 1960년대 말부터 관리개혁에 관심이 고조되었던바, 이 시기부터 중앙정부가 지방정부의 관리를 보다 효과적으로 하기 위한 방안으로 각종 위원회를 구성하였다. 1967년 모드위원회

(Maud Committee), 1972년의 베인즈위원회(Bains Committee), 1973년의 패터슨위원회(Paterson Committee)에서는 지방정부의 관리체계와 개선을 위한 다양한 방안을 제시하였으며, 특히 이들 위원회는 공통적으로 지방정부의 관리절차 개선과 관련하여 성과평가를 통한 관리를 강조하였다. 이들 성과평가는 1960년대부터 민간부문에서 이미 도입된 '전략적 기업계획(Strategic Business Planning)' 이나 '목표관리제(Management by Objective)' 의 영향을 받았는바, Drucker 등과 같은 학자는 민간에서 발전된 목표관리제는 공공부문에서도 활용되어야 한다고 주장하였다. 이 결과 공공부문에서도 PPBS(Planning, Programming and Budgeting System)나 PAR(Programme Analysis and Review) 같은 기법 등이 목표관리제의 영향을 받아 활용되기 시작하였다.

지방정부에 대한 관리방식에 획기적인 변화의 전기가 된 것은 소위 관리혁명이라고 부르는 1982년 대처수상에 의한 재무관리 이니시어티브를 발표하면서부터이다. 이것은 3가지 사항을 강조하였는데, 첫째는 향후 목표관리제와 같은 조직관리의 기준이 되는 정책 및 각 부처의 목표를 명확히 설정하도록 하였고, 둘째는 각 부처의 활동이나 사업에 투입되는 비용을 정확하게 산출하도록 하였으며, 셋째는 성과지수와 성과영향을 측정할 수 있는 도구를 개발하도록 하였다. 대처수상의 이 니시어티브는 성과지수를 통해 설정된 목표의 달성여부를 판단하기 시작하였다. 초기의 재무관리 이니시어티브는 중앙정부를 대상으로 실시되어 지방정부에는 강요되지 않았지만, 1980년대 중반 이후 영국의 지방정부에 대한 외부감사를 하고 있는 감사위원회(Audit Commission)는 지방정부의 성과평가에 대하여 적극적으로 논의하기 시작하였다.

영국의 감사위원회는 1983년에 설립되었다. 앞에서도 언급하였듯이 영국의 감사위원회는 지방정부에 대한 감사뿐만 아니라, 지역사회의 안전(community safety)과 국가의료체계(NHS : National Health Service) 및 주택정책과 시행 등에 대하여도 감사를 하고 있다. 특히 동 위원회는 지방정부의 행정서비스의 질을 제고하는 데 목표를 두고 설립되었기 때문에 성과측정의 한계 등에도 불구하고 성과평가가 적극적으로 실행되어야 한다는 점을 강조하기 시작하였다.

지방정부에 대한 성과평가를 적극적으로 옹호하던 감사위원회는 1991년에 시민헌장제도를 도입하는 한편, 1992년에는 지방정부법에 성과지표에 의한 성과공개를 의무화하기에 이르렀다. 1991년 메이저 수상에 의해 도입된 시민헌장제도는 서비스의 질, 시민의 선택의 폭 확대, 재정가치의 극대화와 기준 마련 및 지방정부의 책임성 확보를 기본 이념으로 하였다.

1992년 지방정부법은 회계연도 내에 서로 다른 지방정부의 성과를 측정하는 기준을 마련하고, 그 기준에 의하여 지방정부간의 성과비교 및 해당 지방정부의 연도별 성과비교를 공개하도록 법제화함으로써 지방정부의 성과측정에 기초한 성과 관리가 공식적인 정책으로 채택되었다.

1999년에는 지방정부법을 개정하여 지방정부로 하여금 '최상의 가치의 성과지수(Best Value Performance Indicator)'를 도입하도록 하여 재정가치의 극대화를 위하여 공공재정은 반드시 경제성, 효율성 및 효과성에 의거하여 사용할 것을 의무화하였다. 이를 구체적으로 평가하기 위하여 중앙정부가 개발하여 지원한 것이 최상의 가치의 성과지수로, 지방정부는 매년 이를 통해 성과를 평가 받았다.

이와 아울러 2000년에는 '삶의 질 성과지수(Quality of Life Performance Indicator)'를 지방정부법에 근거하여 도입하였는데, 이는 지방정부에게 사회적, 경제적 및 환경적 웰빙에 관한 새로운 권한을 부여하면서 이를 평가하기 위하여 도입되었다. 동 삶의 질 지수는 감사위원회가 개발하여 지원하고 있으며, 최상의 가치 성과지수는 의무적으로 사용해야 하는 데 비해 삶의 질 지수는 지방정부가 선택적으로 사용하여 최상의 가치의 성과지수를 보완하도록 하고 있다.

2001년 중앙정부의 포괄적 성과평가(CPA : Comprehensive Performance Assessment) 정책의 채택으로 성과관리가 지방정부의 중요한 아젠다가 되었다. 포괄적 성과평가 정책은 2001년 '강력한 지역리더십 – 공공서비스의 질(Strong Local Leadership - Quality Public Services)' 이라는 백서를 통해서 도입되어 2002년에는 단일지방정부와 우리나라의 도에 해당하는 County에, 2004년에는 모든 기초자치단체(District)에 확대되어 지금은 모든 지방정부에서 실시되고 있다. 동 백서를 통해 중앙정부는 지방정부가 양질의 서비스를 제공하기 위해서는 강력한 지자체 가버넌스(Strong Corporate Governance)가 매우 중요하다는 점을 명확히 하였다.

CPA가 도입된 이후 Best Value에 의한 평가는 CPA 평가 이전에 행해졌으나, 현재는 Audit Commission에서 Best Value 평가를 CPA 과정의 한 부분으로 인식하여 평가하고 있다. Best Value 평가가 지방정부의 개별 업무별로 평가를 하는 것인 데 비하여, CPA 평가는 지방정부 업무 전반에 걸친 총괄평가라는 점에서 차이가 있으며, 현재는 Best Value에 의한 평가가 CPA 평가의 일부분으로 인식되고 있다.

2003년 이후에는 중앙정부의 예산정책과 지방정부의 성과관리가 연계되기 시작하여 중앙정부는 지방정부의 성과관리가 행정서비스의 양적 및 질적 제고에 기여하는 정도에 따라 중앙정부의 예산삭감과 지방정부의 재량권 강화를 동시에 추진하였다. 특히, 2004년 재무성의 지출심의 과정에서 하원은 중앙정부의 예산삭감과 지방정부의 성과관리가 패키지로 진행하여야 한다는 방침을 정하기도 하였다.

2 포괄적 성과평가의 역사 및 평가방안

1997년 이래 영국에서는 지방 정부 등 지방소재 공공기관을 포함하여 정부의 공공서비스 관련 예산지출이 상당히 많이 증가하였다. 예를 들면, 교육비 같은 경우 1998/99회계연도에 비하여 5년이 경과한 2003/04 회계연도에는 경상가격으로 40%가 증가하였다.

교육에 대한 자본적 지출(capital expenditure on education)은 동 기간 중 2배 이상으로 증가하였다. 교육부문을 제외한 지출은 완만한 증가세를 보였지만 일반적으로 교육보다는 증가세가 약하였다.

1990년대 이전에는 지방의 공공서비스에 대한 외부감사가 매우 제한적이었다. 비록 1830년대부터 독립적인 학교 감사제도가 시행은 되고 있었지만, 모든 학교에 대하여 체계적인 계획에 따라 감사를 실시하고 지방교육청이 체계적으로 학교를 지원하게 된 것은 1990년대 들어 교육표준청(Office for Standards in Education, 이하 Ofsted로 약칭)이 설립되고 나서부터이다. 교육과 마찬가지로 사회보장분야에 있어서도 비록 '사회보장감찰관(Social Services Inspectorate)'과 같은 기관이 1985년에 설립(2008년 현재는 동 감찰관 기관은 신설된 Commission for Social Care Inspection으로 흡수통합 되었음)되었지만 지역의 모든 사회보장관련 기관을 포괄하여 이들의 업무 전반을 재검토하기 시작한 것은 1990년대 들어서면서였다.

1990년대 이전에는 주택과 같은 분야에 있어 외부감사가 제대로 작동하지 않아 성과에 관한 심각한 이슈는 숨겨지거나 간과되거나 고쳐지지 않았다. 불충분한 계정이 주거민과 공공서비스 수혜자의 이름으로 숨겨지기도 하였다. 이와 같이 공공서비스 분야의 막대한 예산지출 증가추세를 맞아 정부는 공공서비스 분야에 야심차게 설정한 기준이 달성되었는지를 확인하고 동 기준이 자리 잡도록 하기 위해 '광범위한 조사체계(a broader array of scrutiny mechanism)' 를 도입하기로 결정하였다.

이에 따라 1999년에는 지방정부법에 모든 지방의회(국립공원관리기관, 소방 및 구조기관, 몇몇 parish council을 포함)로 하여금 지속적인 개선향상을 기할 수 있는 장치로 BV(Best Value)를 도입하기로 하였다. 동 법은 또한 감사위원회로 하여금 지방의회를 감찰할 수 있는 일반적인 권한을 부여하였다. 감사위원회의 감찰활동은 2000/01 회계연도부터 시작하였는데 주로 지방의회가 수행한 BV에 대한 검토작업을 하였다. 이 단계에서는 감사위원회의 회계검사 업무와 감찰 업무가 분명히 구분되었다. 그러나 2001년 가을부터는 감사위원회와 중앙정부에서는 두 기능을 통합하여 수행할 전략적인 필요성이 긴급히 대두되었다.

2001/02 회계연도의 겨울부터는 회계검사와 직무감찰 활동이 통합되기 시작하여 2002년 초에는 일반에게 공개되는 CPA 개념에 관해 정부 사이에 합의가 도출되었다. CPA는 '지방정부법 99조(Section 99 of the Local Government Act 2003)' 에 따라 감사위원회가 의무적으로 수행하여야 하는 평가 작업으로 지방정부의 성과에 관한 보고서이다. 이

평가의 목적은 지방의회가 지역주민들과 지역사회를 위한 서비스를 얼마나 잘 전달하여 개선향상을 이루었고, 그들에게 부과된 규제를 얼마나 잘 감소시켰느냐에 관한 성과를 측정하여, 동 성과가 영국 내 다른 지방의회와는 어떻게 다른지 비교할 수 있도록 한다는 것이었다. 이렇게 하기 위해서는 회계검사와 아울러 직무활동에 대한 감찰결과에 대한 정보도 포괄되어져야 한다. 이런 점에서 CPA는 지역주민들에 제공하는 서비스의 질을 높이고 지역사회를 위한 지방의회의 리더십을 제고하는데 목표를 둔 '당해 지방의회의 통합능력(the council's corporate ability)'을 지역주민들이 판단하도록 하는 최초의 방안이 되었다.

CPA 프로그램은 2002년에는 단일지방정부(Unitary authority 또는 Single Tier Authority)와 도의회(County Council)[126]에서 시작하여 2003년에는 모든 기초자치단체(District and Borough Councils)까지 확대되어 현재까지 시행되고 있다[127]. '독립된 감시자

126) 영국에서는 지방정부를 지방의회라고 약칭하는 경우가 많은데, 이는 지방정부를 대표하는 것이 지방의회라는 점에서 본 보고서에서도 양자를 혼용하여 사용하고 있다. 영국의 지방정부는 의사결정을 하는 지방의회와 집행업무를 맡은 Chief Executive Officer와 소속 공무원 등을 포괄하는 의미이고, 지방의회라는 용어는 사실상 중요한 결정은 우리나라와 달리 지방의회에서 실질적으로 이루어지고 집행공무원에 대한 감시감독도 의회의 위원회를 통해 상시적으로 이루어지고 있다. 시장도 있지만 영국의 여왕과 같이 권한이 없는 대표성만을 가질 뿐이고 사실상 시를 대표하는 것은 시의회 다수당의 Leader이라 불리우는 시의회 의원이다.

127) 현재에도 시행되고 있으나, CPA는 2009년 4월부터는 기관중심 평가에서 지역 중심의 평가로 다소 변형된 CAA로 대체될 것이므로(자세한 내용은 후술하였음) CPA의 수명은 7년인 셈이다.

(Independent watchdog)' 로서 영국 감사위원회는 행정서비스의 질이 어떤지에 대한 중요한 정보를 제공하고 있다. 행정서비스의 개선향상을 위한 추진방안으로 감사위원회는 지방정부 등 감사대상기관에 대하여 실질적인 권고를 하고 모범사례 등을 전파하는 임무를 가지고 있다. 독립된 외부 감사 체계로서 감사위원회는 행정서비스가 비용과 효과를 잘 고려하여 제공되고 있고, 비용이나 예산은 적절히 잘 사용되고 있음을 시의회 의원이나 지역 주민 등 이해 관계인에게 확신을 심어주는 기능을 수행한다.

최초의 CPA 결과는 150개에 이르는 단일지방정부와 도의회를 포함하여 2002년 겨울에 발행되었다. 이와 아울러 2003년 6월과 2004년 겨울 사이에 감사위원회는 238개에 이르는 모든 기초자치단체(District Council)에 대한 평가를 완료하였다. 2002년에 도입된 이래 CPA는 운영상 여건의 변화나 다른 규제 제도가 변화된 경우, 또는 지역 주민들의 기대수준의 변화나 지방정부의 성과 실태 등에 따라 거의 매년 지속적으로 수정되고 보완되어 왔다. 이렇게 변화를 추구할 경우에는 광범위한 자문과정과 관계기관의 합동 모임 등을 통해 수정되어 왔다. 2008년의 경우만 하더라도 2008. 1. 16. 감사위원회가 마련한 '2008년 단일정부 및 도의회에 대한 더 엄격한 테스트를 위한 프레임워크(the Harder Test framework for 2008 for single tier and county council)' 라는 제안을 함으로써 관계기관이나 지역주민 등을 대상으로 한 광범위한 자문에 착수하였다. 이 자문은 2008. 4. 11. 오후 5시에 마감이 되며 다양한 사람들이 의견을 제시할 수가 있으며, 자문 결과 보고서는 2008년 7월에 감사위원회에서 수용하기로 한 다양한 의견과 당초 감사위원회가 수정하고자 하였던 초안을 담아 발간할 것이다. 이 보고서에는 자문에 응해준 응답자나 기관 등의 이름을 명기하지만 개인 보호 등을 위해 특정 내용과 연계하여 명기하지는 않는다.

지방정부에 대한 CPA의 성공적인 도입에 이어 중앙정부가 2003년에 발간한 소방 및 긴급구조 백서(Fire and Rescue White Paper)에서는 유사한 평가체제를 소방 및 긴급구조 분야에도 적용하기로 하고 2005년에 감사위원회는 영국 내 46개에 이르는 소방 및 긴급구조 관서[128)]에 대한 CPA 평가를 하였다.

CPA 평가는 다음의 4가지 부분으로 나누어지는바, 1) 기관의 통합 부분(corporate assessments), 2) 기관의 자원사용 부분(use of resources assessments), 3) 주민들에 대한 서비스 제공 부분(services assessments), 4) 기관의 방향성에 대한 평가(direction of travel assessments) 등이 그것

128) 영국(England)내에는 총 47개의 소방 및 긴급구조 관서가 있지만, London Fire and Emergency Planning Authority가 2005년 당시에 이미 GLA 그룹으로부터 평가를 받았으므로 이를 제외하고 46개 기관에 대하여만 감사위원회가 CPA에 의한 평가를 실시하였다. GLA 그룹이란 런던 지역에 있는 5개의 기관을 합친 것으로 the Greater London Authority, Transport for London, the Metropolitan Police Authority, the London Development Agency, London Fire Brigade(동 기관은 London Fire and Emergency Planning Authority의 감시감독하에 운영됨) 등 5개 기관이 그것이다.

이다. 평가 주기를 보면 기관의 통합 부분에 대하여는 매 3년마다 실시를 하고, 나머지 3개 부분에 대한 평가는 매년 실시한다. 그러나 기관의 성격에 따라 위 4가지 평가는 다소 달리 적용되고 있다[129].

이런 4가지 평가를 영국 버밍햄시를 예로 들어 질문의 형태로 설명하면 다음과 같다.

첫째, 기관의 통합 부분은 '버밍햄 시의회는 어떻게 운영되고 있느냐?(How Birmingham City Council is run)' 이라고 할 수 있다. 이 평가는 매 3년마다 이루어지며 이 평가를 통해 특정 지방의회가 얼마나 지역사회의 필요에 입각한 정책을 수립할 능력이 있는지와 지역사회의 야망과 우선순위를 얼마나 잘 명확하게 설정하고 있는지를 측정한다. 단일정부 및 도의회에 대한 CPA 감찰팀은 6명으로 구성되는데, 이 팀에는 다른 지방의회 의원과 다른 지방정부 관료들이 각각 1명씩 포함되어 있다[130]. 2005년 9월 이후부터는 감사위원회는 교육표준청

---

129) 매 3년마다 의무적으로 평가를 실시하는 단일정부 및 도의회와는 달리 기초자치단체 의회에 대하여는 기관의 통합능력 평가를 당해 의회가 요구를 하거나 심각한 악화상황이나 매우 좋게 개선되는 것으로 나타나는 증거 등이 있을 경우에 실시한다. CPA가 처음 도입되어 기초자치단체에 처음으로 적용한 2003/2004 회계연도에는 모든 기초자치단체 의회가 CPA 평가를 받았으므로 악화 및 개선 여부는 그 당시와 비교하여 가능하고 기관의 통합능력 평가를 실시할 것인지 여부에 대하여는 서비스 제공 평가, 기관의 방향성 평가, 자원 사용능력 평가 등에서 나타난 각종 정보에 기초하여 결정된다.

130) 기초자치단체의 의회인 District Council(영국 내 잉글랜드에 총 238개가 존재)에 대하여는 다른 의회의 동료 의원을 포함하여 3명으로 평가가 이루어진다.

(Ofsted) 또는 사회보장감찰위원회(Commission for Social Care Inspection, 이하 CSCI라 약칭)와 함께 아동들에 대한 서비스 평가를 기관의 통합능력 부분과 합동 평가로서 동시에 하고 있다.

둘째, 기관의 자원 사용 부분에 대하여는 '버밍햄 시의회는 어떻게 재정을 관리하고 자원의 가치를 극대화하고 있는가?(How Birmingham City Council manages its finances and provides value for money?)' 라고 할 수 있다. 기관의 자원사용 부분에 대한 평가는 지방의회가 감사행동준칙에 입각하여 자체적으로 평가한 작업에 기초하여 5개의 세분화된 부분으로 이루어지는데, 자산상태(financial standing), 재무보고(financial reporting), 재무관리(financial management), 내부통제시스템(view on the internal control) 및 VFM(value for money)이 그것이다. 자원 사용 부분에 대한 CPA를 위해서는 분야별로 평가를 담당하는 기관이 다르다. 환경, 주택, 문화, 소방 및 긴급구조 관련 기관에 대하여는 감사위원회가 평가를 담당하고, 아동 및 청소년에 대한 행정서비스 평가는 교육표준청이 실시한 바를 감사위원회가 전달받아 사용하며, 아동과 청소년 및 성인에 대한 사회보장분야 행정서비스는 사회보장감찰위원회가 평가한 바를 감사위원회가 전달받아 CPA 자료로 사용하고, 각종 수당(benefits)에 대하여는 '부정수당감찰관(Benefit Fraud Inspectorate)'가 수행한 평가 결과를 감사위원회가 CPA 자료로 활용한다.

셋째, 주민에 대한 서비스 제공 부분에 대한 평가를 질문의 형태로 바꾸면 '버밍햄 시의회는 어떻게 주요한 행정서비스를 이행하는 가?(How Birmingham City Council's main services perform?)' 라고 할 수 있다. 연간 서비스 평가는 감사위원회(주택, 환경, 문화 및 소방)와 다른 감찰기관(아동 및 청소년, 성인 사회 보장)이 분야별로 나누어 시행하고 있다. 감사위원회는 행정서비스를 평가함에 있어 국가 평가정보(Performance Information)를 이용한다. 때로는 환경, 주택 및 문화 서비스를 평가하기 위해 감찰 판단을 이용하기도 하지만 점차 국가 평가정보만으로 평가하고 있다.

넷째, 기관의 방향성에 대한 평가는 '지난 해에 버밍햄 시의회는 무슨 진척을 이룩했는가?(What progress Birmingham City Council has made in the last year?)' 라고 할 수 있다. 기관의 방향성에 대한 평가는 지방의회가 가까운 장래에 얼마나 개선될 수 있는가에 초점을 두고 평가를 한다.

기관의 통합 부분, 자원사용 부분 및 서비스 제공 부분에 대한 평가는 Score 1부터 Score 4까지 4가지 유형으로 평가결과가 나타나는데, Score 1은 성과가 부적절하여 최소한의 요구에도 미치지 못함을 뜻하고(below minimum requirements), Score 2는 단지 최소한의 요구에 미치는 수준으로 적절한 성과가 있다고 보며(only at minimum requirements), Score 3은 지속적으로 최소한 요구수준을 상회하여 잘 이행하고 있다고 보고(consistently above minimum requirements),

Score 4는 최소한 요구수준을 초과하여 매우 잘 하고 경우(well above minimum requirements)의 척도로 사용하고 있다. 기관의 방향성에 대한 평가는 4가지 카테고리로 나누는데, 매우 잘 개선되고 있는 경우(improving strongly), 잘 개선되고 있는 경우(improving well), 적절하게 개선되고 있는 경우(improving adequately), 적절하게 개선되고 있지 않은 경우/또는 개선되고 있지 않은 경우(not improving adequately/not improving)가 그것이다.

3 2007년 단일정부 및 도의회에 대한 포괄적 성과 평가 결과[131)]

2007년도에 실시한 150개의 단일정부(unitary authorities)와 도의회(county council)에 대한 CPA 결과를 정리하면 다음과 같다. 여기서 기관의 통합능력 평가는 평가주기가 3년 단위이므로 지방정부간 평면적인 비교가 쉽지 않아 평가주기가 1년으로 매년 평가를 하는 기관이 방향성 제시 등 3개 분야에 대한 평가 결과가 나타나 있다.

1) Direction of Travel

영국 잉글랜드 지방에 있는 150개의 단일정부 및 도의회에 대한

131) Audit Commission(2008), CPA - The Harder Test : Scores and analysis of performance in single tier and county councils 2007, Audit Commission.

CPA 결과 2007년과 2006년을 시의회 유형에 따라 분류하면 다음 표와 같다.

표 : 영국 지방정부의 Direction of Travel 총괄

구 분	시의회수	Improving strongly		improving well		improving adequately		not improving		subject to review[132]	
		2007	2006	2007	2006	2007	2006	2007	2006	2007	2006
County	34	5	4	19	21	8	6	0	0	2	3
London	33	9	2	22	26	1	3	0	0	1	2
Metropolitan	36	5	1	21	26	7	7	0	0	3	2
Unitary	47	3	1	26	25	14	17	0	2	4	2
합계	150	22	8	88	98	30	33	0	2	10	9

위 표에서 보듯이 2007년에 '매우 잘 개선되고 있는(improving strongly)' 지방정부는 전체 150개의 22개로 16%에 해당되어 전년도의 5%에 비하여 많이 늘었다. 2007년에 '잘 개선되고 있는(improving well)' 지방정부는 전체 중 88개로 58%를 차지하여 전년도의 65%보다 오히려 감소하였다. 2007년도 중 '적절하게 개선되고 있는(improving adequately)' 지방정부는 전체의 20%로 전년도의 22%와 큰 차이가 없으며 '개선이 되고 있지 않은(not improving)' 지

132) 'Subject to review'는 CPA 결과 비로 그 내용을 공개하지 않고 재검토가 필요하다고 판단하여 재검토가 완료될 때까지 평가결과의 공개를 금지하는 것을 말한다. 재검토는 오래 걸려서는 안되고 CPA 결과가 발간된 연후에 빠른 시일 내에 재검토한 내용이 결정되어져야 한다.

방정부는 없는 것으로 나타났다.

위에서 보듯이 개선향상이 많이 이루어지는 지역은 재정상태가 양호하고 지역주민들의 의식수준이 높은 런던과 대도시에 포함된 지방정부라는 것을 알 수 있다. 런던과 메트로폴리탄에 속한 69개의 지방정부 중에서 2007년도에 '매우 잘 개선되거나 잘 개선되고 있는' 지방정부는 57개로 약 83%에 달한다.

2) Use of Resources

앞에서도 언급하였듯이 자원의 사용 분야에서는 5가지 테마가 있다. 재무보고, 재무관리[133], 자산상태[134], 내부 통제[135] 및 VFM[136]이 그것이다. 이 분야에 대한 평가를 하면서는 재무적인 이슈가 어떻게 시의회의 전략적인 이슈(통합관리, 우선순위 지원 및 VFM 전달 등)와 잘 연계되고 있는가를 살핀다.

전반적인 자원의 사용 실태를 보면 단일정부 및 도의회는 자신들이 약한 부분을 강화하는 노력을 함과 아울러, CPA 측정을 자신들의 자

133) 재무관리는 중기 재무계획, 예산관리 및 자산관리를 포함한다.

134) 자산상태는 어떤 지방정부가 활용가능한 자원의 범위내에서 지출을 어떻게 잘 관리하고 있는가를 평가한다.

135) 내부통제는 어떤 지방정부가 공공자금을 적절하게 잘 사용하도록 하기 위해 내부적인 감시 및 감독체계를 통한 통제장치를 얼마나 잘 갖추고 있는가를 평가한다.

136) VFM은 주어진 자원을 사용하여 얼마나 많은 경제성과 효율성 및 효과성을 제고하는 지 평가하기 위한 장치가 얼마나 잘 관리되고 있으며 이를 통해 얼마나 많이 VFM이 개선되고 있는 가를 평가한다.

원 사용의 효과성 등을 제고하는 계기로 삼은 결과 매년 상태가 나아지고 있다. 최소 요구수준을 초과하는(즉, 점수가 3 또는 4로, 별 3개 및 별 4개로 표현하기도 함) 경우가 2007년에는 전체의 85%에 해당되어 전년도보다 9%가 증가하였다. 평가 대상 150개 지방정부 중에서 2007년에는 20%에 해당하는 30개 지방정부가 2006년보다 높은 점수를 얻은 것으로 나타났다. 그러나 6개의 지방정부는 2007년에 2006년도보다 낮은 점수를 얻었다. 즉, 2006년에는 자원사용분야에서 3점 또는 별 3개를 얻었다가 2007년에는 2점 또는 별 2개를 얻었다. 이렇게 전년도 보다 낮은 점수를 얻은 지방정부를 보면, Buckinghamshire, East Riding of Yorkshire, Herefordshire, Hillingdon, Liverpool, Milton Keynes 등 6개 지방정부이다.

별 4개(또는 4점)의 평가를 얻은 지방정부는 2007년에는 27개로 2006년(15개)보다 증가하였고, 이는 2005년의 3개 지방정부와 비교하면 엄청나게 증가되었음을 알 수 있다. 종합점수가 3점을 받으려면 5개 평가대상 분야 중에서 최소 2개 분야는 4점을, 나머지 3개 분야는 3점을 얻어야 할 만큼 쉽지 않은 일이다. 이런데도 Stockton-on-Tees와 Wandsworth는 5개 분야 모두에서 4점을 얻었다. 다음으로 5개 분야 중 4개 분야에서 4점을 얻은 지방정부를 보면, St Helns, Kent, Westminister등이 있다. 그러나 Liverpool은 1점을 얻어 최소 요구수준 이하의 평가를 받았다.

VFM을 제고하기 위해 Camden 같은 시의회는 규칙적으로 시의회

의원과 공무원들이 성과관리를 개선하기 위한 의견을 제시하도록 하는 한편, 더 낫고 저렴한 프로그램을 통해 자원의 절약을 기할 수 있는 강력한 통합 프로젝트 관리를 실시하고, 예산절감과 성과 극대화를 조장하는 문화를 내재화하도록 노력한 결과 최근 18개월 동안 1,750만 파운드의 예산을 절감하기도 하였다. Worcestershire 같은 시는 강력한 리더십과 모든 공무원들의 참여를 기초로 성과관리 문화를 정착하고 비용을 상호 비교하는 한편, 비용과 성과의 상관관계를 보여주는 등의 노력을 통해 성공하였다.

3) Service Assessments

이 부분에서는 7개 분야의 행정서비스에 대한 평가를 한다. 즉, 아동 및 청소년, 사회보장(성인에 대한), 주택, 환경, 문화, 수당, 소방 및 긴급구조 등이 그것이다. 주택, 환경, 문화, 소방 및 긴급구조 분야 등 4개 분야에 대한 CPA는 감사위원회가 수행한다. 아동 및 청소년에 대한 평가는 앞에서도 언급하였듯이 교육기준청(Ofsted)과 사회보장감찰위원회(CSCI)가 매년 성과 평가 방법에 의하거나 합동조사(Joint Area Review, 이하 JAR이라 약칭)에 의해 수행되고 있다. 성인에 대한 사회보장(Social care for adults)에 대한 평가는 CSCI가, 각종 수당(Benefits)지급에 대한 평가는 부정수당감찰관(Benefit Fraud Inspectorate, 이하 BFI라 약칭)에 의해 각각 수행되고 있다.

그러나, 단일정부와 도의회는 각각 수행하는 기능이 조금씩 다른 것이 있어 단순히 평면적으로 비교가 곤란한 경우도 있다. 예를 들면, 주택과 수당지급 서비스는 단일정부에서는 이 업무를 수행하고 있지만, 도 단위 행정기관(County Council)에서는 하위지방정부인 기초자치단체(District Council)에서 수행하고 있어 단순히 평면적으로 비교하기가 어렵다.

4) 3개 부분 통합 총점수 산출 방법(The overall rules for CPA categorisation)

기관의 통합평가(Corporate assessment)는 5개 과제가 있다. 즉, 야망(Ambition), 우선순위(Prioritisation), 능력(Capacity), 성과관리(Performance Management), 달성(Achievement)가 그것이다. 이 5개 부분을 평가하여 각각 1에서 4점까지 Score를 부여한 뒤 이 부분을 통합하는 과정을 거쳐 하나의 점수로 나타낸다.

통합하는 과정을 보면, 1) 5개 과제에서 모두가 3 이상이어야 하고 그 중 2개 이상이 4일 경우에는 기관의 통합능력을 Score 4로 주고, 2) 5개 과제에서 모두가 2 이상이고, 그 중 3개 이상에서 3 이상을 받은 경우에는 Score 3을 부여하며, 3) 3개 이상 과제에서 2 이상을 받은 경우는 Score 2를 부여하고, 4) 기타 조합의 경우에는 Score 1을 부여한다.

이렇게 매 3년마다 실시한 기관의 통합능력 평가 결과를 단일화하여 하나의 Score로 만든 뒤, 매년 평가를 실시하는 기관의 행정서비스 부분과 자원 사용 부분 등 3개 부분을 종합하여 최종적으로 CPA 카테고리를 정한다. 이 최종적인 CPA 카테고리는 Score가 아닌 별로 표시를 하는데 별을 0부터 4까지 5가지 카테고리로 분류하여 공개하고 있다.

그러면, CPA는 4개 부분으로 이루어지는데 왜 3개 부분만으로 CPA 카테고리를 정하는가 하는 의문이 남는다. 이는 나머지 한 부분인 방향성

표 : 통합평가결과 점수 종합하는 방법

통합능력평가	Level 1 평가결과[137]	Level 2 평가결과	범주화
4	모두가 3 이상	모두가 2 이상	4 star
4	모두가 2 이상	1이 하나만 있음	3 star
4	1이 하나만 있음	1이 하나만 있음	2 star
4	그 외 다른 조합		1 star
3	모두가 3 이상	모두가 3 이상	4 star
3	모두가 2 이상	모두가 2 이상	3 star
3	모두가 2 이상	1이 하나만 있음	2 star
3	그 외 다른 조합		1 star
2	모두가 3 이상	모두가 2 이상	3 star
2	모두가 2 이상	모두가 2 이상	2 star
2	1이 하나만 있음	1이 하나만 있음	1 star
2	그 외 다른 조합		0 star
1	모두가 3 이상	모두가 2 이상	2 star
1	모두가 2 이상	모두가 2 이상	1 star
1	그 외 다른 조합		0 star

137) Level 1은 아동 및 청소년, 성인에 대한 사회보장 및 자원의 사용 부분이 포함되는데, 이들 부분에 대한 비중은 Level 2 보다 높게 두고 있으며, Level 2에는 주택, 환경, 문화, 수당, 소방 및 긴급구조 업무에 대한 평가가 포함된다.

평가는 Score로 평가결과를 나타내는 3개 부분과 달리 문장으로 표현하기 때문이다. 방향성 평가의 속성을 보면 다른 3개 부분이 지방정부가 과거에 이룩한 성과를 평가하는 것과는 달리, 미래에 초점을 두어 개선할 가능성이 있는가를 평가하고 있으므로 그 속성이 다르다고 할 수 있다.

평가결과를 '매우 잘 개선되고 있다' 등과 같은 문장으로 표현하는 방향성 제시 부분을 제외하고 Score로 평가결과를 표현하는 3개 부분에 나타난 점수를 종합하여 별로 나타내는 방법을 보면, 앞의 표와 같다.

이상의 4가지 부분을 종합하여 그림으로 그리면 다음과 같다.

그림 : CPA 범주화를 위한 4개 분야 평가 요소별 현황

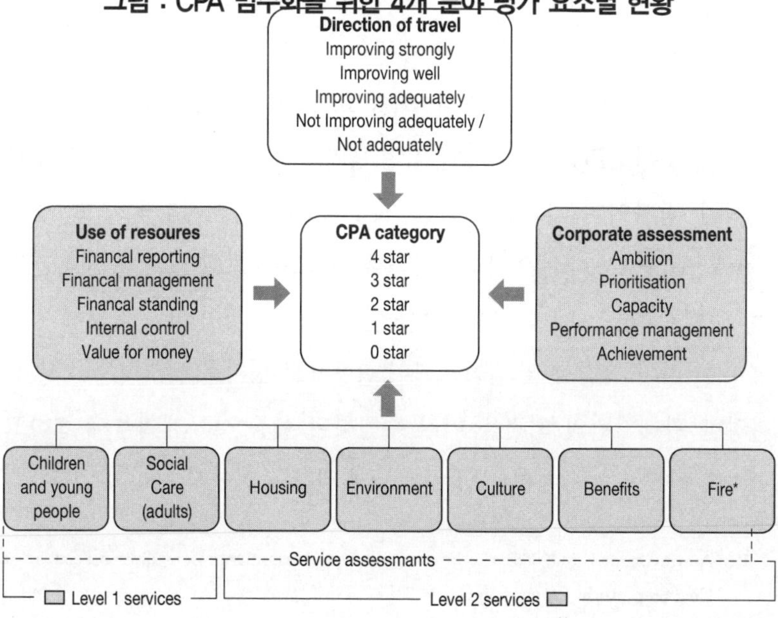

4 2009년 이후 CPA로부터 CAA로의 변화[138]

2009년 4월부터는 CAA(Comprehensive Area Assessment)가 종래의 CPA를 대신하게 될 것이다. 이는 2007년에 '지방정부 및 건강에 있어 공공참여에 관한 법(Local Government and Public Involvement in Health Act)'이 의회를 통과한 것을 계기로 변경된다. 종래의 CPA가 지방정부에 의해 제공되는 공공서비스에 초점을 둔다면, CAA는 지방정부만이 아니라 지방정부의 파트너인 민간기업 및 자발적 참여 분야도 포함하여 이들이 일정 지역에서 제공하는 공공서비스의 질 등에 대한 평가를 실시한다. 따라서 평가대상이 CAA는 CPA보다 광범위하고 지역의 개념이 도입되었다는 면에서 종래의 CPA와는 다르다고 할 수 있다. 이를 요약하여 CPA와의 차이점을 설명하면, 첫째 CPA가 기관 중심적인 평가인데 비하여 CAA는 지역 중심적인 평가이며, 둘째 CAA는 CPA보다 미래지향적이고, 셋째 CAA는 CPA보다 지역사회에서의 우선순위에 보다 많은 관심을 가지며, 넷째 CAA는 개별적인 평가를 단순히 모은 것이 아니라 당해 지역에 대한 다양한 감사 및 감찰기관이 합동으로 평가를 실시하고, 다섯째 다양한 관계기관의 의견을 미리 수렴하여 합동으로 계획을 수립하고 평가를 하므로 감사계획을 덜 수정하게 된다는 점에서 차이가 있다.

138) Audit Commission(2008), Comprehensive Area Assessment : Consultation Feedback and Next Step, Audit Commission.

아울러, CAA는 납세자가 납부한 세금이 얼마나 효과적으로 사용되고 한 지역에서 주민에게 제공되는 공공서비스가 얼마나 잘 운영되고 있는가를 살펴보기 때문에 한 지역사회에서 중요한 이슈들에 초점을 둠으로써 지역민들에게 더 적절하게 다가갈 수 있다고 믿고 있다. 예를 들면, CAA는 한 지역사회에서의 범죄나 지역사회의 응집력, 지속가능한 발전 또는 비만과 같은 공공건강 등과 같은 이슈 들에 대해 평가를 함으로써 CPA보다는 지역민과 지방정부 간에 목표를 공유하게 될 가능성이 더 높아지게 된다. 이런 결과 지방정부와 지역 주민들은 공공서비스 규제에 대해 보다 더 합동으로 함께 일하고 균형 잡힌 접근이 가능하게 된다. 영국 감사위원회는 2008년도에 '단일정부 및 도의회에 대한 CPA의 최소한 변화를 위한 제안(Proposals for minimal changes to the CPA framework for single tier and county councils in 2008)' 이라는 제목으로 용역을 현재 수행하고 있으며, 최근 1) 2009년부터 시행할 CAA에 대한 최초의 합동 감찰 용역이라는 점과 2) 2009년부터 실시할 평가에 대한 감사위원회의 자원사용을 위한 제안 및 주요 질의 사항 등에 대한 용역결과를 받았는바, 이 2 가지 용역결과는 앞으로 시행할 평가 접근방법에 영향을 미칠 것이다.

CAA는 4가지로 구성될 것인바, 첫째는 지역과 공공기관을 대상으로 한 국가지수세트(National Indicator set : 첨부 9 참조)로 198개 국가평가지수를 대상으로 하여 이룩한 성과를 분석하고, 둘째는 지역을 대상으로 하는 합동위험평가(Joint risk assessment)로 지역의 전망과 지역주민들의 삶의 질에 대한 평가에 초점을 두며, 셋째는 시의회와 소방 및 긴급구조기관, 경찰, 1차적인 사회보장 기관 등을 대상으로 하는 자원의 사용(Use of resources), 넷째는 시의회와 소방 및 긴급구조기관을 대상으로 하는 방향성 검토(Direction of travel)가 될 것이다. CAA평가를 위해서는 지역사회에 합의된 목표를 향한 진척도를 조사하고, 국가평가지수에 입각한 평가를 실시하며, 행정서비스 이용자 및 이해관계인의 견해를 듣거나 시의회 등이 수행한 자체 평가 자료와 아울러, 지방정부가 제공하는 브리핑이나 감사시 발견한 사항 등을 중심으로 보고서가 작성된다.

CAA는 지역사회라는 공간적인 일정범위와 그 속에 삶을 영위하는 지역주민들의 삶의 질에 대하여 실시하는 최초의 독립된 평가라는 점에서 의의가 있다. CAA는 공공서비스를 이용하는 시민, 지역주민 및 납세자들의 경험을 평가대상으로 할 것이며, 특히 그들을 취약하게 만드는 환경에 대해 초점을 두고 평가를 할 것이다. 이런 관점에서 CAA는 지역주민들을 위한 평가대상을 의회만이 아니라 병원, 경찰, 소방 및 긴급구조대와 다른 지역사회 공공서비스 제공자들을 포괄하고 있다. 이런 다양한 기관들이나 지역단체들은 지역사회에서 직면하는 도전과제들을 해결하기 위해 파트너십을 형성하여 공동으로 작업을 수행하는 경향이 점차 증가하고 있고 그렇게 공동으로 작업하기를 지역주민들도 바라고 있다.

이런 점에서 CAA는 1) 행정서비스를 이용하는 시민들이나 지역주민들의 삶의 질을 제고하고 납세자가 납부하는 세금에 대한 VFM을 향상시키는 촉진제의 역할을 하고, 2) 시민들이나 행정서비스 이용자(제대로 서비스를 받고 있다는 등) 및 중앙정부(보조금이 잘 사용되고 있다는 등)에 대하여 확신을 심어줌과 아울러 이들에게 독립된 정보를 제공하는 원천의 역할을 하며, 3) 지방정부나 관계 단체 등이 지역주민들이 가장 절실히 필요한 부분에 관여를 하고 있고, 필요한 부분에 감찰행위를 함과 아울러 개선향상을 지원하는 데 관계되는 기관이나 단체가 힘을 잘 합치도록 하고 이를 합리화하고 목표를 잘 설정하는 데 도와줄 것이다.

CAA는 의료서비스 및 교육을 제공받는데 있어 불공평성을 감소시키고, 적당한 가격의 주택의 이용가능성을 제고하며, 범죄의 공포를 줄이고, 교육의 성취도를 높이고, 투자를 끌어들이는 한편 각 지역의 도로에 난 탄소 바퀴자국을 감소시키는 등의 이슈를 다룰 것이다. 이런 이슈들은 지역의 우선순위에 따라 지역마다 상이할 것이다. CAA는 당해 지역에 있어 행정서비스 및 기관들의 활동에 대한 평가를 책임지고 있는 모든 감찰기관(Inspectorates)들에 의해 합동으로 개발되고 평가를 합동으로 수행할 것이다. 합동으로 평가업무를 수행해야 할 감찰기관들을 살펴보면, 감사위원회(Audit Commission), 사회보장감찰위원회(Commission for Social Care Inspection), 보건의료위원회(Healthcare Commission), 경찰감찰관(HM Inspectorate of Constabulary), 교정감찰관(HM Inspectorate of Prisons), 갱생보호감찰관(HM Inspectorate of Probation) 및 교육표준청(Ofsted) 등이 그것이다.

CAA에 관하여 가장 최근에 자문한 보고서에 나타난 내용을 보면 CAA는 지역 서비스에 대하여 과거 어느 평가체계보다 보다 더 합동적(joined-up)이고 지속적인 접근방법이라고 표현하고 있다.

합동으로 평가를 해야 할 위 7개 감찰기관들은 2007. 11. 19. 'CAA에 관한 최초의 합동감찰자문 보고서(the first joint inspectorate consultation on the CAA)'를 발간하였다. 이 자문보고서는 다음과 같은 의견을 제시하였는바, 1) 어떤 지역에서의 위험을 먼저 평가하고(the assessment of risk in an area), 2) CAA에 포함되는 다양한 요소들을 어떻게 하나로 통합하며(how the different elements of CAA will fit together), 3) 평가를 하면서 관련 증거들을 어떻게 분류하고 증거를 어떻게 수집하며, 위험을 어떻게 평가하느냐가 평가의 관건이 되고, 4) 지역주민들에게 CAA 결과를 어떻게 보고하고 지역주민들을 어떻게 참여하도록 하며 성과를 향상하여 혁신을 위한 촉매제의 역할을 어떻게 잘 유지시키느냐가 중요하며, 5) 어떻게 하면 CAA가 다른 평가 프레임워크와 합치되도록 하느냐도 중요하고, 6) 어떻게 하면 CAA가 지역사회의 지속발전 전략, 지역사회에서의 합의사항 및 중앙정부의 지역사무소와 합치시킬 수 있느냐가 매우 중요하다는 의견을 제시하였다.

제 ④ 장

버밍햄시의 포괄적 성과평가 사례 (통합 평가 중심으로)

1 버밍햄시의 2006년 포괄적 성과평가 결과 요약(CPA 전반)[139)]

1) 버밍햄시에 대한 개황

(1) 지역의 특성(Locality)

버밍햄시는 인구가 약 백만 명으로 영국에서 런던 다음으로 큰 도시이다. 이 도시는 West Midlands의 중심도시로 통근이 가능한 주변 도시까지 인구를 합치면 약 3백만이 되는 거대도시이다. 아울러 버밍햄시는 국가적으로 도로, 철도 및 항공 등 교통중심지이고, 전체 서중부 지방의 미래를 확보하는 중심적인 역할을 하는 도시이다. 이 지역의 경제는 버밍햄시에서 발생하는 것들에 의해 추동력을 받으며, 시의회

139) Audit Commission(2007), Corporate Assessment : Birmingham City Council, Audit Commission.

의 리더십 역할은 당해 지역의 번영과 복지에 매우 중요하다.

버밍햄시의 지난 15년간 실질적인 내부 투자와 인프라의 개발은 도시 중심부의 주요한 변화를 초래하였다. 문화와 서비스 및 상업 중심지로서 버밍햄시에 대한 평판은 매우 많이 변했으며, 이런 분야에서의 변화는 지역경제에 점차 중요한 역할을 하고 있다. 동시에 제조업의 고용 감소라는 국가적인 추세는 이 지역에도 예외는 아니다. 특히, 버밍햄 지역에는 자동차제조와 관련 산업에서의 일자리가 많이 감소하였다. 그러나 엔지니어링과 제조업은 이 도시의 삶과 고용분야에서 아직까지 중요한 역할을 수행하고 있다. 9%에 이르는 이 지역의 실업률은 국가적인 실업률인 3.5%보다 상회하고 있으며, 평균 주당 소득규모도 326 파운드로 국가 평균 357파운드와 서중부 지역 전체 평균 335 파운드보다 낮다.

버밍햄시의 인구 중 거의 30%는 소수인종 출신으로 가장 규모가 큰 소수인종은 인도 및 파키스탄과 같은 남아시아 출신이며, 아프리카와 동유럽 출신들이 점차 증가함으로써 이 도시의 인종적인 다양성이 증가하고 있다. 도시 전체에 사용되는 언어가 40가지 이상인 것으로 나타났다. 2001년 인구조사 결과 14.3%의 주민들이 자신은 회교도라고 여기고 있다. 2005년에는 Lozells 지역에 지역사회 집단 간의 갈등이 발생하는 소요사태가 있었다. 버밍햄은 전국 평균보다 높게 젊은 층의 비율이 높아 30세 이하의 인구가 전체의 45%를 차지하고 있다. 이 도시의 인구는 향후 20년 내에 10% 더 증가할 것으로 예측되고 있다.

버밍햄의 지역 사회 또한 번영과 복지 차원에서 보면 그 수준이 다양하다. 도시 중심부와 도시 변두리의 주택 지역은 높은 범죄율, 열악한 건강관리 및 실업 등과 같은 복합 박탈감이 있는 데 비해, 다른 교외 지역에는 높은 수준의 풍요로움이 있다. 전반적으로 범죄수준은 다른 대부분 대도시보다는 양호한 편이지만, 도시민들의 건강수준과 직장을 위한 기술수준은 국가 평균보다 낮다. 예를 들면, 버밍햄시에 거주하는 남자들의 평균수명은 국가평균보다 2.3년이나 낮다.

(2) 시의회(The Council)

버밍햄 시의회는 대규모이고 복합적인 조직으로 영국 내에서 가장 큰 지방정부이고 유럽에서도 규모가 큰 도시 중의 하나로 꼽힌다. 버밍햄 시의회는 어느 하나의 정당이 지배하는 것이 아니라 보수당과 자유민주당이 연합하여 통치하고 있다. 2008년 5월 현재 약 120명의 시의원 가운데 49명은 노동당, 36명은 보수당, 그리고 32명은 자유민주당 출신들이고 나머지 3명은 존경당(Respect) 소속이다.

버밍햄시에 대한 정치적인 管理는 한 명의 지도자(leader)와 내각이 행하는데, 이는 중앙정부로 볼 때 집행업무를 담당하는 행정부와 비슷하다. 시의회를 대외적으로 대표하는 사람을 '시의회 지도자(Leader of Council)' 라고 하는데, 통상 동 지도자는 시의회에서 다수를 차지하는 당의 지도자이기도 하다. 시의회에서 다수를 차지하는 당에서 버밍햄시의 내각을 구성하는데, 2008년 현재에는 버밍햄시의 내각에는 모두 10

명의 시의회 의원이 참여하고 있다. 이들 10명이 담당하는 분야를 보면, 1) Adults and Communities, 2) Children, Young People and Families, 3) Equalities and Human Resources, 4) Housing, 5) Leisure, Sports and Culture, 6) Local Services and Community Safety, 7) Regeneration, 8) Transportation and Street Services 등의 분야별로 한명씩의 시의회 의원(중앙정부로 볼 때 일종의 각료라고 할 수 있음)이 있고, 이 외에 Leader(중앙정부의 수상과 비슷)와 Deputy Leader(부수상과 비슷함)가 있다. 모든 시의회 의원은 시의 의사결정에 기여하도록 하고 있으며, 개개 구(ward) 단위에서 이루어진 의사결정의 세세한 내용은 발간되고 있다. 내각에 참여한 개개 의원은 의사결정에 책임을 진다. 아울러 내각부에 참여한 시의원이 결정한 세부적인 내용은 분명하게 확인을 하며, 예산 사용의 승인과 시의회의 전략적인 파트너를 포함한 행동계획에 대하여도 승인을 받아야 한다. 시의회에는 8개의 감독 위원회가 있으며, 실행 계획은 합동위원회를 통해 하기도 한다. 주요한 위원회 의장은 연정을 하는 정당 간에 나누어 가지기도 한다.

시의회의 지침이나 지시를 받아 행정업무를 집행하는 집행관(Chief Executive Officer)은 통합관리팀에 의해 지원을 받는다. 이 팀은 4명의 전략적인 국장들로 구성되어 있으며 이들은 개발, 성인 및 지역사회, 행징서비스, 아동과 청소년 및 가정에 대하여 책임을 지고 있다. 4명의 국장을 보면 1) 주택, 2) 통합재정, 3) 정책 및 정책집행, 4) 의사

전달 자문관으로 명명되고 있다. 행정서비스는 버밍햄시를 10개 선거구(constituency)로 세분하여 관리되고 있는바, 자치권 이양 과정(process of devolution)은 지속적으로 발전되고 있으며 권한 하부 이양은 점차 증가하는 추세에 있다.

시의회세는 (Band D의 경우[140]) 평균 1,166파운드로 전국평균보다 낮다. 버밍햄시에는 총 52,708명의 공무원이 있으며, 이중 27,091명은 학교에 종사하고 있다.

버밍햄시가 2005년부터 2010년까지 적용할 전략적인 비전인 '전진하는 버밍햄(Taking Birmingham Forward)' 은 버밍햄전략파트너(Birmingham Strategic Partnership, 이하 BSP라 약칭)에 의해 개발되었다. BSP는 모든 주요한 전략 파트너를 참여시키고 총체적인 장기계획을 위한 포럼을 개최한다.

시의회는 아울러 LAA(Local Area Agreement)에서 주도적인 파트너 역할을 하고 있다. LAA는 시의회와 주요한 파트너 간에 합의된 목표, 우선순위 및 성과 대상을 합동으로 수행할 프레임워크를 만든다. 아울러 LAA는 광범위한 투자계획과 합치를 위한 장치 등을 함께 논의한다.

---

140) 잉글랜드 지방에는 주택의 자산가치에 따라 band를 A부터 H까지 8개 band로 나누어 시의회세를 부과하는데, 가격이 높은 H band의 경우 D band 보다 2배가 높은 세율을 부담하고 있다.

(3) 연간 예산

영국의 지방정부의 세입부문을 크게 보면 지방정부가 스스로 조달하는 자체 재원과 중앙정부가 지원하는 이전 재원, 그리고 차입재원으로 구분된다. 자체 재원으로는 시의회세가 유일하고, 지역 내의 기업이나 공공기관의 자산을 대상으로 부과되는 비거주레이트(Non-Domestic Rate 또는 Business Rate : 첨부 10 참조)는 오래동안 지방세로 있다가 1990년부터 국세로 전환되었다. 그러나 동 비거주레이트 수입은 일정 기준에 의해 다시금 지방에 환원되므로 실질적으로는 지방정부의 자체 재원으로 간주할 수 있다. 현행 비거주레이트는 넓은 의미의 교부세 또는 양여세적인 성격을 가진다. 통상 영국 지방정부의 세입을 크게 나누어 보면, 1997/98 년 회계 기준으로 지방세인 시의회세 수입이 전체 예산의 12% 수준이고, 비거주레이트가 18%, 중앙정부 보조금 중 일반교부금이 26%, 특정교부금이 25%, 기타 지방정부가 보유하는 임대주택의 임대료 수입 등 세외 수입이 18%를 차지한다[141].

버밍햄시의 2007/08 회계연도 수입과 지출 현황을 보면[142], 총 수입 규모는 30억 4,700만 파운드(한화로 약 6조원 상당)로 시의회세(Council Tax)는 전체의 10%에 지나지 않는 3억 4백만 파운드에 불과하고, 가장 많은 부분을 차지하는 것은 중앙정부의 보조금으로 특별

141) 임성일 · 최성출(2001), 영국의 지방정부와 공공개혁, 서울 : 법경사, pp.280~281.

142) Birmingham City Council(2007), Budget for Birmingham 2007/08, pp.5~9.

보조금(Specific Government Grants) 15억 6,800만 파운드와 보통교부금(Formula Grant) 5억 8,700만 파운드로 이 둘을 합치면 전체 수입의 70.7%를 차지한다. 나머지 수입은 Sales and Charges가 2억 8,600만 파운드, 시 소유주택에 대한 임대수입 등이 2억 1,500만 파운드, 주택 보조금이 800만 파운드, 기타가 7,800만 파운드이다.

이런 수입을 근거로 지출하는 분야를 보면, 가장 많은 부분이 아동과 청소년 및 가족(Children, Young People and Families)을 위한 분야로 총 12억 2,400만 파운드를 지출하고, 다음으로 각종 수당(Levies and Benefits)으로 4억 5,300만 파운드, 어른과 지역사회(Adults and Communities)를 위해 3억 5천만 파운드, 주택수입계좌(Housing Revenue Account)에 2억 2,400만 파운드, 교통 및 거리서비스(Transportation and Street Services)에 1억 2,300만 파운드, 선거(Constituencies)에 1억 1,300만 파운드, 주택일반펀드(Housing General Fund)에 1억 9백만 파운드, 이외에 기타가 4억 5,100만 파운드를 지출하고 있다.

2) 버밍햄시에 대한 2006년 포괄적 성과평가 결과

버밍햄시는 2006년에 감사위원회로부터 CPA 평가를 받아 "방향성 제시(Direction of Travel)부분에서는 적절히 개선되고(improving adequately)있고, 자원의 사용 분야(use of resources), 행정서비스 제공분야(service performance), 통합평가 분야(corporate assessment)

등 3개 부분을 합친 전반적인 성과는 2 star이다"이라고 결론이 났다.

CPA의 특징 중 하나는 특정지방정부 자신의 평가만을 공개하는 것이 아니라, 다른 지방정부와 비교하여 자신의 지방정부는 어느 정도에 속하고 다른 지방정부와 비교하여 잘 하고 있는지 여부를 판단하도록 공개하고 있다는 점이다.

여기서 2006년도에 영국의 전체 지방정부에 대한 CPA 결과를 요약하면 다음과 같다.

먼저, 방향성 제시 분야에서는 1) 매우 강하게 개선되고 있는 지방정부가 전체의 8%, 2) 잘 개선되고 있는 지방정부는 전체의 62%, 3) 적절히 개선되고 있는 지방정부는 전체의 28%, 4) 개선이 별로 되지 않는 지방정부는 전체의 2%라는 점이다. 여기서 버밍햄시는 3번째 평가그룹에 속하여 적절히 개선되고 있다는 결과를 얻어 상대적으로 저조한 평가를 받았다.

다음으로 자원의 사용, 행정서비스 및 통합평가 분야 등 3개 부분을 합친 전반적인 평가결과는 별 2개를 얻어 상대적으로 잘 하고 있다고 할 수 없는 결과가 되었다. 2006년도에 실시한 이 전반적인 평가를 상대적으로 파악하기 위해 다른 지방정부 모두를 통합한 평가 결과를 보면, 1) 별 4개를 얻은 지방정부는 전체의 32%, 2) 별 3개를 얻은 지방정부는 전체의 48%, 3) 별 2개를 얻은 17%, 4) 별 1개를 얻은 지방정부는 전체의 3%에 해당된다. 여기서 별 4개는 매우 훌륭한 성과를 얻어 최소한 요구수준을 한참 초과한 경우이고, 별 3개는 잘 하고 있는 경우로 최소요구수준을 초과한 경우이며, 별 2개는 적절한 성과를 내어 최소 요구수준만을 충족한 경우이고, 별 1개는 최소요구수준 이하로 부적절한 성과를 나타낸 경우에 해당된다.

3) 버밍햄시에 대한 4개 분야별 포괄적 성과평가 결과

(1) 방향성 제시(Direction of Travel : improving adequately)

위와 같은 평가결과를 다시 자세히 살펴보면, 먼저 방향성 제시 분야에서는 다음과 같은 결론을 얻었다. 2006년도의 이런 평가결과는 2005년도(improving well)와 비교하여 다소 떨어진 결과를 보여 주고 있다[143).

〈버밍햄시에 대한 방향성 제시 평가 결과〉

버밍햄시는 몇몇 주요한 분야에서는 개선이 되었지만 이런 개선도 지속적이지 못하다. 아동과 청소년을 위한 서비스는 전반적으로 양호한 것으로 평가를 받았고, 향후 더 개선될 좋은 전망도 가지고 있다. 교육성취도는 양호하고, 특히 중학교 과정은 개선되고 있다. 아동을 위한 사회보장 운영에 있어 이전에 이룩한 개선사항 등은 현재도 지속되고 있다. 아동과 성인을 위한 사회보장 운영은 전반적으로 적절한 것으로 평가받아 향후 개선되어야 할 필요가 있다. 주택 서

143) Audit Commission(2007), Confirmation of Direction of Travel Assessment 2006 : Birmingham City Council, Audit Commission.

비스 분야는 – 비록 주택의 모든 부분에서 지속적인 진척을 확실히 담보 하려면 더 많은 노력이 필요하겠지만 – 지속적으로 상당히 개선되고 있다. 범죄와 범죄로부터 공포는 감소하고 있고, 거리는 보다 더 청결해지고 있으며 지역경제는 안정적이다. 건강 증진과 같은 분야는 매우 느리게 진행되고 있지만, 개선향상을 위한 계획은 제자리를 차지하고 있다. 시의회는 이전에 성과가 떨어진 서비스를 향상시키기 위한 계획을 가지고 있지만 장기 목표를 통해 달성하고자 하는 바를 명확히 할 필요가 있다. 시의회는 시의 우선순위를 설정할 능력이 있고 조직개발을 통해 시 직원들의 능력을 개발하고 있는 중이다. VFM을 설정하고 전달할 장치는 매우 많이 개선되었다.

(2) 자원의 사용(Use of Resources : Score 3)

다음으로 자원의 사용분야를 살펴보면 버밍햄시는 전체적으로 별 3개를 얻었는바, 이를 자원 사용의 5개 분야로 보면, 1) 재무보고(financial reporting) 분야에서는 별 2개, 2) 재무관리(financial management) 분야에서는 별 3개, 3) 자산상태(financial standing) 분야에서는 별 3개, 4) 내부 통제(internal control) 분야에서는 별 3개, 5) VFM분야에서는 별 2개를 얻었다. 자원 사용 분야에서는 별 3개는 전년도의 별 2개 보다 향상되고 있음을 보여주고 있다.

(3) 행정서비스(Service Performance)[144)]

행정서비스 분야에는 6개의 서비스 분야가 있다. 첫째 사회보장수당 부분으로 이는 '주택수당 및 시의회세 급부금(housing and council tax benefit)[145)]' 서비스 제공에 대한 평가로 이 평가는 감사위원회가 직접하지 않고 '부정수당감찰관(Benefit Fraud Inspectorate)'이 실시하며, 2005년에 설정한 성과기준과 비교하여 얼마나 향상되었는가에 기초하여 평가를 하고 있다. 둘째, 아동 및 청년 부분(children and young people)으로 이는 아이들에 대한 교육 및 사회보장서비스를 지방정부가 얼마나 잘 제공하고 있는가에 기초하여 평가를 하고 있다. 이 평가는 감사위원회가 직접 하지 않고 사회보장감찰위원회(Commission for Social Care Inspection)와 교육기준청(Office for Standards in Education)이 합동으로 평가한 것을 활용한다. 셋째, 문화부분으로 도서관 및 여가활동 같은 서비스에 대한 평가로 감사위

---

144) 행정서비스 제공 부분은 동 부분을 총괄하여 score를 낼 수가 없다. 그 이유를 보면 행정서비스 부분은 아동 및 청소년, 성인에 대한 사회보장, 주택, 환경, 문화, 수당 분야 등 6개 부분마다 score를 따로 내어 앞의 2개 분야는 Level 1(자원의 사용부분도 포함하여)로, 나머지 뒤의 4개 분야는 Level 2로 하여 가중 부여가 다르기 때문이다.

145) 영국에서 주택수당은 실업자나 저소득자에 대하여 지급되는 수당으로 이 수당을 기초로 렌트비 등을 지출하고 있고, 시의회세는 1993년에 종래의 지역사회부과금(Community Charge)에 대체되어 신설된 세금으로 주택에 대하여 부과하고 있다. 독신자와 취약계층 등에 대하여는 감면 혜택을 부과하고 있는데 이를 시의회세 부과금이라고 표현하고 있다. 2008년 현재 영국 잉글랜드의 평균 시의회세는 연간 1,146파운드이나, 이는 시의회 재정수입의 25% 밖에 지나지 않고 나머지는 중앙정부의 보조금이나 양여금 등으로 충당되고 있다.

원회가 수행한다. 넷째 환경부분으로 교통, 도시계획 및 쓰레기 수거와 처리 서비스 등에 대한 평가로 감사위원회가 수행한다. 다섯째, 주택부분으로 시의회가 수행한 주택서비스와 주택관리서비스에 대한 평가로 감사위원회가 수행한다. 여섯째, 성인에 대한 사회보장 서비스 업무의 성과 평가로 감사위원회와 사회보장감찰위원회가 공동으로 수행한다.

버밍햄시 의회는 2006년도 사회보장수당분야에서는 별 4개를, 아동 및 청년 부분과 환경부분에서는 별 3개를, 나머지 3개 부분에서는 별 2개의 평가를 받았다. 이런 평가결과는 2005년도와 비교하면 아동 및 청년부분은 별 2개에서 별 3개로 나아진 것으로 나타났으나, 문화부분에서는 전년도의 별 3개에서 2개로 악화된 것으로 나타났으며, 나머지 부분은 전년도와 동일한 것으로 평가를 받았다.

(4) 통합 평가(Corporate Assessment : Score 2)

통합능력 평가를 하면서는 감사위원회는 시의회가 당해 지역사회 파트너와 함께 달성하고자 하는 바가 무엇인지, 목표로 정한 바를 달성할 시의회는 능력은 어떤지(파트너와 함께 일하는 능력을 포함하여), 그리고 무엇을 달성하였는지를 놓고 평가를 한다. 이를 구체적으로 언급하면 시의회의 목표(ambition), 우선순위설정(prioritisation), 능력(capacity), 성과관리(performance management), 달성(achievement)등으로 세분화하여 평가를 한다.

버밍햄시는 2006년에 통합능력 평가에서 별 2개를 받았다. 통합능력평가는 2005년 이후부터 평가방법이 새로이 변경되어 전년도와 비교하기가 어렵다.

2 버밍햄시에 대한 2006년 통합평가 결과 요약

버밍햄시에 대한 2006년도 통합평가는 '1999년 지방정부법(Section 10 of the Local Government Act 1999)'에 따라 이루어졌다. 이 법에 따르면, 감사위원회는 지속적인 개선향상을 위한 지방정부의 조치들에 대해 감사할 권한을 가지고 있다. 통합평가의 결과는 지방정부에 대한 전반적인 CPA의 결정에 기여를 하는바, 2003년 지방정부법(Section 99)에 따르면 감사위원회는 CPA 평가를 하고 이를 보고하도록 되어 있다. 시의회의 자체 평가[146]는 감사위원회의 통합평가 활동을 위한 주요한 원천이 되고, 감사위원회의 감사관은 감사를 하면서 시의회의 개선계획을 포함한 주요한 문서, 수정된 성과지수 및 성과 자료 및 인터뷰를 하거나 회의에 참석하여 평가 관련 정보를 수집한다.

2006년도 버밍햄시에 대한 통합평가는 2006년 10월 9일부터 20일까지 감사위원회의 감사팀에 의해 11일간 진행되었고, 통합평가에 대한 보고서는 2007년 2월에 발간되었으니 감사실시와 보고서 발간까지

146) 버밍햄시의 자체평가(Self Assessment)는 감사위원회의 감사가 실시되기 전인 2006년 9월에 발간되었다.

4개월이 소요된 것으로 파악된다. 다음에 기술된 통합평가결과 감사보고서는 시의회와 토론을 거쳐 감사위원회의 평가를 검토할 기회를 주고 있다. 이 보고서는 시의회에 의한 개선계획을 위한 기초로 활용될 것이다.

통합평가(Corporate Assessment)는 CPA 점수와 카테고리를 결정짓는 전반적인 평가작업의 한 요소이다. 통합평가는 5개 분야로 이루어지지만 평가를 위한 질문의 형태로 변경하면 다음과 같이 3가지의 질문형태로 운영되고 있다.

첫째, 특징 시의회가 파트너와 함께 달성하고자 하는 바가 무엇인가? 이 질문에는 시의회의 목표와 우선순위가 포함된다.

둘째, 시의회가 달성하고자 하는 바를 전달할 능력은 어떠한지? 이 질문에는 시의회의 능력과 성과관리 분야가 포함된다.

셋째, 무엇을 달성했는지? 이 부분에는 성과달성에 대한 평가를 하는데, 평가대상은 1) 지속발전이 가능한 지역사회와 교통체계를 갖추고 있는지, 2) 보다 더 안전하고 강한 지역사회가 구축되었는지, 3) 보다 더 건강한 지역사회인지, 4) 노인과 아동 및 청소년에 대한 행정서비스는 제대로 이행되고 있는지 등에 대한 달성 여부를 평가한다.

버밍햄시 의회는 적절한 수준으로 성과를 달성하고 있다. 시의회는 중 · 단기 우선순위 목표를 달성하기 위한 진척을 보이고 있으며 지역

주민들의 평판도 나아지고 있다. 시의회는 매우 높은 수준의 열망 또는 목표를 가지고 있으나, 이런 열망들은 충분하게 결과 지향적이지도 못하고 지속적으로 도전적이지도 못하다. 현안의 행정수요들을 충족할 구조와 과정 및 자원이 있지만, 시의회는 버밍햄시와 그 주변 광역지역이 미래에 부닥칠 기회와 도전에 응전할 수 있기에는 부족하다. 특히, 평등과 다양성 이슈를 다루는 접근방법이 수시로 변한다는 문제가 있다. 시의회가 많은 노력을 기울인 결과 실패한 행정서비스 분야에서는 많은 진척이 있지만, 아직 개선되어야 할 분야가 많이 남아 있다. 시의회는 아직 설정된 목표를 탁월하게 달성하기에는 아직 많은 여정이 남아 있다.

높은 수준의 열망은 '지역전략(Community Strategy)' 에서 시의회와 함께 할 파트너들과 합의를 얻었다. 그러나, 어떻게 결과가 달성될 것인가에 관해서는 불분명한 점이 있고, 목표를 어느 정도까지 도전해야 하는지에 대해서도 가변적이다. 이것은 효과적으로 측정 가능한 결과를 어떻게 정의하고, 높은 수준의 목표를 전달하기 위한 행동방안을 어떻게 설정하느냐에 관한 기본적인 전략이 다르기 때문이다. 성과가 좋지 않은 행정서비스를 개선하겠다는 데 초점을 둔 점은 좋으나, 시의회는 실질상 행정서비스를 아주 탁월하게 제공하는 것이 무엇을 뜻하는지에 관해 명확한 견해를 가지지 못하고 있다. 어떤 행정서비스는 '흑인과 소수민족 출신이 차지하는 비율(BME : Black and Minority

Ethnic)' 을 개선하기 위한 명확한 목적을 가지고 있지만, 다양성과 평등성에 대한 전반적인 통합 접근방법은 매우 약하다. 파트너와 공동으로 일을 한다는 접근방법은 LAA[147]에 기초한 공동작업을 통해 많이 개선되고 있다. 그러나, 장기적인 과제를 충족하기 위해 파트너와 함께 작업함에 있어 시의회의 리더십은 덜 효과적이다. 아울러 시의회는 지역에서 문제점들을 해결하기 위한 적절한 지역사회 리더십을 아직 제공해주지 못하고 있다.

단기적인 우선순위는 보다 명확하고 이런 단기적인 과제는 파트너와 공유를 하며 시의회 의원, 시성부 직원이나 다른 이해관계인 등이 이해하고 있다. 중기 및 장기적인 우선순위는 결과 지향적이지 못하고, 현재의 우선순위조차도 지역의 필요성을 충분하게 평가한 결과라고 할 수 없다. LAA에 입각한 진일보에도 불구하고 전반적인 우선순위를 달성가능하게 하는 과정을 보면 아직 충분히 효과적이라 할 수 없다. 이는 우선순위 이행을 위한 프레임워크가 불완전하고 충분하게 초점을 맞추고 있다고 할 수 없다. 국가의 단기적인 우선순위와 지방의 단기적인 우선순위 사이에는 균형이 잘 유지되고 있으며, 이런 우선순위에 따

147) LAA(Local Area Agreement)는 중앙정부와 지방정부간 협상을 통해 맺은 계약으로 매 3년 단위로 갱신되며, 그 계약에는 특정 지역에서 우선적으로 해야 할 일과 이런 과제들은 어떻게 파트너들과 해결할 것인지를 담고 있다. 계약은 통상 4가지 서비스에 초점을 두고 있는바, 1) 아동 및 청년, 2) 보다 안전하고 강한 지역사회, 3) 보다 건강한 지역사회와 노인들, 4) 경제개발과 기업 등이 그것이다.

라 자원이 배분되고 있다. 개발 우선순위 사업 등에 대한 지역사회의 참여를 보면 어떤 지역에는 양호하지만 지속적이지 못하고, 통합 우선순위는 버밍햄시를 구성하는 지역사회의 다양한 필요성을 충분하게 다루지 못하고 있다.

시의회가 발휘하게 되는 지역사회의 리더십은 약하다. 시정에 참여하는 다양한 파트너들이 시의회에 대해 가지는 견해는 매우 다양하다. 몇몇 파트너들은 시의회의 역할에 대해 긍정적인 견해를 가지고 있지만, 많은 주요한 파트너들은 시의회가 진심으로 효과적인 파트너십이 가능하도록 하기 위해 파트너들과 함께 작업하는데 충분히 전념하고 있지는 않다고 느끼고 있다. 총체적으로 정치적이고 관리적인 리더십이 부실하여 공평과 다양성에 대한 통합적인 접근방법을 전하는데 있어 효과적이지 못하다. 특히, 시의회가 지역사회의 응집력을 제고하기 위한 접근방법은 느리게 진행되어 왔고 지역사회와 다른 주요한 이해관계자의 참여를 적절하게 유도하지 못하였다.

시의회 내에서는 정치적이고 관리적인 리더십은 보다 효과적이었다. 정치적인 관리는 성공적으로 수행되어 연립 정당과의 관계를 잘 관리하고 있다. 내각과 시의회 의원과 합동 작업을 효과적으로 수행하고 있으며, 시의회 내 조사 분과위원회간의 관계도 원만하게 잘 이루어지고 있다. 어떻게 하면 경영상의 기법들이 시정부에 사용되어 효율성을 제고하는데 관심을 집중할 수 있는지에 관한 관리상의 리더십도 분명히 존재하고 있다. 시의회는 적절한 VFM을 전하고 있으며 더 진척된 개선향상을 이루기 위한 우선순위도 명확하게 설정하고 있다. '경영전환 프로젝트(The Business Transformation Project)'는 행정의 과정과 서비스를 보다 효과적이게 할 기회를 제공하고 있다.

버밍햄시 의회는 그의 능력 및 성과 관리에 있어 많은 진척이 있어 지금은 적절한 관리기제를 갖추고 있다고 판단된다. 의사결정과 위험관리를 위한 과정은 효과적이지만, 몇몇 도전해야 할 과제가 파트너 내에 남아있다. 시의회는 단기 우선순위를 전달하는 데 필요한 인적자원과 ICT(정보 및 의사전달 기술 : Information and Communication Technologies) 및 예산 등을 가지고 있으나, 보다 장기 전략 능력은 한계를 보이고 있다. 시의원과 공무원들에 대한 역할과 책임은 분명하고 실질적으로 잘 하고 있다. 포괄 성과관리 프레임워크는 제 자리를 차지하고 있으며, 이 프레임에 시의회 의원, 관리자 및 개별 직원들이 적절히 참여하고 있다. 시의회도 기능적으로 잘 작동되고 있으며, 그 결과 행정서비스 향상은 분명히 있다. 다른 서비스와 수 많은 파트너십 분야에서는 성과관리의 영향이 분명하지 않다. 최근에 적절히 성과를 막 내기 시작하는 몇몇 서비스를 아주 탁월한 서비스로 변환하는 데 직면하는 작업의 크기에 관한 현실감이 결여되어 있다.

국가 우선순위를 전달하는 것과 지역적으로 합의된 우선순위를 전달하는데 있어 적절한 균형을 유지하고 있다. 시의회가 정한 우선순위 계획에서 평균이하의 성과를 나타낸 서비스 분야에서 성과 개선은 확실히 이루어졌다. 예를 들면, 아동에 대한 사회보장 서비스와 주택 서비스는 부적절한 것으로 외부평가를 받았다가 2006년에는 최소한 요구수준을 충족한 것으로 평가를 받았다.

환경은 보다 깨끗해졌고 지역경제는 안정적이다. 그러나 시 중심가를 벗어난 지역들은 아직까지 지속적인 도시재개발이 필요하고, 주택시장의 활성화가 미흡하고 교통과 쓰레기 관리 등의 분야에서의 성과는 더 약해졌다. 버밍햄 지역에서 전반적인 범죄와 범죄로부터의 공포는 줄어들고 있다.

도시 내에 지역마다 다소의 차이는 있지만, 버밍햄 시의회와 파트너들은 아동과 청소년을 위한 서비스는 좋은 결과를 달성하고 있다. 대부분 아동과 청소년들은 건강하고 안전하게 보여진다. 대부분 위험에 처한 아동과 청소년들은 적절하게 보호되고 있다. 교육의 성취도도 양호하고 개선되고 있다. 그러나 시의회의 전반적인 전략이 제대로 이행되지 않고 있는 중요한 분야가 있다. 건강분야에서는 평균이하의 평가를 받고 있으며 건강의 공평성도 좋지 않은 실정이다. 노인이나 저소득층과 같은 사회적 약자에 대한 건강 개선은 진척이 느리다. 노인들의 독립성을 촉진하기 위한 접근방법은 약하다. NHS와 공동 작업은 강화되었지만, 시의회는 지역민의 건강상태를 개선하고 노인들의 건강수요를 충족하기 위해 필요한 종합적인 전략적 접근방법이 아직까지 없다.

3 통합평가 결과 개선할 분야 및 종합 점수

먼저, 버밍햄시 의회는 분명하고도 도전적인 합동 장기 비전을 파트너들과 공유하여 개발할 필요성이 강하게 요구된다. 지역 사회와 이해관계인들 또한 시의회와 파트너들이 지역사회를 위해 달성하고자 하는 개선향상의 정도를 이해할 필요가 있다.

보다 분명하게 결과에 초점을 맞춘 개발과 보다 포괄적이고 효과적인 지원 전략이 이 도시와 주변 지역의 미래를 위해 매우 중요하다. 몇몇 주요한 부분에서는 총체적인 전략 접근의 부재로 인해 보다 나은 결과를 낳게 하는 개선향상 노력이 한계를 보이고 있다. 시의회와 파트너들의 규모와 복잡성을 고려할 때 체계적이고 잘 조정된 접근방법은 매우 중요하다. 모든 것에 우선하여 전략적인 개발이 요구되는 분야는 1) 건강의 불공정성(health inequalities), 2) 노인들의 필요를 충족(meeting the needs of all older people), 3) 직원들과의 의사전달과 자문 등을 포함하는 인적자원 관리(human resources management including communication and consultation)라고 할 수 있다.

시민들 구성의 성격을 고려할 때(인종 및 종교의 다양성 등) 공정성과 다양성 분야에서 버밍햄 시의회가 앞장서서 이끌어야 한다. 현재의 통합적인 접근방법은 검토되어져야 할 필요가 있다. 특히, 시의회는 다음과 같은 일을 합동으로 할 필요가 있다.

첫째, 버밍햄 지역사회에 참여하여 그들이 필요로 하는 것이 무엇인지를 더 낫게 파악하기 위해 노력해야 하고,

둘째, 지역사회의 응집력을 높이기 위한 접근방법이 의미가 있게 하기 위해 지역사회, 파트너 및 다른 이해관계인을 확실하게 끌어 들이도록 해야 하며,

셋째, '지방정부에 대한 공평 기준(Equality Standard for Local Government)' 의 충족여부를 파악하여 얼마나 많이 진척이 있었는가를 알기 위해 현실적인 평가를 하고 성과가 미약한 부분에 대하여는 수정을 위한 행동을 취해야 하고,

넷째, 시 직원과 행정서비스에 대한 공평성을 파악하는 체계를 보다 확고히 구축하도록 하여야 한다.

많은 주요 파트너들은 버밍햄시 당국과 함께 일하는 데 대해 부정적인 견해를 피력하였다. 시의회는 파트너들과 더 밀접해져야 하고 솔직한 토론을 해야 한다. 파트너들의 관심사를 일단 이해하게 되면 시의회는 파트너와의 일을 보다 효과적으로 수행할 수 있게 된다.

버밍햄 시의회는 모든 활동분야에 있어 목표를 탁월하게 달성하기 위해 요구되는 것에 대해 비현실적으로 이해하고 있다. 따라서 시의회

는 현재의 상대적인 성과에 대하여 보다 확고한 평가를 할 필요가 있으며, 보다 높은 수준의 성과를 달성하기 위해 무엇이 요구되는 지에 대해 보다 현실적인 이해를 할 필요가 있다. 위와 같은 평가결과를 점수로 나타내면 다음 표와 같다.

표 : 2006년도 버밍햄시에 대한 통합평가 결과

<table>
<tr><th>주요 질문</th><th>주제</th><th>점수</th></tr>
<tr><td rowspan="2">파트너와 함께 시의회가 달성하고자 하는 바가 무엇인지?</td><td>야망(ambition)</td><td>2</td></tr>
<tr><td>우선순위(prioritisation)</td><td>2</td></tr>
<tr><td rowspan="2">달성하고자 하는 바—파트너와 함께 일하는 것을 포함하여—를 전달하는 시의회의 능력은 어떤지?</td><td>능력(capacity)</td><td>2</td></tr>
<tr><td>성과관리(performance management)</td><td>2</td></tr>
<tr><td>무엇을 달성하였는지?</td><td>달성(achievement)</td><td>2</td></tr>
<tr><td>통합평가 종합점수</td><td></td><td>2</td></tr>
</table>

위에서 통합평가 결과 종합점수가 2인 것은 '최소한의 요구수준만을 충족(at only minimum requirements)' 하여 '적절한 성과(adequate performance)' 를 달성했다는 평가이다.

4 버밍햄시의 목표 및 성과

1) 야망(Ambition)

버밍햄 시의회가 야망부분에서 이룬 성과는 적절하다고 할 수 있다. 높은 수준의 야망의 설정이 주요한 이해당사자 간에 합의를 보았지만, 단순히 열망하는 수준에 그쳤고 항상 측정 가능한 결과에 초점을 맞추지 못하였다. 야망이 얼마나 도전적이고 이해관계자들로부터 얼마나 지지를 받고 있는가는 장소와 시기에 따라 가변적이다. 서비스의 질이 떨어지는 부분에 대하여는 개선하려는 데 명확한 초점을 두고 있지만, 모든 행정서비스의 질을 최고의 탁월한 수준으로 달성하기 위해 필요한 보다 넓은 목표를 두고 있는가에 대해서는 명확하지가 않다. 주요한 행정 파트너와 참모들은 높은 수준의 열망을 소지하고 있으나, 보다 자세한 야망에 대해서는 덜 분명하다. 지역의 필요성을 이해하는 데는 확고한 믿음이 있으나 지역사회의 참여는 가변적이다. 시의회는 지역적이고 국가적인 도전과제들을 처리하는데 있어 효과적인 리더십을 발휘하고는 있지 못하다.

버밍햄 시의회는 지역과 지역사회를 위한 장기적인 야망은 가지고 있으나 이런 야망도 명확한 결과를 달성하는 데 충분히 초점을 두고 있지는 못하다. The Birmingham Community Strategy 2005-2010은 장기 비전을 잘 담고 있는바, 이 비전 속에는 모든 지역의 주민들이 번영으로부터 혜택을 받을 수 있는 '활기찬 도시 마을(vibrant urban villages)'을 내용에 담고 있고 버밍햄시가 국가 경제 및 국제 경제에서도 중요한 역할을 수행할 것이라는 내용을 담고 있다. 이런 전반적인 비전은 주거환경이 양호하고 안전한 도시와 같은 9개 주제별로 이루어져 있고, 이런 주제는 이전의 전략과 큰 범위에서 서로 일치하고 있다. 또한 시의회는 지역사회와 시민들과 이미 합의를 본 가치들을 증진시키기 위한 계획도 가지고 있다. 이 전반적인 비전은—비록 아동 및 청소년과 같은 부분에서는 명확하고 도전적인 결과물을 가지고 있지만—구체적인 수단이 결여된 열망 수준에 머물고 있고, 결과에 대한 명확한 그림이 없다는 문제점을 안고 있다. 그러나, 노인들의 독립성을 강화하기 위한 전반적인 전략이나 측정 가능한 결과물을 설정하지 못하는 등 다른 부분에서는 이런 명확한 전략이 설정되어 있지 못하고 도전적인 결과물을 산출하기 위한 접근방법이 약한 것으로 판단된다. 최근에는 LAA의 발전을 통해 단기 및 중기 목표를 관계자간에 합의를 보는데 진척이 있었지만, 이런 진척이 장기적인 비전으로 발전되지는 않았다. 이런 측정 가능한 결과물을 설정하기 위한 장 · 단기 목표 간의 불일치로 인하여 행정 파트너와 공유된 목표를 개발하는 것을 방해하고 있고, 이로 인해 지역민들에게 실체적인 혜택을 전달하기 위해 행정 파트너와 함께 작업할 수 있는 시의회의 능력을 감소시키고 있다.

야망은 지원 전략을 어떻게 짜느냐에 따라 매우 다르게 전개되고 보강된다. 아동 및 청소년을 위한 계획과 건강 불공평 해소 계획 등과 같은 몇몇 지원 전략은 명확하고 견고하다. 그러나, 다른 전략은 반사회적인 행태를 교정하기 위한 전반적인 전략이 없고 쓰레기 관리를 위해 적시에 작성된 전반적인 전략의 부재 등으로 인하여 덜 견고하다고 판단된다. LAA에 포함된 중기 목표를 지름길로 전달하기 위해 파트너와 마련한 여러 제도적인 장치는 견고하다. LAA 파트너는 명확한 목표와 책임을 가지고 있으며, 행정서비스의 전달을 위한 장치를 적소에 마련하고 있다. 하지만, 단기 내지 중기 목표와 장기 목표 간의 불일치는 야망의 전달에 있어 효과성을 감소시키고 있다.

시의회는 질이 떨어지는 행정서비스를 개선하기 위해 명확한 초점을 두고 있지만, 실질적으로 모든 행정서비스에서 전반적으로 탁월하게 목표를 달성하는 것이 무엇인지에 관하여 명확하지 않다. 아동에 대한 사회보장 및 주택 서비스와 같이 이전에는 행정서비스의 질이 떨어진다고 확인된 서비스를 개선할 목적으로 단기적으로 개선향상을 기하는 데는 초점을 잘 두고 있다. 이런 서비스는 서비스의 수혜자에게 명확하게 전달되었다. 그러나 시의회 의원과 공무원들은 장기적으로 아주 좋은 결과를 가져오는 것이 어떤 것인지에 대하여 명확하고도 공유된 이상적인 모습을 가지고 있지는 않다. 이런 결과 어떻게 하면 합의된 목표를 달성할 것인가에 대해 시의회 의원과 공무원들이 제대로 인식하지 못하고 있다. 이런 주인정신의 결여로 인해 장기적으로 성과를 성공적으로 달성할 가능성은 작아진다.

야망이 얼마나 도전적이냐는 버밍햄시 내부적으로 다양하다. 어떤 분야에서는 야망이 상당히 잘 설정되어 있다. 예를 들면, 학교에서의 학업성취에 관한 열정은 매우 높고 달성 가능한 목표를 잘 설정하고 있다. 그러나 다른 분야에서는 이런 열망이 낮다. '버밍햄시의 전략 파트너십(BSP)' 은 만장일치로 전반적인 근로자의 질을 NVQ[148] 2 단계 이상이 많이 되도록 하려는 목표 설정에 대해 합의를 보았지만, 설령 이 목표를 달성한다 하더라도 버밍햄시에 미래에 생겨날 일자리를 채울 수가 없을 만큼 목표 설정에 열정이 부족하다는 문제점을 안고 있다. 아울러, 중기적으로 쓰레기 관리 분야에 있어 재활용 목표는 자치단체에게 최소한의 수준인 법적 요구 수준만을 충족하고 있다.

버밍햄시의 비전을 대중에게 알리기 위해 먼저 해야 하는 일은 지역의 수요를 얼마나 잘 분석하고 이를 비전에 반영하느냐가 관건이다. 이런 분석에는 당해 지역의 인구구성에 있어서의 분포 특성 및 각종 통계

148) NVQ(National Vocational Qualifications)는 영국의 잉글랜드와 웨일즈 지역에서 평가와 훈련을 통해 달성된 개인의 능력을 체계화한 것으로 제일 낮은 1 단계부터 제일 높은 5단계까지 있다. 1단계는 단순 반복적인 일을 하는데 필요한 자질을 갖춘 경우에 주어지며, 5단계는 석박사 학위 소지자 등 관리자로서의 자질을 갖추었다고 판단되는 경우에 주어진다. NVQ 2단계는 단순반복 업무에서 한 단계를 넘어 다소 복잡하고 일상적이 아닌 업무가 주어지며 어떤 경우에는 개인에게 다소의 자율성과 책임을 부여하며, 팀의 구성원으로서 타인과의 협조업무가 종종 요구 되는 수준의 능력을 말한다.

분석을 파트너와 함께 수행되고 이런 분석을 통해 지역사회 발전 전략과 각종 지원 계획이 수립된다. 지역에서의 행정수요를 파악하기 위해 각종 회의를 개최하거나 시민 패널이나 초점 집단을 운영하기도 하며 조사분석과 수요 감사를 하기도 하는데 이 수요파악이 야망을 결정하는데 일관되지 않고 (다소 衆口難防 식으로) 다양한 충격을 주고 있다. 이것은 다시 말하면 시의회가 자신이 설정한 비전이 지역사회의 다양한 의견과 수요를 충분히 반영하고 있다고 할 수 없다는 것이다.

몇몇 행정서비스는 더 나은 버밍햄 지역사회를 위한 명확한 목표를 가지고 있지만, 전체적으로 통합적인 접근은 약한 편이다. 학교에서 학생들의 성취도 제고를 위한 노력은 좋은 결실을 맺고 있고, 특정 집단을 목표로 한 프로젝트를 통해 발전이 뒤처지는 지역에서 실업자의 수를 감소시켰다. 그러나, 버밍햄 시의회는 버밍햄시를 다양하고 포용하는 시로 조성함에 있어 버밍햄시의 다양한 지역사회의 참여를 효과적으로 유도하지는 못하였다. 지역사회의 응집력을 제고하기 위한 관리적이고 정치적인 리더십은 매우 빈약하다. '지역사회 단결 전략(The Community Cohesion Strategy)' 은 우선순위에 있어 매우 중요한 전략임에도 최근에서야 작성되었고, 그마저도 다양한 지역사회의 참여나 파트너들의 적절한 참여 없이 작성되었다. 버밍햄 지역사회와의 효과적인 대화는 초기단계에 불과하다. '공평성 충격 수요평가(Equality Impact Needs Assessments : EINAs)' 를 하여 기관 전체적으로 일치되고 일관되게 모니터링 하는 것이 부족하여 버밍햄시의 執行局이나 시의회의 인종평등위원회 등에서 달리 접근하고 있고, 근로자에 대한 평등 모니터링도 법에서 정한 기준을 충족하지 못하고 있다. 이런 평등과 다양성 이슈에 대한 통합적인 접근방법의 빈약함을 보면 버밍햄시가 지역사회의 긴장과 응집력 강화 문제를 적절하게 다루지 못함을 알 수 있다.

버밍햄시의 주요한 파트너와 직원들은 높은 수준의 열망에 대해 적절하게 공유하고 있지만 야망에 대해 구체적으로 들어가면 다소 불분명하다. 시의 행정 파트너들은 지역사회 전략에서 나타난 높은 수준의 열망에 대해 이해를 하고 적절한 수준의 주인의식을 가지고 있다. 2006년도에 BSP는 9개 주제의 지역사회 전략 중 4개에 대한 접근방법을 논의하였지만, 이것은 효과적이지 못하였고 결과도 좋지 않았다. 이런 이해의 부족으로 인해 어떻게 행정서비스를 지역에 잘 전달하여 지역화 하느냐에 대해 통일된 의견 없이 중구난방 식으로 의견이 반영되었다. 시의회 의원, 공무원 및 행정 파트너들은 현존의 지역화 과정의 성공여부 또는 이런 지역화 과정을 다른 행정서비스에의 확대여부에 대해서도 다른 견해를 가지고 있다. 시의회는 이 부분의 발전에 필요한 명확한 정책 목표 설정을 위해 아직까지 효과적으로 대처하지 못하고 있다. 이렇게 앞으로 취해야 할 정책이나 목표로 나아가는 접근방법에 대하여 일치된 의견이 결여되면 빈약한 결과를 낳을 수밖에 없다.

시의회는 지역과 국가적인 도전과제들을 다룸에 있어 효과적인 리더십을 발휘하지 못하고 있다. 시의원은 자신의 지역구와 행정서비스 전달에만 초점을 두는 경향으로 인해 보다 광범위한 지역에 미치는 이슈나 역할에 대하여는 관심이 덜하거나 손해를 주는 경향이 있다. 몇몇 전략적인 파트너는 시의회의 리더십에 만족하기도 하지만, 많은 경우에는 그러하지 않다. 선거구를 벗어나 보다 넓은 범위의 이슈를 다루는 파트너들은 버밍햄시가 앞으로 나아감에 있어 시의회가 필요한 지도력을 발휘하고 있다고는 생각지 않고 있다. 이 결과 버밍햄시 지역의 발전은 제한적일 수밖에 없다.

2) 우선순위(Prioritisation)

버밍햄 시의회가 이룬 성과는 지역적인 특성을 감안하면 적절하다. 단기적인 우선순위는 분명히 설정되어 있으나, 중 · 장기 우선순위는 제대로 개발되지 않았다. 국가적인 우선순위와 지역적인 우선순위간의 균형도 대체로 유지하고 있지만, 부분적으로는(특히, 다양성과 평등성 이슈에 대해서는) 지역적인 평가 결과만을 반영하고 있기도 하다. 우선순위는 자원을 배정함에 있어 적절히 활용되고 있다. 우선순위를 설정함에 있어 지역사회의 참여는 일관되지 못하고 있다.

2006년도부터 적용될 버밍햄시의 계획을 보면 3가지의 큰 주제 아래 10대의 우선순위가 있는바, 이를 나열하면 다음과 같다.

버밍햄시의 10대 우선순위

- 투자의 증가(investing in improvement)
  - 자원을 효과적이고 융통성 있으며 상황에 대응하여 관리하고,
  - 공무원들이 설정된 목표에 맞는 조직을 만들 수 있도록 투자하고
- 행정서비스의 개선 : 모든 분야에서 탁월한 성과를 거두겠다는 열망을 담아 (improving services : aspiring for excellence in all our services)
  - 아동, 청소년, 가족 및 성인을 위한 행정서비스 성과를 제고하고
  - 주택 서비스의 성과를 거양
- 활기찬 도시마을로 된 도시 만들기(a city of vibrant urban villages)
  - 보다 깨끗하고, 푸르며 안전한 도시를 만들고, - 재개발을 위해 투자를 하고
  - 도시 교통실태 개선 및 교통 혼잡에 대처하며, - 멋지고 환영하는 도시를 만들고
  - 보다 효과적으로 교육과 레저 기회를 제공하며, - 국제적인 도시로 향상시키기 등

시의회의 각종 계획은 이런 우선순위를 반영하여 작성되어진다. 대부분 실행 계획은 2006/07 회계연도에 완성될 계획이지만, 소수의 일부계획은 그 이후에 작성될 것이다.

높은 수준의 우선순위는 국가적인 우선순위이자 지역사회 전략에 있어서 높은 열망을 뜻하지만 우선순위가 높을수록 일반적으로 결과 지향적이 되지 않는다. 지역사회 전략에서의 열망은 시의회 계획의 10가지 우선순위를 통해 구체화되고 이는 집행국장별 계획으로 이어지고,

국장별 계획은 구의회 계획으로 이어지고, 구의회계획은 다시 팀별 계획으로, 팀별 계획은 다시 개인별 작업 계획으로 이어진다. LAA에서 설정된 목표는 일반적으로 결과 지향적이다. 그러나, 견고한 총괄 장기 비전이 없어서 버밍햄 지역사회가 가지는 야망을 단기목표, 중기목표 및 장기목표로 구체화하지 못하고 있으며, BSP는 아직까지 합의된 지역전략 이행계획을 가지지 못하고 있다. 이것을 다시 말하면 합의된 계획에 대해 확신이 결여되어 있고, 버밍햄시정부가 지역주민들을 위해 하고자 하는 바를 하면 어떤 차이가 발생하는 지에 대해 명확하지 않음을 말한다.

우선순위를 결정함에 있어 중장기적인 사항들을 충분히 고려하지 않는다. 시의회의 우선순위는 시의회의 계획을 발전시키는 과정의 일부분으로 1년 단위로 재검토되고 있다. 2006년 이후의 계획을 보면 2006/07 회계연도가 종결되고 난 뒤에 전달될 행동계획은 극소수가 있고, 이 계획이 실질적으로 다루게 될 시기에 관해서는 불확실하다. 현재의 우선순위는 합리적으로 이전의 연간 우선순위와 LAA에서 설정된 우선순위와 일치하고 있지만, 우선순위가 이해관계인 간에 합의를 보려면 장기적인 프레임워크가 명확해야 하는데도, 이 명확한 프레임워크가 없어 미래의 수요를 반영한 계획을 효과적으로 세우지 못하고 있다.

우선순위를 설정함에 있어 지역사회와 행정서비스 이용자들의 참여가 일관되게 적용되지 않고 있다. 예를 들면, 지역사회의 안전이라는 분야에는 지역의 전략계획을 위한 우선순위를 설정함에 있어 지역민들의 참여가 이루어졌지만, 2006년 지원자 프로그램(다양한 범위의 주택서비스에 대해 자금을 지원하는 등의 프로그램)의 우선순위를 설정하면서는 서비스 이용자의 참여가 매우 빈약했다. 지역사회와 서비스 이용자의 참여가 필요하다는 인식은 시의회도 하고 있고 우선순위도 지역민들의 관심사를 점차 반영하고 있다. 우선순위를 지역화하고 이전하는 과정을 통해 시의회는 지역사회의 우선순위를 통합하여 체계적인 행동으로 만들어 행정서비스의 전달을 하고 있다. 그러나, 위와 같은 일관성의 결여를 보면 모든 우선순위가 지역적인 필요성을 충분히 반영하고 있지 못하고 있음을 알 수 있다.

시의회 의원, 공무원 및 지역 주민들은 현재의 우선순위를 잘 인식하고 이해하고 있다. 시정부의 집행부에 책임을 물을 때는 우선순위가 중요한 기능을 한다. 즉, 설정된 우선순위와 달리 행정업무를 집행하면 책임을 물을 수밖에 없다는 것이다. 우선순위에 대해서는 여러 경로를 통해 다양한 사람들이 논의를 한다. 예를 들면, 지도력 시현(Leadership road show), 목적이 분명한 모임(targeted meeting), 직원용 잡지 및 내부 통신망 글 등의 '내부 목소리(Inner Voice)' 등이 그것이다. 시의회의 우선순위는 일반적으로 지역사회 계획에서 나타난 야망을 반영하고 있다. 다양한 미디어를 활용하여 일반대중과 다른 주요한 이해관계인과 '보다 깨끗하고, 보다 푸르며, 보다 안전한 버밍햄' 을 위한 우선순위에 대해 의사소통하고 있다. 이런 결과 최근 시민들의 만족도 조사를 보면, 2004년에 33%에서 2006년에는 56%로 증가되었다. 이런 우선순위의 이해를 통해 시의회는 지역주민들에게 보다 더 잘 대응하고 보다 중요한 문제에 초점을 맞추도록 하고 있다.

시의회와 파트너들은 단기간 우선순위에 대해 공감하고 있고 이 우선순위 시책을 시민들에게 전달하는 메카니즘에 대해서도 잘 공감하고 있다. 시의회는 최일선 창구에서 이루어지는 행정서비스를 통합하여 서로 지원하도록 하였다. 예를 들면, 최일선 행정기관에서 이루지는 다양한 기관의 업무를 통합함으로써 범죄율을 낮추었다. 도둑을 맞은 집을 지도에 표시를 하고 도둑이 많이 발생하는 지역에 사는 사람들에게는 도둑을 맞지 않는 방법을 알려줌으로써 범죄율을 급격히 감소시키고 있다. 이런 방법은 효율적이고 지역사회에 신뢰를 증강시키고 있다.

통합전략과 재정전략은 행정서비스 전달 프레임워크 내에서 연계되어 있다. 최근 중기계획의 과정에 있어서의 개선이 이루어지고 난 뒤, 시의회는 향후 3년간 재정계획과 우선 추진할 분야를 선정하였다. 시의회는 투자를 우선적으로 할 분야를 명확히 하여 우선순위가 떨어지는 분야의 예산을 우선순위가 높은 분야로 옮기는 작업을 하였다. 이리하여 2006/07회계연도에는 2,840만 파운드를, 2007/08 회계연도에는 5,390만 파운드를, 2008/09 회계연도에는 6,540만 파운드의 예산을 효율성 절약과정을 통해 조정된 우선순위 시책 등에 투자되었다. 아동에 대한 사회보장, 환경적인 청소 및 도시 재개발 등과 같은 부분에 자원을 우선적으로 배분하기 때문에 이 부분에 있어 개선향상이 있었다. 아울러, 성과가 잘 나타나지 않는 주택 및 양호한 주거환경 개선 프로그램에 대한 추가적인 자금 투입과 같은 부분에도 우선순위의 조정으로 많은 개선향상이 있었다(주택과 투자 같은 부분은 이전에는 만족하지 못하는 부분으로 평가를 받았으나 최근에는 정부의 기준에 근접하고 있다). 비용에 관한 자료를 사용함으로 인해 시의회는 행정서비스에 우선순위를 부여하여 각종 계획의 효율성을 제고하도록 하고 있다.

시의회가 설정한 우선순위 중 몇몇은 인종, 종교 등 다양성 이슈를 다루는 것과 관련이 있음에도, 이 우선순위는 충분히 자세하지 않고 충격을 확실하게 줄 만큼 목표를 분명히 정하지도 않았다. 시의회는 취약계층의 아동과 성인을 위한 서비스를 개선하고 저소득층의 주거환경을 개선하고 지역사회의 인간관계를 개선하는데 우선순위를 두었다. 그러나 이런 높은 순위의 시책들은 저소득층 주거지역에서 필요로 하는 것들을 다루기 위한 시의회 계획에 반영되지 않았다. 시의회는 '지방정부用 평등기준[149)](Equality Standard for Local Government)' 의 레벨 3를 달성하기 위해 평등 충격 평가를 우선적으로 실시하였다. 이 결과 취약계층이 필요로 하는 것이 무엇인가를 확인하고 서비스의 개선을 이루는 데 도움이 되었으나, 이런 평가의 품질에 있어서는 일관성의 부족으로 인해 충격이 제한적이 되었다.

3) 능력(Capacity)

버밍햄 시의회는 적절하게 성과를 이루고 있다. 의사결정과 위험관리 과정은 효과적이다. 시의회는 인적자원과 ICT를 가지고 있으며 단기적인 우선순위를 전달할 도구인 예산을 가지고 있지만, 전략적인 장기 능력을 보면 단기 능력 보다 제한적이다. 공무원들의 자문, 의사전달과 통합적인 인적자원 관리계획 등은 존재하고, VFM에 대한 접근방법은 적절하고 시의회의 조직문화를 개선하려는 노력은 지속되어 왔다. 능력을 제고하기 위해 파트너십을 이용하여 낮은 단계부터 개선되고 있으나, 몇 몇 파트너들은 효과적으로 작동되지 않고 있으며 이것은 역으로 현재의 야망을 달성하고자 하는 시의회의 능력에 영향을 미치고 있다.

의사결정을 위한 과정은 명확하고 효과적이다. 시의회의 집행내각은 보수당과 자유민주당의 연정으로 구성되어 있다. 시의회의 의장은

149) 이 기준은 영국에서 2001년도부터 도입하여 현재까지 운영하고 있는 제도로 지방정부에 있어 연령, 장애여부, 성별, 인종, 종교 또는 신념, 성적인 경향 등 6가지에 있어 차별을 금지하도록 하고 있다. 이 기준에 따르면 6가지 수준으로 지방정부를 평가를 하는데, 가장 높은 것이 레벨 5이고 가장 낮은 것이 레벨 0이다. 이 평가는 의무적이 아니지만 지방정부의 90%가 실시를 하고 있으며, 이 제도는 the Commission for Racial Equality, the Disability Rights Commission, the Equality Opportunities' Commission 등이 파트너십을 형성하여 운영하고 있다.

(leader) 보수당 출신이 하고 부의장은 자유민주당이 하고 있다. 의사 결정과정은 투명하고 연정하는 2개 당간의 관계는 원만하다. 공무원과 시의회 의원은 그들의 역할과 책임에 대해 분명하게 인지하고 있고, 권한 위임과 프로토콜이 적절하게 되어 있다. 이 결과 시의회는 우선순위를 달성하는데 진척이 있었다.

내부적인 위험관리에 대한 시의회의 접근방법은 잘 개발되어 있다. 시의회 부의장(Deputy Leader)이 위험관리 운동을 펼치고 있고, 위험을 평가하고 기록하며 완화하는 과정들은 시정부 전반에 걸쳐 체화되어 있다. 위험은 지역의 기초 선거구 단위에서 기록되고 시의회의 위험관리 네트워크를 통해 보고가 된다. 통합적이고 부분적인 위험 기록은 잘 유지되고 있다. 연간 예산은 포괄적인 위험평가를 받도록 되어 있으며, 확정된 예산을 보면 충격 평가와 발생가능성과 아울러 주요한 위험을 알 수 있다. 이런 장치를 통해 재정적인 목표를 달성하고 예산의 효율성을 제고하여 절감하려는 시의회의 노력에 도움을 주고 있다.

파트너십을 통한 위험관리 접근법은 효과적이지 못하다. 주요 파트너십 내의 위험에 대해 체계적으로 검토되지 않고 있다. 파트너십을 강조한 BSP는 초기 단계에 지나지 않고 LAA를 전달하는 과정에는 위험이 포함되어 있는데 이 위험에 대한 인지도를 제고하려는 노력은 최근에서야 완성되었다. 2005년에 BSP의 재검토를 맡은 정밀조사위원회(Scrutiny Committee)는 잠재된 논쟁을 해결하기 위한 프로토콜이 더 강화될 필요성이 있다는 의견을 제시하였다. 이런 의견이 받아들여져 지금은 공식적인 보완작업이 진행 중이다. 주요한 결과물을 전달하기 위해 시의회가 파트너십에 많이 의존하기 때문에 파트너십과 연계된 위험은 시간이 갈수록 더 중요해지고 있다. 시의회는 최근 파트너십을 형성하여 위험 관리 프레임워크를 만드는 데 비록 동의는 했지만, 현재 위험이 제대로 평가되고 완화되고 있는지에 대해서는 아직 만족할 만한 수준이라고 할 수는 없다.

윤리적인 프레임워크는 적절하게 관리되고 있지만, 평등과 관련하여서는 문제점이 있다. 평등과 관련된 시의회의 기준위원회의 의장은 어느 정당에도 소속되지 않는 독립적인 인사이고, 동 위원회의 8명 위원 중 3명이 독립적인 인사로 구성되어 있다. 동 위원회는 모니터링 하는 공무원에 의해 지원을 받고 있으며, 공무원행동강령과 관련하여 책임을 명확하게 알 수 있도록 하고 있다. 시의회 의원의 행동강령은 일반적으로 양호한 편이고 공무원에 대한 행동강령도 효과를 발휘하고 있다. 그러나 평등과 관련하여 시의회에서 조사한 바에 따르면, 직장 내에서 차별과 성희롱 등과 같은 문제에 대해 효과적으로 대처하고 있다고 느끼는 공무원들의 숫자는 2004년에 비해 2006년에는 많이 줄어들었다. 이것을 보면 시정부 내에서 제도적으로 윤리적인 기준은 잘 확립되어 있으나, 시의회가 다양성과 평등성에 대하여 접근하는 방법에 대해서는 불만이 공무원 내에 존재함을 알 수 있다.

VFM을 확립하기 위해 접근하는 방법은 적절하다. 미래에 행정서비스를 개선하기 위해 소요될 자원을 제공하기 위해서는 예산절감이 필요한바, 어떤 부분에서 절감이 가능한지를 확인하는 지침은 명확하게 잘 설정되어 있다. 명확한 관리 리더십을 통한 '경영전환계획(The Business Transformation Project)'으로 인해 시정부의 조직 문화도 바뀌고 있으며, 공무원들로 하여금 시의회의 고객들이 필요한 부분에 초점을 맞추도록 하는 문화도 발전되고 있으며, 성과를 제고하겠다고 인식하는 공무원의 비율도 점차 늘고 있다. VFM을 확보하기 위한 현재의 장치는 외부감사관에 의해 최소한의 요구조건만을 충족하고 있는 것으로 평가되고 있다. 자원을 효과적이고, 융통성 있게 그리고 제대로 반응하면서 관리하는데 우선순위를 명확하게 설정하고 있다. 2005/06회계연도부터 2007/08회계연도 사이에 1억 3,750만 파운드의 예산절감을 기하려는 계획이 현재 진행 중이다. 이 계획은 매년 수정되고 있으며 시의회의 연간예산과 중기 재정계획에 있어 없어서는 안 될 부분이 되었다. 시의회 의원은 성과 그룹이나 효율성 그룹 및 생산성 그룹 등을 통해 참여를 하고 있으며, 시의회의 효율성 담당 부서는 '통합재정국장(The Director of Corporate Finance)'이다.

인적자원 계획 및 관리에 대한 접근은 나아지고 있지만, 전략적인 접근방법은 아직 취약하다. '경영전환(Business Transformation)'은 인적자원의 능력을 제고하기 위한 계획을 개발하고는 있으나, 아직 초기단계에 불과하고, 장기 전략계획상 시의회 의원들의 능력을 개발하는데 있어서 나타난 약점을 수정하지는 못하고 있다. 몇몇 인적자원 계획은 양호한 것으로 판단되나 아직까지 전략적으로 통합된 접근은 없는 실정이다. 여성과 BME(Black and Minority Ethnic, 즉 흑인과 소수민족 출신) 출신이 상위 5% 소득자에서 차지하는 비율을 보면 양자 모두 전국 평균보다는 높다. 시의회 관리자들을 위한 지도력 개발 계획은 적절하게 되어 있으나, 시의회 의원들을 위한 계획은 최근에서야 도입되었다. 이것은 역으로 야망을 전달할 시의회의 능력에 영향을 미친다.

발병수준(sickness levels)은 적극적으로 관리되고 있지만 아직도 높은 수준이고 개선하고자 하는 목표도 별로 높지 않은 수준에 그치고 있다. 발병수준을 낮추려는 노력이 있고 난 뒤 이루어낸 성과를 보면 발병기간이 근로자당 평균 10.2일에 달하고 있으나, 이 또한 다른 시와 비교하여 높은 수준이다. 그러나 대도시 시의회와 비교하면 가장 성과가 높은 것으로 간주된다. 지속적인 개선이 부족하다는 말은 성과를 더 높일 기회를 놓쳤다는 뜻이 된다.

시의회의 우선순위 설정에 관련된 시정부 내의 의사소통은 효과적이지만 보다 많은 사람들을 대상으로 하여 자문을 구하거나 직원들의 참여를 넓히는 것은 가변적이다. 의사전달 문제에 대해 많은 직원들은 효과적이라고 느끼지만, 시의회가 2006년에 자체적으로 실시한 조사결과에 의하면 2004년 이래 직원들은 자신들에게 자문을 구하고 의사전달 실태에 대해 상당히 만족하지 않은 것으로 나타났다. 노동조합은 조직의 관리자들과 의사소통하는 것이 빈약하고 의사전달 통로도 비효과적이라 느끼고 있다. 시의회는 의사전달을 적절한 수준에서 하고 있으며 미리 계획된 모임을 고위관료가 적절하게 참석하고 있다고 느끼고 있다. 이런 인식의 차이는 앞으로 추진해야 할 조직 변화와 발전의 어려운 과정에 직원들을 참여시키는 데 장애가 되고 있다.

능력을 강화하기 위해 파트너십을 형성하여 조금씩 개선되고 있다. 지난 12개월에 걸쳐 BSP는 '좋지 못한 성과(poor performance)'에서 '적절한 성과(adequate performance)'로 개선되고 있다. 건강 및 복지 파트너십은 NHS와 관계를 증진시키고 버밍햄 지역의 건강상의 불공평성을 공동으로 인식하는데 기여를 하였다. 시의회는 야망을 전달하는데 필요한 능력을 지속적으로 가지고 이 능력을 제고하는 것이 필요하다고 인식하고 있다. 시의회는 이런 우선순위가 높은 시책의 달성을 지원할 수 있는 파트너십에 예산을 투입하고 있다. 예를 들면, 시의회는 LAA를 발전시키기 위해 리더십을 발휘하고 '명백하고 투명한 협치 장치(clear and transparent governance arrangements)'를 마련하는데 노력하고 있다. 이런 노력을 통해 계획된 결과를 낳을 수 있는 능력이 배양되는 것이다.

시의회는 조달구매를 하면서 전략적인 접근을 하고 이를 더 개선하기 위해 노력을 하고 있다. 조달담당부서(CPA : Central Procurement Service)는 조달활동에 대해 감시감독을 한다. 원활한 조달행정을 위해 약 1,000명의 직원들이 교육을 받았다. 시의회 의원들도 '경영전환프로젝트(Business Transformation Project)' 를 통해 적절하게 관여를 하고 있다. 2005/06 회계연도에 Gershon 효율(첨부 11 참조)과 현금화할 수 있는 절감액을 계획하였다.

통합 행정서비스 전환 프로젝트를 통해 2006/07 회계연도에는 760만 파운드, 2007/08 회계연도에는 960만 파운드를 절감하기로 하였다. 시의회는 사무용품 같은 것을 전자경매제도를 이용하여 공급함으로써 2005/06 회계연도에 170만 파운드를 절감한 바 있다.

버밍햄 시의회의 중기 우선순위를 달성하기 위한 재정능력은 충분하다. 자산상태에 관한 자원 평가 자료를 보면 시의회는 최소요구조건을 충족하고 있다. '동등한 보수 요구(equal pay claims)제도' 를 운영함에 따라 발생하는 비용을 충당하려고 하면 심각한 재정적인 위험이 있어 동 제도는 현재 재검토 중에 있다. 수석재무관(CFO)은 버밍햄시의 일반적인 재정보유고(general reserve)를 2006/07 회계연도에 1,090만 파운드 수준을 유지해야 하고, 이 수준은 점차 증가하여 2009년 3

월말에는 1,390만 파운드 수준을 유지해야 한다고 권고하였다. 외부감사관은 이런 실태에 대해 만족하다는 의견을 제시하였다.

시의회 의원과 관리직 공무원들의 능력은 현재의 수요를 충족할 만큼 적절하지만, 장기 전략적인 수요를 해결하는 데는 다소 제한적이다. 시의회 의원에게 요구되는 주요한 집행 역할, 정밀 조사 역할 및 규제 역할을 수행할 능력은 적절하다. 관리 및 인사관리 능력은 충분하여 합의된 단기 우선순위를 시책화하여 시민들에게 전달할 수 있으며, 이런 능력은 행정서비스의 분권화 과정을 통해 시정부의 하위단위에서 많이 높아졌다. 앞에서 확인한 바와 같이 중 · 단기 야망과 장기 야망 사이에 벌어진 격차를 보면 현재의 버밍햄시의 능력이 당해 지역에서 장기간에 걸쳐 발생하는 행정수요를 충족하기에는 충분하지 않음을 알 수 있다.

통합적인 ICT 능력은 충분하고 '봉사하는 버밍햄(Service Birmingham)'이라는 합동 벤처(Joint Venture)를 통해 통합적인 ICT 능력은 더 제고되었다. 이 합동 벤처 회사는 시의회의 모든 경영전환(business transformation) 활동에 관여를 하고 감독을 하고 있다. 이 벤처회사는 시의회가 이전 연도에 단편적으로 ICT에 접근한 것을 교정하도록 하고 있고, 사기업에서 활용하는 전문지식을 활용하는 능력을 제고하고 있다.

시의회는 E-Government를 제대로 활용하여 지역사회가 필요로 하는 것에 잘 대응하고 있다. E-정부는 어느 지역의 인터넷 활용도가 낮으며 개선향상을 위해 어느 부분에 목표를 둘 것인지를 확인하였다. '디지털 버밍햄 파트너십(Digital Birmingham Partnership)'을 형성한 이래 변화의 속도는 증가하였다. 자세하게 세부적인 작업은 각 지역의 전략 파트너십에 의해 관리되고 성공적인 결과가 도출되기도 했다. 예를 들면, 동사무소에 자원봉사자를 활용하여 지역주민들에게 비공식적이고 접근이 쉬운 훈련을 제공하고 있다. 이런 노력을 통해 디지털 시대의 불공평성을 감소시키는데 기여하고 있다.

4) 성과관리(Performance Management)

버밍햄 시의회가 성과 부분에서 이룩한 업적은 적절하다. 버밍햄시는 유익한 정보를 제공해주는 성과관리 프레임워크를 잘 개발하였다. 이 프레임워크는 몇몇 서비스 분야에서 개선을 이루었으나 시 업무 전반에 걸친 영향은 아직 일관성을 결여하고 있다. 시의회 의원은 성과 모니터링에 긴밀히 관여하고 있으며 대부분 시직원들은 그들의 개인적인 행동이 어떻게 통합 우선순위를 전달하는 데 기여하는가를 잘 이해하고 있다. 파트너십에 있어 성과 관리는 가변적이다.

성과관리 프레임워크는 지역사회 전략(Community Plan), 시의회 계획(Council Plan), 집행 국단위 계획(directorate plans), 서비스 계획(service plans) 및 개인별 계획(personal plans) 등 관련되는 계획들 간이 명확하게 연계되도록 한다. 시의회 계획은 10가지 통합 우선순위와 114개 행동계획의 개요를 설정하는데, 이런 우선순위와 행동계획은 局 단위 계획과 서비스 계획으로 분화된다. 관리자들과 다 그런 것은 아니지만 대부분 시정부 직원들은 그들의 행동이 더 높은 서비스와 통합 목표에 어떻게 기여하는 지를 이해하고 있다. 그러나, 통합 계획과 서비스 계획이 개인별 계획으로 연계되는 새로운 과정이 이행되는 형태는 일정하지 않고 수시로 변동한다. 이 결과 목표가 일관성 있게 설정되지도 않고 개인별 평가도 더 어렵게 된다.

성과 보고는 적시에 그리고 투명하게 이루어지고 있다. 내각과 집행관리팀(Executive Management Team)에 대하여는 분기별로 보고를 하고, 집행국장들 관리팀에게는 월별로 보고를 하는바, 이런 보고에는 성과가 낮은 부분에 대한 대안을 제시함과 아울러 목표대비 성과를 포함한다. 이런 보고과정을 통해 시의회 의원과 시의 고위 관리자들은 市가 달성한 성과를 이해하는데 필요한 정보를 얻게 된다.

공개적인 토론과 건설적인 도전의 문화는 명확하게 보이는데 여태껏 이런 문화가 변화에 미친 영향은 미미한 것으로 보인다. 시의회의 부의장은 시의 고위관리가 성과 미달 내용과 이를 수정할 수 있는 방안 등을 보고하는 성과 재검토회의를 주재한다. 국장들로 구성된 성과 위원회에는 다른 국에서 나온 동료 공무원도 포함된다. 예를 들면, 아동 보호 업무를 다루는 아동서비스 성과 평가 위원회에는 상급기관에서 추천한 사회운동가도 포함된다.

시의회가 운영하는 정밀검토 과정은 양호하게 작동되고 있으나 결과는 별 성과가 없다. 정밀 재검토 위원회는 주요한 재검토 사항을 하고, 재정 보고와 성과 모니터링 보고를 받으며, 재검토 결과 권고 사항의 이행을 추적한다. 예를 들면, 교육 및 평생 학습 담당 정밀 재검토 위원회는 전년도의 이행 실적에 대해 매년 12월에 보고를 받으며, 이 보고를 받기 전에 이행실적이 저조한 사항에 대해 모니터링을 하고 관련 집행부의 간부는 실적이 저조한 이유를 설명하여야 한다. 정밀 재검토 보고서는 자세하고 유익하다. 조정위원회는 시의 사무총장과 부의장으로부터 매년 보고를 받으며 이런 보고과정을 계획 대비 진척의 정도를 통해 리더십을 점검하는 기회로 삼는다. 정밀 재검토 과정을 통해 많은 당사자들이 성과에 대한 인식을 새롭게 하게 되었으나 지역 주민을 위해 결과를 도출한 사례는 별로 없다. 형평성과 다양성 이슈는 정밀재검토 위원회의 실무 프로그램에 체계적으로 다루어지지 않았다. 이 말은 이 중요한 분야에서 의원회가 충분하지 않게 재검토를 하고 있음을 의미한다.

시의회는 성과의 개선향상을 위해 적절하게 외부 평가를 받기도 하고 제3자의 도전을 받기도 한다. 시의회 부의장은 중앙정부 관리 및 높은 성과를 이룬 2개의 다른 시의회 소속 고위관료를 포함하는 모범위원회를 개최한다. 이 위원회는 특정 시책이 시행되고 난 뒤 단지 12개월만 지나서 개최하는 등 너무 조기에 개최를 함으로써 동 시책의 충격에 대한 평가를 할 수 없다.

효과적인 성과 관리를 통해 몇몇 서비스 분야는 개선이 되었으나 시의회 모든 분야 전반에 걸쳐 일관된 것은 아니다. 아동 사회 보장 및 주택 분야는 2년 만에 0 star에서 1 star로 향상이 되었다. 양 분야 모두 앞으로 개선될 전망이 있다고 한다. 재검토를 적절하게 잘 활용하면 성과의 개선이 이루어지는데, 예를 들면 청소년 서비스 조직에 대한 보조금에 대한 재검토는 보조금이 우선순위와 직접 연계되도록 하고 이 결과 가장 중요한 서비스에 자금이 증가된다. 그러나 인적자원 개발 서비스는 체계적으로 성과에 대해 재검토되지 않았고 선거구 단위에서 이루어지는 서비스에 대한 성과관리 접근방법은 가변적이다. 결과적으로 시의회는 모든 서비스에 대해 검토가 되고 서비스 우선순위에 기여를 하고 있다고 확신할 수 없다. 이런 깊이 있는 검토의 부재로 인해 성과관리 프레임워크에 주는 전반적인 충격은 감소된다.

파트너십의 성과관리는 낮은 단계에서 점차 개선은 되고 있으나 아직까지 일관되게 효과적이지는 못하다. 지역사회 전략(Community Strategy)을 위한 이행 프레임워크 초안은 불완전하고, BSP에 의해 채택되지도 않았으며 성과 감독을 위한 수단으로서는 약한 편이다. LAA에 대하여 성과 관리를 하는 명확한 프레임워크가 있지만 아직 초기단계에 지나지 않는다. 시의회는 BSP를 지원하기 위하여 헌신적으로 일하는 성과 관리 전담 직원들을 파견하였고 LAA 성과 관리 책임을 시의회에서 BSP 의사회에 위임하였다. 이 결과 우선순위를 전달하는 파트너사이에 책임을 공유하게 되었다. 각 사업담당 이사회에 성과 정보가 규칙적으로 보고되고 있으며 예외적으로 BSP에 보고가 되고 있으나 아직까지 이런 보고 과정을 통해 성과가 개선되는 충격효과가 있다는 증거는 나타나지 않고 있다. 예를 들면, 서중부 지방 계획 및 교통 소위원회(West Midlands Planning and Transport Sub-Committee)는 주요한 자본적 지출 사업을 월 단위로 모니터링하고 있으나, 다른 위임을 주거나 지역적인 목표는 '지역 교통 계획(Local Transport Plan)' 상에 월단위로 보고를 하도록 하고 있음에도 연간단위로 보고를 하고 있을 뿐이다. 이런 상황을 보면 파트너십이 합의된 목표를 이루기 위해 철저하게 감독되고 있다는 확신을 할 수 없다.

성과에 관한 정보는 파트너 간에 효과적으로 공유되고 있으나 이것도 일관되지 않다. 시의회는 몇가지 중요한 정보체계를 가지고 있는바, 이 정보 체계는 마을 단위까지 성과에 관한 자세한 정보를 포함하고 있다. 이 정보는 낙후되어 우선순위가 높은 11개 선거구(wards)에서 LAA 목표를 모니터링하는 것과 같이 낙후된 지역에 초점을 맞추고 있다. 이런 정보로 파트너를 지원하는 데는 적극적이다. 예를 들면, 시의회는 New Deal for Communities 시책의 파트너인 Aston Pride에 마을단위의 실업자 현황을 지도에 표시한 것의 변동에 관한 것과 같은 정보를 제공하고 있다. 시의회가 시민들의 자발 조직에 위임을 함으로써 서비스를 이용하는 사람들에 대한 정보를 제공할 수 없는 분야인 성인에 대한 사회보장 같은 분야에서의 정보공유는 효과성이 떨어진다.

지방정부의 인식도와 효율성을 제고하는 것이 목적인 벤처마킹은 효과적으로 사용되지 않고 있다. 시의회는 역사적으로 성과가 양호한 시의회를 집단화하거나 대도시 시의회와 성과를 비교하여 왔다. 이런 선택적인 접근방법을 보면 버밍햄시는 단 한 번도 최고의 성과를 낸 시의회와 비교를 한 적이 없다는 뜻이 된다. 이런 지적에 대해 시의회는 버밍햄시가 워낙 커서 다른 조그만 시의회와 비교하기가 어렵고 이런 비교를 한다는 것 자체가 현실에 맞지 않다는 견해를 가지고 있다. 최근 버밍햄시는 다른 대도시와 함께 VFM을 달성한 지역을 지도상에 표시를 하기 시작하였지만 이것도 아직 계획이나 목표에의 변화로 이어지지는 않았다. 이것은 다시 말하면 성과를 개선하기 위한 기회가 제한되어 있으며 시의회는 종종 우수한 성과가 버밍햄시를 위해 어떤 의미를 가지고 있는지에 대한 확고한 견해를 가지지 못하고 있다.

행정서비스 이용자와 공무원들은 효과적으로 성과관리에 기여를 하고 있다. 시정부의 주택부는 임대주택 검사계획을 수립하여 운영하는 바, 이 계획에 따르면 자발적인 임차인이 빈 집을 검사하여 이 집이 재임대를 하기 전에 최소한의 기준은 충족하는지를 검사하고 있다. 이 계획을 통해 임차인에게 주거할 만한 조건을 갖춘 주택을 제공하고 있다는 확신을 준다. 시정부의 各局이나 선거구는 이용자 집단을 가지고 있다. 통합적인 수준에서(개별적으로 자문을 구하지 않는다는 의미임) 차기 연도의 통합계획의 우선순위를 알려주고 자문을 받기 위해 지역주민들에 의한 패널을 운영하고 있다.

시의회는 1년에 두 번 각 가정에 배달되는 회보를 통해 시의회가 이룬 성과에 대해 보고를 하고 있으며, 성과 보고서는 시의회의 웹사이트에서도 볼 수 있다. 시정부 공무원을 대상으로 한 조사결과에 의하면 대부분 시공무원들은 성과 측정을 위해 목표가 명확하게 설정되어 있으며 이런 목표는 관리자에 의해 재검토되고 있다고 한다. 이해 관계인의 효과적인 참여는 행정서비스의 개선향상에 기여할 가능성을 높이고 있다.

시의회는 행정서비스 이용자에 대하여 불만 고충 처리 시스템을 운영하고 있으나 이 시스템은 성과를 제고하기 위해 광범위하게 사용되고 있지는 않다. 예를 들면 불만고충 처리 시스템을 통해 노약자를 위해 집까지 식사 배달을 하는 것이 지연되는 데 대하여 체제를 재조직하고 시정부 소유 주택에서의 가스 수리를 위한 계약자를 변경하는 등의 개선조치가 이루어졌다. 어떤 행정서비스는 전반적인 패턴으로부터 학습을 하지 않고 개별적인 불만에 즉시 대응하고 있다. 행정서비스 이용자와 불만 내용에 관한 정보는 이 분야에서 효과적인 모니터링을 할 수 있도록 하기 위해 일관되게 기록되어져야 하나 버밍햄시는 그렇게 하지 못하고 있다. 결과적으로 행정서비스 이용자의 필요에 따라 행정서비스가 발전되지 못하고, 시의회가 다양한 모든 지역사회 사람들이 필요한 것들을 제공하고 있는지도 모르게 된다. 시정부의 사무총장은 고객의 의견을 듣는 것의 중요성을 인식하여 분기별로 各 局별로 가장 흥미를 끄는 3가지 불만 이슈를 보고받고 있다.

5) 달성(Achievement)

(1) 개황

시의회는 국가 및 지역의 우선순위를 달성하는데 있어 적절하게 성과를 내고 있다. 성과가 좋은 분야도 있고 가장 성과가 저조한 지역은 최근에 개선이 이루어졌다. 몇몇 주요한 지역에서의 전반적인 성과는 아직까지 상대적으로 저조한 것으로 머물러 있다.

시의회는 시의회가 열망하는 '모든 서비스 분야에서의 탁월함(excellence in all our services)' 을 달성하기에는 아직 갈 길이 멀다. 성과 지수는 다양한 모습을 나타내고 있다. 2004/05 회계연도에 잉글랜드 지역에 다른 시의회와 비교하여 BVPIs(Best Value Performance Indicators)의 47%가 평균 이상이었고, 54%는 평균 이하였다. BVPIs 중에서 상위 25% 내에 들어있는 시의회와 비교하여 이들의 23%에 지나지 않고, 하위 25%와 비교하여도 23%에 지나지 않는다. 시의회는 주택과 아동의 사회보장 서비스를 잘 이행하여 성과를 잘 받아 부적절하다는 평가에서 적절하다는 평가를 받았다. 그러나 이런 서비스를 최소한의 요구수준에서 탁월한 수준으로 변경하면서 시의회가 직면하는 과업의 크기에 관한 인식이 부족하다. 사회적 약자들을 위한 서비스에 대한 접근성과 삶의 질을 개선하는 데 있어서는 어떤 것은 진척이 있는 반면 어떤 것은 진척이 없다. BME 서비스 이용자들에게 제대로 서비스를 하여 결과가 좋게 도출되었고, 이런 서비스를 접근하는 데 있어 공정성과 다양성을 제대로 반영하기 위한 통합적인 노력이 부족하여 시정부의 집행국장들의 노력만으로 달성되었다.

시의회의 통합적인 프레임워크와 재정적 프레임워크 및 서비스 계획 프레임워크는 적절하며, 이런 프레임워크는 단기 우선순위 분야에서 더 나은 결과를 달성하는 데 초점을 두도록 하고 있다. 대부분 서비스 우선순위와 서비스 결과는 서로 연계되어 있고, 이렇게 연계된 결과 특정 서비스에서 개선향상이 이루어졌다. 이런 개선향상은 특히 성과가 빈약하였던 서비스분야에서 가장 분명하게 드러났다. 성과관리가 더 좋게 개선됨으로써 서비스의 개선향상이 촉진되었으나, 지역주민들을 위해 일관되게 좋은 결과를 도출하려면 아직 갈 길이 멀다. 우선순위를 공유한 많은 분야에서 단기 및 점진적인 서비스 개선향상은 적절하지만, 많은 분야에 걸쳐 전반적으로 전략적인 접근노력이 부족하여 개선변화가 이루어질 정도가 작아지게 된다. 최근의 몇몇 개선에도 불구하고 주요한 파트너십에서 지속적으로 나타난 취약점으로 인해 더 이상의 진전에 장애가 되고 있다. 전략 능력상의 이런 취약점으로 인해 시의회와 시의회의 파트너들이 지역주민들을 위해 지속적으로 좋은 결과를 도출할 수 있는 정도가 약해지고 있다.

지속가능한 지역사회와 교통 분야에 있어 지역주민들을 위한 결과의 달성은 복합적이다. 환경은 보다 깨끗해졌고 지역경제는 안정적이다. 도심지를 벗어나 있는 지역사회는 아직 도시 재개발로 인해 발생하는 혜택을 지속적으로 보지 못하고 있으며, 주택시장을 개발하고 지속가능한 교통과 쓰레기 처리 분야에서 성과는 다른 분야보다 약하다. 효과적인 파트너십이 자리 잡고 있으며 버밍햄시 지역에서의 범죄는 일반적으로 감소하고 있다. 그러나, 시의회가 총체적인 전략 접근방법을 제대로 개발하지 않아 취약한 부분이 있다.

버밍햄 지역에 사는 주민들은 전국 평균적인 건강 상태보다 악화되어 있고 건강 진료 등에 있어 높은 수준의 불공평성이 있으며, 이런 문제점을 개선하는 속도는 느린 편이다. 시당국과 NHS의 합동 작업은 많이 강화되었으나 이런 노력의 결과는 아직 명백하지 않다. 시의회는 지역 주민들의 건강을 증진하기 위해 필요한 총체적인 전략 접근방법을 아직 가지고 있지 못하다. 이와 유사하게 노인들의 건강 수요를 충당하기 위한 총체적인 접근 전략이 없으며, 취약한 노인들의 독립성을 지원하기 위한 행정서비스들 간에 심각한 차이점이 존재한다(즉, 노인들의 독립성을 지원하기 위한 서비스 중에서 어떤 서비스는 시정부가 많이 지원하고 어떤 서비스는 시정부의 지원이 거의 없는 등 격차가 크다는 이야기임). 비록 버밍햄시 내부적으로 많은 편차가 존재하지만, 전반적으로 아동과 청소년을 위해서는 좋은 결과가 도출되었다. 대부분 아동과 청소년들은 건강하고 안전하게 보인다. 위험에 처한 대부분 아동과 청소년들은 보호를 받고 있다. 교육에 있어서도 성과가 양호하며 개선되고 있다.

(2) 지속적 발전 가능한 지역사회와 교통(sustainable communities and transport)

버밍햄 지역을 보다 깨끗한 지역으로 만들기 위하여 노력한 결과 좋아지고 있으나, 시지역을 더 푸르게 하는 데 있어서는 성공적이라 할 수 없다. 역사적으로 도심 중앙부에는 인상적인 개선이 이루어졌으나 시 중심부를 벗어난 지역에는 덜 개발되었다. 주택시장에 대한 관리 분야의 성과는 낮은 수준으로부터 벗어나 개선되고 있다. 지역경제는 합리적으로 성과가 잘 이루어지고 있으나 시의회와 파트너들에게는 아직 심각한 도전과제가 남아 있다.

전반적으로 계획과 관련된 야망은 관계자간에 공유가 되고 있으며 파트너 조직과도 손을 잡고 진행하고 있다. '지역공간전략(The Regional Spatial Strategy, 이하 RSS라 칭함)' 은 '시의회의 단일개발계획(Council's Unitary Development, 이하 UDP라 칭함)' 과 목표를 공유하고 있다. 버밍햄 UDP 2005는 신축 주택을 재개발 단지 내에 짓는 비율을 82%로 정하였고 이로 인해 76%의 신축 주택이 재개발 단지 내에 짓는 실적을 달성하는데 기여하였다. RSS는 개개발 단지 내에 신축주택의 94%를 짓는다고 목표를 설정하였다. 2003/04 회계연도 이래 재개발 단지 내에 신축 주택을 완공하는 비율이 RSS 목표를 초과하였다.

시의회는 도심 재개발을 위해 민관 부분의 파트너들과 효과적으로 일하고 있으나 결과는 초기 단계에 불과하다. 시의회는 재개발의 초점을 도심지를 벗어나 도심외곽 지역까지 확장할 필요가 있다는 인식을 하게 되었다. 이런 재개발 지역의 확장을 위한 노력이 점차 나타나고 있으며 몇몇은 성공적인 결과를 도출하기도 했는바, 예를 들면 Castle Vale 주거단지의 재개발을 들 수 있다. 그러나 전반적으로 많은 시외곽 지역에는 재개발을 더 절실히 추진할 필요가 있다는 점은 명백하다.

시의회는 인구 증가를 위한 계획에 파트너들과 적절하게 작업을 하고 계획은 아직 초기 단계에 지나지 않는다. 주요한 파트너들과 함께 버밍햄시는 인구 증가의 필요성을 공동으로 인식하게 되었다. 2006년

3월 관계기관 모임(multi-agency summit)이 있었고 2006년 11월에도 비슷한 모임이 개최될 것이다. 자세한 인구 증가 및 예측 계획이 마련되고 있으나 이 또한 초기 단계 수준에 지나지 않고 주택이나 교통 및 도시재개발과 같은 부분의 계획에 연계되어 반영되지 않고 있다.

시의회는 지역경제를 발전시키기 위해 파트너들과 적절하게 노력 하고 있으나 버밍햄 지역의 근로자의 기술수준과 국가 전체적인 근로자의 수준과의 격차를 아직 많이 좁히지 못하고 있다. 지역의 경제 및 사업 파트너들은 시의회와 파트너를 맺어 일하는 것의 효과성에 대해 부정적인 견해와 긍정적인 견해가 공존하지만 부정적인 견해보다는 긍정적인 견해가 많다. 버밍햄 지역의 실업률은 전국 평균보다 높고 평균 소득도 상대적으로 낮다. 시의회는 2005년에 Longbridge에 소재한 자동차 제조 공장의 폐쇄에 영향을 받아 근로자들을 지원하기 위해 다른 사람들과 공동 노력을 잘 하고 있다.

이용 가능한 주택에 대한 수요를 충족하고 주택 수요가 낮은 지역에는 수요를 증가시키기 위한 노력을 한 결과 낮은 수준에서 점차 개선되고 있으나 아직까지 지역의 수요를 적절하게 충족시키지는 못하고 있다. 버밍햄시는 2003년에 주택 수요 조사를 실시하였는데 그 결과 2004/05 회계연도와 2008/09 회계연도 사이에 15,905 채의 이용 가능한 주택이 필요한 것으로 나타났다. 2004/05 회계연도 중에는 680

채의 주택이 완공되었고 다음 회계연도에는 1,172 채의 주택이 완공되었다. 2006/07 회계연도에는 이용 가능한 신축 주택이 증가하리라 기대하고 있다. 그러나 기대했던 이용 가능한 주택의 공급을 위한 명확한 계획은 아직도 없으며, 현재의 주택 공급율을 감안하면 목표연도에 주택의 수요를 충당할 수 없다. 이용 가능한 신축 주택의 순증가율을 35%로 잡았는데 이 수치 달성을 위해 적절히 모니터링 되고 있지 않다. 주택시장을 새로이 개선하고자 하는 노력은 처음 시초에는 별 성과가 없었으나 최근에는 많이 좋아지고 있다. 시의회는 협치(governance)를 위한 각종 제도적인 장치를 개선하고자 Sandwell MBC와 공동작업을 하고 있지만, 아직도 해결되지 않은 심각한 문제점들이 남아 있다. 버밍햄에 거주하는 많은 사람들은 균형화된 주택시장에 의해 그들의 주택수요를 충족할 수 없다는 점이 충격적이다.

시의회가 직영하는 주택서비스는 '탁월함에 대한 열망(aspiring for excellence)' 이라는 우선순위와 부합하는 기초단계로부터 개선되고 있지만, 진척률을 보면 여건 등에 따라 다양하다. 시정부의 주택국(The Housing Directorate)은 역사적으로 보면 항상 성과가 좋지 않은 자리였지만, 지금은 상당한 성과를 내고 있다. 서비스 계획은 개선향상을 나타내고 있으며 최근 중앙정부(Government Office)는 버밍햄시의 주택전략을 목적에 맞는 것으로 평가한 바 있다. 2005년에 감사위원회는 시의회의 주택 수리 및 보수 서비스를 평가하여 괜찮은 것으로 평가하였다(그 이전에 실시한 2번의 평가에서는 결과가 안 좋은 것으로 나타났음). 2006년에 감사위원회는 평가결과 어떤 분야는 좋아졌고 어떤 분야는 좋지 않은 것으로 파악하였다. 진척이 이루어진 부분은 '주택기준(Decent Homes Standard)'을 충족하고 있다. 보수 및 유지의 몇몇 부분은 개선되었으나 다른 부분은 악화되었다. 주택 구입의 근접성, 주택 수요자에 대한 배려 및 다양성과 형평성 부분에서 이루어진 발전을 보면 좋은 결과도 있고 나쁜 결과도 있다. 이것은 달리 말하면 주택부분의 행정서비스는 최소한의 기준은 충족하고 있으나 지속적으로 양호한 성과를 향한 진척은 느리다고 할 수 있다.

지역의 환경을 유지하는데 있어 성과는 좋아지고 있다. 시의회는 깨끗한 환경에 대한 지역주민들의 관심을 잘 반영하고 있으며, 이를 위해 우선순위로 정한 행정서비스의 질을 높이려고 노력하고 있다. 지역 환경에 대한 주민들의 만족도는 2004년의 59%에서 2006년에는 71%로 많이 높아졌다. 길거리 불법 낙서 제거 등의 서비스를 하면서 지역적 특색을 살리고자 하는 시도를 통해 서비스의 질이 개선되기 시작하고 있다. 길거리의 불법 부착물, 불법 투기 쓰레기 및 불법 길거리 벽 낙서 등은 신속히 제거 되고 있으나 이 지역에서의 성과는 전국 평균보다 낮다. 이런 개선향상을 보면 깨끗함에 대한 우선순위를 설정하여 노력한 결과 지역주민들을 위해 보다 나은 성과가 나타나고 있음을 알 수 있다.

쓰레기 관리 분야에서 성과를 보면 좋은 것과 나쁜 것이 혼재되어 있으며, 개선을 위한 계획은 효과적이지 못하다. 시민 일인당 쓰레기 수거량은 전국 평균이하로 쓰레기 최소화를 위한 성과는 양호하다고 할 수 있으며, 수거되는 쓰레기 양도 점차 줄어들고 있다. 대부분 쓰레기는 소각되어 에너지로 활용되고 있고, 일부 쓰레기는 땅에 매립된다. 그러나, 버밍햄 시의회는 2005/06 회계연도 중 법에 정한 재활용 목표를 충족하지 못하였으며, 이런 재활용 성과는 다른 시의회보다 낮은 수준이지만, 쓰레기로 길거리에 버린 것을 수거하여 재활용하는 가구의 숫자가 증가하고 있다. 시의회는 현재의 전략대로 하면 개선향상을 위해 요구되는 것을 충족할 수 없음을 인식하고 있다. 시의회는 향후 20년간 쓰레기 처리를 위한 전략을 세웠으나 이것은 명확한 장기전략이라기 보다는 임시방편적인 대안에 불과하다. 새로운 전략의 채택도 시기적으로 늦었고, 시의회는 요구된 장기투자 계획을 세우지도 못하였고 이에 관해 이해당사자 간에 합의도 이루지 못하였다. 이것은 시의회가 요구된 재활용 목표를 지속적으로 충족하지 못할 위험이 늘고 있음을 의미한다.

지역의 교통 문제에 대한 성과를 보면 좋은 것과 나쁜 것이 혼재되어 있다. '지역 교통 계획(Local Transport Plan, LTP)' 은 지역의 파트너들과 공동으로 개발되었으며 그 목표도 광역 시의회들의 목표와 우선순위를 고려하여 설정되었다. 전반적인 대중교통 이용률은 2003년 이래 4%가 증가하였지만 버스 이용객은 감소하고 있고 목표를 하회하고 있다. 현재의 계획은 버스를 이용하지 않는 주요 이유를 교정하지 못하였기 때문에 장기적인 하향추세를 반전하기는 어려울 것으로 보인다. 장기적으로 볼 때 교통 혼잡을 줄이기 위해서는 대중서비스를 확장하는 것이 매우 주요하지만, 대중 서비스 이용율은 계획에 미치지 못하고 있다. 이것을 통해 교통혼잡을 감소하려고 하는 목표는 제한된 진척만을 보이고 있음을 알 수 있다.

(3) 보다 안전하고 강한 지역사회(safer and stronger communities)

버밍햄시는 동 지역을 안전한 도시로 만들기 위해 중요한 서비스를 많이 제공하고 파트너들이 노력하여 많은 성과를 거두고 있다. 그러나 시의회의 전략적인 접근방법이 취약한 중요 분야가 다소 있다.

시의회는 지역사회의 안전을 위해 명확한 우선순위를 가지고 있다. 보다 깨끗하고, 보다 푸르며 보다 안전한 도시를 만들고자 하는 것은 시의회가 우선적으로 추진할 시책이고 지역사회의 안전은 LAA의 주요한 테마이다. '버밍햄 지역사회 안전관련 파트너십(Birminham Community Safety Partnership, BCSP)' 은 시의회 사무총장이 의장을 맡고 있다. BCSP는 범죄 감소를 위해 6개의 영역을 설정하였는바, 이 영역은 2004년에 종료된 파트너십에 대한 감사에 대비하고자 설정하였다. 이 6가지 우선적으로 추진해야 할 영역은 6개의 파트너 집단과 공조를 하고 있다. 이 우선순위는 지역사회가 필요로 하는 것을 반영하고 갱들의 폭력을 감소하기 위한 구체적인 우선순위도 있다. 이 우선순위는 시의회의 파트너들과 의견을 들은 다양한 이해관계인이 버밍햄시가 해결해야 할 이슈에 초점을 맞추어 설정되어졌다. 시의회가 주도적으로 노력한 결과 몇몇은 성공적인 결과를 낳기도 했는데, 예를 들면 버밍햄시는 '반사회적 행태 명령의 사용(the use of anti-social behaviour orders[150])' 과 같은 것을 통해 갱 관련 활동을 분쇄하고자 노력하고 있다.

지역의 수요와 지역사람들의 견해에 기초하여 자원을 배분하기 위해서 지역의 전략 파트너들은 광범위한 자료를 사용한다. 환경사범을 보고하고 감소하는 방안 등과 같이 지역 주민 등이 발제한 시책들로 인해 많은 성과가 있었고 이로 인해 지역주민들은 그런 범죄에 관해 덜 관심을 가지게 되었다. 버밍햄 환경 파트너십(Birmingham Environmental Partnership)은 벽 등에 대한 낙서나 문화 예술품에 대한 파괴행위와 같이 눈에 보이는 범죄에 대처하기 위해 설립되었다. 결과적으로 지역주민들은 그들이 지역사회에서 전보다 더 안전하다고 느낀다고 보고한다.

전반적인 범죄수준 및 범죄에 대한 공포감의 수준은 출발 당시에는 상

150) 영국에 있어 '반사회적 행태에 관한 명령(anti-social behaviour orders)' 이란 1998년 '범죄 및 사회무질서에 관한 법률(crime and disorder act 1998)' 에 따라 법원이 정하는 명령을 말하는데, 반사회적 행동에는 이웃 소음, 차량 버림, 낙서, 협박, 구걸 등이 포함된다. 이후 2003년에 반사회 행태에 관한 법률(anti social behaviour act 2003)로 보강되었다.

대적으로 좋지 않은 상태였으나 지금은 많이 감소하고 있다. 강도, 주택 침입 도둑, 차량 절도 등과 같은 범죄는 전국 평균보다 더 빠른 속도로 감소하고 있다. 폭력 및 성범죄는 다소 증가하고 있으나 전국 평균보다는 낮다. 시의회가 지역주민들을 대상으로 한 조사결과에 의하면 사람들은 더 안전한 것으로 나타났다. 그러나 인구 1,000명당 강도발생 건수를 보면 버밍햄 지역은 전국적으로 보아 하위 25%에 포함될 정도로 좋지 않은 상태이다. 시의회는 인종차별적인 사건에 대해 시민들이 관계당국에 보고하여 주도록 격려하고 있다. 2005/06 회계연도에 인종차별 사건의 숫자는 많았으나 시의회는 보고된 모든 사건을 조치를 취하였다.

파트너와의 정보 공유는 효과적이다. 시의회는 광범위한 파트너와 함께 일하며 '범죄 및 사회 무질서에 관한 법률(The Crime and Disorder Act)' 제 17조에 나타난 요구인식의 수준을 향상시키고 있다. 정보는 파트너와 공유하며 '지역 안전 파트너십 팀(Community Safety Partnership Team)' 은 COSMOS(Community Safety Mapping Online System)[151] 시스템에서 얻어진 자료를 이용하여 각 선거구에 대해 제공해 줄 정보를 생산하고 있다. 이 시스템은 자신 전속의 패스워드를 가지고 있는 파트너들도 이용 가능하다. 이런 정보의 공유를 통해 파트너들이 범죄의 추이를 따라가도록 하고 가장 절실한

151) COSMOS 시스템은 시 전역에 범죄 등과 관련된 주요한 자료를 만들면서 파트너십 조직들에게 정보를 전파하고 분석하도록 하기 위해 만들어졌다.

부분에 자원을 배분하도록 하고 있다.

반사회적인 행태(Anti-Social Behaviour, ASB)를 해결하기 위한 프로젝트로 인해 긍정적인 결과가 나타나고 있지만 총괄 전략 접근이 부재하다. '선택 프로젝트(Choices project)'는 반사회적 행태로 인해 시의회가 운영하는 주택에서 퇴거될 위기에 처한 가구들에 초점을 두고 있다. 이 프로젝트의 운영 결과 42명의 주민들이 퇴거의 위험에서 벗어났다. 그러나 주요한 파트너들은 ASB에 대한 통합적인 접근방법이 없다는 점과 시의회내에서 하고자 하는 접근방법도 일관성이 없다는 점에 대해 걱정을 하고 있다. ASB를 감소하기 위해 널리 영향을 미치는 전략이 없으며 이로 인해 이 부분에서 성과를 높이는데 장애가 되고 있다. 개개 ASB 경우를 추적하고 기록하는 시스템은 부실하다. 버밍햄시정부의 ASB 담당 부서에서는 소수민족에 의한 반사회적 행태의 시정같은 경우를 (모니터링하지 않아) 분석할 수가 없으며, 이는 지역사회의 단결을 높이고자 하는 시의회의 야망을 달성하는데 심각한 장애요인이 되고 있다. 총괄 전략이 없다는 것은 자원이 효과적으로 사용되지 못하고 있음을 의미한다.

'마약 퇴치 팀(Drug Action Team, DAT)'의 성과는 개선되고는 있으나 마약 사용을 퇴치하기 위한 총괄전략이 없다. 2005년 1월 이후 BCSP(Birmingham Community Safety Partnership)가 DAT 운

영에 책임을 지며 그 이후 시 전역에 걸쳐 마약 사용을 줄이기 위한 행정 서비스를 개발하였다. 마약 구입의 용이성을 깨뜨리기 위한 계획과 성인 마약 복용자 치료를 위한 계획이 적절하게 마련되었다. 마약 오남용을 막기 위한 초안 계획이 마련되어 있으며 이 초안은 DAT를 위한 프레임워크로 제공된다. '마약 방지 프로그램(Drug Intervention Programme)' 이 마련되어 있고 시의회는 마약을 복용한 경험이 있는 범법자들에게 종합적인 치료를 하기 위해 파트너십(범죄, 건강 관련 파트너 및 자발적 조직 파트너)을 형성하여 일을 하고 있다. 마약방지 프로그램은 빈번하게 약물을 복용한 전력이 있고 그 이외에 다른 우선순위에 해당하는 범법자들을 대상으로 치료를 하며 현재 약 350명의 마약범이 치료를 받고 있다. 그러나 마약사용을 퇴치하기 위한 전반적인 전략이나 이행계획이 적절하게 마련되지 않았고, 그 결과 시의회는 파트너십을 형성하여 일하는 것의 이점을 최대한 누리지 못하고 있으며 우선순위에 초점을 제대로 두지도 못하고 있다.

알코올의 해를 줄이기 위해 효과적으로 노력하였지만 이 분야 또한 총괄전략이 없다. BCSP는 책임있는 음주 문화를 장려하고 있고 시의회는 미성년자에게 알코올을 판매하는 행위를 엄중히 단속하고 있다. 알코올을 줄이기 위해 지속적으로 관심을 두는 것은 알코올이 범죄와 관련되기 때문이며, 특히 시 중심에서의 폭력적인 범죄는 국가적인 차원에서 중요성을 인식하고 있다. 그러나 비록 BCSP가 2006년 5월에 알코올에 의해 야기되는 해를 줄이기 위한 6가지 전략 목표를 확인하고 이 목표는 BSP(Birmingham Strategic Partnership)에 의해 승인을 얻었지만, 시의회는 아직까지 알코올에 대한 전반적인 전략을 최종적으로 마련하지 못하였다. 위와 같은 전반적인 전략의 부재로 인해 알코올 오남용에 대처할 목적으로 보다 원만한 시정부 내 관련 부서 간 협조와 다른 의회 사이에 서로 협조할 기회가 줄어들게 된다.

교통사고로 인한 사회적인 해는 매우 높으나 시의회는 이 문제점에 대처하기 위해 노력하여 많은 개선이 이루어졌다. 광범위한 자료가 이용가능하고 경찰 및 소방과 같은 대도시 의회를 포함하여 주요한 파트너들과 이런 자료를 공유하고 있다. 도로에서 사망하거나 심각한 부상을 입은 숫자를 줄이기 위한 목표가 설정되어 있다. 2005/06 회계연도 중 버밍햄시가 달성한 성과를 보면 도로 교통사고로 인해 사망하거나 심각한 부상을 입은 사람들(아동 포함)의 숫자는 전국적으로 보아 가장 나쁜 4분위에 포함된다(즉, 하위 25%에 포함). 1998년 평균과 비교를 하면, 도로 교통사고로 인한 사상자 숫자는 34.6%가 감소하였고, 이는 전국 평균보다 나은 것으로 나타났다.

소방관서와의 파트너십은 효과적이다. 버밍햄 화재 감소 파트너십(The Birmingham Fire Reduction Partnership)의 철저한 감독으로 소방 서비스 제공에서는 성과를 달성하였다. 위험 지역이 어디인지에 관해 평가 작업이 이루어지고 동네 및 지역 사회에 소방을 위해 필요한 개요가 마련되었다. 마약 및 알코올 관련 사고 자료가 모아지고 문서화되어 COSMOS 데이트베이스에 포함되어졌다. 이런 포괄적인 데이트베이스는 자원의 배분을 하는 데 있어 유익한 정보를 제공해 주고 있다. 주택 화재 사고, 차량 방화 및 다른 거주지에 영향을 미치는 방화 등을 감소시키고자 하는 노력의 성과는 가장 최근 '지역 공공 부분 합의서(Local Public Sector Agreement, LPSA)'에서 계획된 것보다 성과가 더 좋은 것으로 나타났다.

시의회의 비상계획은 효과적이다. 동 계획은 지난 18개월간 발생하였던 주요 사건 사고에 대응하는 정도를 시험함으로써 계획의 탄력성을 시험하였다. 파트너들과 함께 시의회는 Sparkbrook 지역에 2005년 7월에 발생하였던 폭풍에 대처하였으며, 가장 최근에는 시 중심부는 성공적으로 토요일 저녁에 폭풍의 위험으로부터 대피하였다. 비상사태에 대처하는 포괄적인 계획이나 장치가 적절하게 마련되어 있으며 시의회는 지역의 관련 포럼 등에 참여를 하고 있다. 시민비상사태법(Civil Contingencies Act)에 따라 시의회는 비상계획팀의 능력을 제고하였다. 현재는 시의회의 전략 담당국마다 비상계획관련 담당 공무원이 있어 이들이 비상계획 및 사업의 지속성을 위한 장치들에 관한 계획을 수립하고 이들의 탄력성을 테스트하고 있다. 시의회는 적극적으로 사적 영역에 관여를 하고 있고 2006년에 5천개의 비상계획을 지역

상공인들에게 제공하였다. 시의회는 웹사이트를 통해 비상계획 및 사업의 지속성을 위한 장치들을 주민들에게 명확하게 알려주고 있다.

시의회는 몇몇 사업에서 좋은 결과를 낳기도 하지만 지역사회의 응집력을 위한 전반적인 접근방법은 취약하다. '더 안전한 이웃 프로젝트(The Safer Neighbourhood Project)' 는 지역사회 중심의 접근방법과 범죄에 대한 긍정적인 영향으로 인해 전국적으로 알려지게 되었다. 시의회의 조사결과에 의하면, 지역 주민들은 일반적으로 지역의 단결에 대해 긍정적인 견해를 가지고 있는 것으로 나타났다. 2005년에 Losell 지역에 발생하였던 소요사태를 해결하고 그 여파를 최소하기 위해 시의회가 한 역할에 대해 시정부의 파트너들은 (기여를 했다는 시각과 기여를 하지 못했다는 등) 다양한 시각을 가지고 있다. 몇몇 파트너들은 시의회가 소요사태를 잘 다루었다고 느끼기도 하지만 다른 파트너들은 시의회가 초기단계에 당해 지역에 관여를 했었어야 한다고 느끼고 있으며, 시의회는 당해 지역에 깊숙이 내재한 문제를 제대로 다루지 못했다고 한다. 지역사회의 단결을 위한 전략은 2006년 10월에 시의회에 의해 승인을 받았으나 이 전략은 버밍햄시가 직면하는 많은 도전을 고려할 때 수립시기가 늦은 감이 있다. 이 전략을 보면 관련 파트너들을 대상으로 한 의견수렴도 부족하고 지역전략 파트너들의 견해도 전략 수립과정에 고려되지 않았다. 지역사회 주민들이 이 전략에 거의 참여를 하지 않았기 때문에 이 전략의 효과성은 손상되어졌고, 따라서 제대로 지역주민들에게 전달되지 않을 것으로 보인다.

(4) 더 건강한 지역사회(healthier communities)

버밍햄 지역에 사는 사람들은 전국 평균의 건강상태보다 나쁘고 건강형평성에서도 높은 수준의 불공평성이 존재한다. 건강 관련 주요 국가목표에 대비하여 버밍햄 지역의 건강상태의 결과를 개선되는 진도면에서 보면 느리고, 주요한 건강상 불공평성은 나아지기 보다는 오히려 악화되고 있는 실정이다. NHS와의 합동 작업은 상당히 나아지고 있으나 아직까지 개선된 결과가 나타나지 않고 있다. 시의회는 지역주민들의 건강을 증진하기 위한 총괄 전략 접근을 아직까지 마련하지 못하고 있다.

전국 평균과 버밍햄 지역을 주요한 건강 지표를 높고 비교하여 나타난 격차는 지금 좁혀지지 않고 있다. 버밍햄 지역의 남성 평균 수명은 1996/98년 사이에 평균 73.3세에서 2000/04년 사이의 평균 74.3세로 늘어났지만 이 증가는 전국 평균보다는 낮으며, 전국 평균과 버밍햄 지역의 남자 평균 수명의 격차도 시간이 흐름에 따라 더 커졌다(10년 전에는 버밍햄 지역의 남성 평균 수명은 전국 평균보다 1.5년 적었으나, 현재는 그 차이가 2.3년으로 증가). 혈액 순환계 질병으로 인한 사망자수를 1996년과 2004년을 비교하면, 동 기간동안 버밍햄 지역주민들이 경우 인구 100,000명당 166.6명에서 126.7명으로 많이 감소하였고, 이 기간 동안 비록 버밍햄 지역은 영국 전체 평균보다 악화된 상태로 남아 있지만 영국 전국 평균과의 격차는 조금 좁혀졌다. 1996/98년 기간과 2002/04년 사이에 버밍햄 지역을 영국 전체와 비교하여 인구 100,000명당 암으로 인한 사망자수를 보면 그 격차는 더 넓어졌다. 이것을 통해 버밍햄 지역민들의 건강은 충분히 빠른 속도로 개선되고 있지 않음을 알수 있다.

시의회와 NHS와의 파트너십을 위한 제도적인 장치들은 최근에 개선되었고 적절한 우선순위와 목표가 설정되어졌다. 다양한 기관이 참여하는 건강 및 복지 파트너십이 있는바, 이 속에는 주요한 NHS 파트너가 포함되어 있다. 건강 증진 전략을 수립하면서 버밍햄 지역의 남성 평균 수명과 유아 사망률의 전국 평균과의 격차를 줄이기 위한 우선순위에 최근 합의를 보았다. 파트너십은 지역에서 생산되는 유용한 자료에 입각하여 LAA의 한 부분을 형성하는 실천 행동 계획을 만들었다. 이런 파트너십이 제대로 이루어진다면 유아 사망률이 감소될 것이다. 아울러 버밍햄시 전역에 걸쳐 평균 수명의 차이를 10% 이내로 하여 불공평성을 감소시킬 것이며, 2010년까지 버밍햄시의 가장 낙후된 선거구와 20% 이내로 그 격차를 감소시킬 것이다.

시의회는 아직까지 지역주민들의 건강을 개선하기 위해 건실한 총괄 접근 전략이 없다. 대중의 건강을 위한 높은 수준의 열망이 지역 사회 발전 전략에 포함되어 있으며, 시의회가 제공하는 많은 행정서비스, 예를 들면 주택개량, 실업자 감소, 학생을 위한 무료 수영장 운영 등과 같은 서비스도 적극적으로 지역민들의 건강에 기여하고 있다. 그러나 시의회가 제공하는 행정서비스를 어떻게 하면 지역민들의 전반적인 건강을 증진시키고 불공평성을 감소할 수 있을지에 관한 중장기 전략이 부재하다. 파트너들은 유용한 지역 자료에 접근할 수 있으나 이런 자료를 이용하여 주요한 시의회 전략 및 구의회 계획을 작성하는 데 사용되지는 않았다. 이런 전략적인 접근방법의 결여는 지역민들의 전반적인 건강을 증진시키고 건강상 불공평성을 해결하는 데 기여할 수 있는 시의회의 능력에 한계를 드리우고 있다.

시의회는 건강상 불공평성을 해결하기 위해 NRF(Neighbourhood Renewal Fund)[152]자금을 투자하였으나 그 접근방법은 전략적이지 못하다. 2006/07 회계연도에 '건강 불공평 해결 계획(Health Inequalities Action Plan)' 에 370만 파운드를 투자하였으나 건강 불공평의 영향에 대한 전략적인 고려를 하지 않은 채 실업해소에 360만 파운드, 기초선거구에 지역적으로 결정된 사항에 1,500만 파운드를 불공평 해결 계획과 별개로 투자하였다. 이런 기초선거구 차원에서 이루

152) 영국의 낙후지역을 개발하기 위한 중앙정부의 특별보조금으로 낙후지역과 다른 지역과의 격차를 해소하는데 설치목적이 있다. 이 자금은 2001년부터 2006년까지 88개의 낙후 지역에 대하여 18억 7,500만 파운드의 자금을 제공하였으며, 2007/08회계연도부터는 LAA의 맥락에서 운영되고 있다. 이 자금은 낙후지역의 높은 실업률 해소, 경제성과의 향상, 범죄율 감소, 학업성취도 향상, 주거환경 개선, 쾌적하고 푸른 공원 조성 등의 목적으로 사용된다.

어진 투자는 전략도 없고 견실하지도 않아 지역 사회의 전반적인 건강 증진을 위한 능력을 감소시킬 수도 있다.

시의회의 건강 심사 소위원회(Health Overview and Scrutiny Committee)는 버밍햄 지역에서 일어난 건강 불공평 문제를 해결하기 위해 적절하게 심사를 하거나 조사를 하지 않고 있으며, 가장 낙후된 지역을 위해 보다 나은 결과를 확보하는 데도 실패하고 있다. 동 소위원회는 NHS가 치료한 응급환자 및 1차 진료 환자에 관한 규칙적인 보고서를 제공받고 있으나, 건강 불공평의 의미에 대하여 규칙적으로 탐색을 하거나 도전을 하지 않고 있다. 건강 불공평에 관해 이런 시의회 의원의 무관심으로 인해 가장 낙후된 지역사회의 주민들의 건강을 증진하기 위해 필요한 서비스를 제공할 기회를 잃어버리게 된다.

청소년들의 건강을 증진하기 위해 파트너십을 형성하여 작업한 결과 성과가 나타나고 있다. '영양 및 건강 특별팀(Nutrition and Health Taskforce)' 에는 아이들의 영양상태를 개선하고 비만을 해결하는 방안으로 범시민적인 감시체계를 갖추기 위해 시의회 소속 공무원, 건강 관련 파트너, 자발조직 및 로비 집단이 포함되어 있다. 이 특별팀은 '아동 및 청소년 파트너십(Children and Young People Partnership)' 과 '건강 및 복지위원회(Health and Well-Being Board)' 에 설명할 책임이 있다. 동 특별팀은 건강한 식사를 늘리고, 운동 시간을 증가하고, 흡연을 감소하며, 정신 건강의 중요성에 대한 인식제고 및 10대 임신의 감소를 위해 특정 학교에 기초한 프로젝트를 감시한다. 이런 파트너십을 이용한 접근법은 미래의 건강 이슈를 해결하는 데 중요한 투자가 된다. 이런 노력을 통해 10대 임신이 감소하는 데 많은 진척이 있었다. 신생아 1,000명당 10대가 낳은 신생아가 차지하는 비율을 보면 1998년에는 58.3명이었다가 2004년에는 51.5명으로 감소하였는데 이는 전국 평균 보다 나은 결과이고 이런 결과가 도출된 데에는 다양한 기관들의 계획이 있기 때문이다.

몇몇 양호한 지역 프로젝트가 있으나 이 프로젝트는 전략 접근의 일부분이 아니다. 양호한 지역 프로젝트의 예를 들면, Kings Norton 지역의 NDC(New Deal for Communities) 지역사회에서 실시한 'Stop and Quit project' 는 높은 수준의 흡연율을 감소시키기 위한 것이었는데 그 지역 흡연가의 21%에 해당하는 700명을 금연하도록 하였다. 그 과정에 지원한 서비스는 1-2-1 서포트, 자문, 가정 방문 및 작은 그룹 세션 등이 있다. 동 프로젝트는 또한 금연자를 멘토로 하는 동료 멘토링 제도도 운영할 것이다.

(5) 노인(older people)

노인들의 수요를 충족하기 위한 총괄적인 전략 접근은 없으며 취약한 노인들의 독립성을 지원하는 행정 서비스의 범위도 매우 다양하다.

시의회는 버밍햄 지역에 거주하는 노인들의 수요를 충족하기 위한 전반적인 전략이 없으며, 현재에는 없더라도 장래에 이런 전략을 개발할 시간 계획도 없는 실정이다. 대신 시의회는 사회보장 서비스에 있어 해묵은 현안 문제들을 개선하는 데 에너지를 집중하는 것으로 선택을 하였다. 이런 결정을 보면 성과가 좋지 않은 서비스를 개선하는데 우선순위를 두고 있음을 알 수 있으나, 장기적인 견지에서 보면 버밍햄 지역의 모든 노인들의 열망을 충족하기 위해 필요한 보다 광범위한 도전에 응전하고 이를 시정할 기회를 놓치게 된다.

노인 관련 행정서비스를 개발함에 있어 노인들의 참여를 유도하기 위한 구조는 적절하게 구축되어 있으나, 이런 구조의 영향에 대하여는 평가가 엇갈린다. 다양한 노인 집단과 자발 조직을 포함하는 '버밍햄 노인 자문 위원회(Birmingham Advisory Council for Older People, BACOP)' 와 같은 노인들을 위한 자문 집단이 있다. 그러나 동 자문 집단은 한계가 있어 노인들에 대한 시의회의 접근방법을 형성하는데 별로 도움을 주지 못하고 있다. 우선순위와 목표에 관한 통합적인 자문이라 함은 People's Panel[153)]에 포함되어 있는 노인집단에 초점을 맞추는 것을 말한다. 노인들을 위한 시의회 내 내각 구성원은 노인들을 위해 광범위한 역할을 하지만 현재까지 별다른 영향이 없다. '사람들 지원 프로그램(Supporting People Programme)' 에 대한 감사결과 프로그램을 개발함에 있어 서비스 이용자들을 참여시키는 장치가 부적절하다는 의견이 있었다. 그러나, 노인들에 대해 다소 재량이 있는 몇 몇 자문이 차라리 효과적인 것으로 나타났다. 예를 들면, 새로이 추가된 자택 돌봄 서비스 4개를 디자인함에 있어 노인들이 직접 참여를 했다.

노인들의 수요를 충족하기 위해 파트너십을 형성하여 다수 기관들의 참여하에 이루어지는 접근방법을 개발하고자 하는 시도는 아직 개발의 초기단계에 머물러 있다. NHS와 파트너를 이루어 작업을 한 역사적인 관계를 살펴보면 그 관계가 나빴으나, 지금은 낮은 단계로부터 조금씩 개선되고 있다. 최근까지만 해도 병원에 입원한 노인들이 부담해야 하는 병원비를 지연하여 납부하는 심각한 어려움으로 인해 시정부의 사회보장 담당 부서와 NHS 담당자간에 공식적인 논쟁도 있었다. 지난 2년 동안 시의회는 병원비 납부의 지체를 막기 위해 NHS와 공조를 하여 2005년 가을에 180건이던 지체 납부 건이 2006년 여름에는 60건으로 줄어들었다. 그러나 사회보장감찰위원회(CSCI : Commission for Social Care Inspection)는 이런 수치가 아직도 전국평균보다 상당히 못한 것으로 보고를 하였다. 최근에 '건강 및 복지 파트너십(Health

---

153) People's Panel은 5,000명의 일반대중으로 구성되어 있는 바 각자는 영국의 전체인구에서 차지하는 연령, 성별, 종교 및 광범위한 인구 분포상의 지표 등을 고려하여 중앙정부 차원에서 선정하여 운영하고 있다. 일반 대중이 원하는 서비스를 보다 낫게 제공하기 위하여 그들의 견해를 듣고 배우기 위해 마련된 제도로 1998년부터 시작되었다(자세한 내용은 홈페이지 참조 : www.cabinet-office.gov.uk/servicefirst).

and Well Being Partnership)' 에 보고를 하는 합동 위원회를 설립하였는데, 권한 위임 전략을 통해 사회보장 서비스에 대해 공동으로 접근하는 방법을 개발하는 것을 고려하기 시작하였다. 동 합동위원회는 아직까지 노인들의 수요를 적극적으로 반영하고 있지는 못하고 있다.

버밍햄 시의회는 노인들을 위한 오래된 지원서비스를 현대화하는데 매우 느렸었지만, 지금은 일부 진척을 이루기 시작하고 있다. 시의회는 노인들을 위한 일부 수용시설이 개선되고 현대화될 필요가 있다는 점을 이제는 인식하고 있으나, 시설이 오래되어 다른 사람에게 빌려주기도 곤란한 정도인 몇 몇 시설들에 요구되는 변화를 시도하는 데는 상대적으로 느리다.

12개의 노인 수용시설의 임무를 해제하고 보다 더 융통성있는 노인 지원 서비스에 돈을 투자하기로 계획을 세우고 있다. 시의회는 이전에는 재택 사회보장 서비스의 제공(provision of in-house residential care services)과 관련하여 결정을 내리지 못하고 있었다. 그러나 현재 제공되는 서비스로는 노인들의 독립성을 높이기 위한 전략적인 우선순위를 달성하지 못하고 재정적으로도 지속가능하지 않다는 것이 몇 년이 지나서는 명백해졌다. 시의회는 지금은 노인수용시설의 임무를 해제하고 입원 빈도를 줄임과 아울러 주거지 간병도 줄이고, 병원 치료비 지연납부기간을 줄이며 자택에서의 독립성을 높이고, 보다 현대화된 다양한 서비스에 재투자하는데 동의를 하고 있다. 과거 관행대로 해오던 일들의 결과를 보면, 버밍햄 지역 주민들은 다양한 선택의 기회를 가지는 것이 아니라 사회보장 서비스와 관련하여 선택의 기회가 많지 않고 시의회는 VFM 차원에서 보면 자원을 효율적으로 사용하고 있다고 할 수 없다는 점을 알 수 있다.

노인들의 독립성을 높이기 위한 사회보장 서비스는 아직 개발 중에 있으나, 이런 개선향상을 위한 조직의 능력과 전략은 제대로 되어 있다. 사회보장 서비스를 요구하는 소수의 노인들을 위한 서비스를 개선하기 위한 계획이 있다. CSCI의 연간 성과 평가에 따르면 집에 거주하는 노인들을 지원하기 위한 시책의 성과는 개선될 여지가 있다고 한다. 개선이 요구되는 구체적인 내용을 보면, 노인들의 수요를 평가하는 데 시기를 잘 맞추어야 하고(때늦은 평가로 인해 시책 수립의 적기를 일실한다는 의미), 다양한 지원 및 추가적인 재택 지원서비스를 개발하여야 하고, 재택 지원을 받는 노인들의 숫자를 증가시키고, 이런 서비스에 대한 모니터링을 더 낫게 해야 한다는 점을 지적하고 있다.

집에서 치료를 받는 노인들을 지원하기 위한 장비들은 시의회와 NHS가 공동으로 운영하는 가게에 의해 많이 개선되었으나, 개선이 많이 이루어지기 위해서는 아직 많은 시간이 필요하다. CSCI는 합동위원회와 같은 주요한 부분에서 전략과 구조가 개발되고 있다는 점을 확인했지만, 파트너십과 합동 작업을 하기 위해서는 향후 적절한 능력이 있음을 확인하여야 하고 아직 많이 개선되어야 한다.

'주민 지원 프로그램의 전달(Supporting People Programme)'을 위한 장치는 적절하다. 2006년에 노인 서비스에 대하여 감사한 결과 서비스의 질은 형편없었지만 개선될 전망은 있었다. 주요 문제점을 보면 동 서비스의 필요성에 대한 이해 부족과 VFM에 대한 충분하지 않은 관심 등을 들 수 있다.

시의회는 새롭고 창의적인 접근방법을 개발하고자 파트너들과 함께 작업을 하고 있으나 이런 접근 방법이 상대적으로 소규모이고 초기단계에 불과하여 공동작업의 영향이 미미하다. 예를 들면 시범 프로젝트 시행결과, 동사무소에 근무하는 직원들이 노인수당 수령의 기회를 최대화하기 위해 '연금 서비스(Pension Service)'와 자료를 공유할 것을 권고하고 있다. 3개 기초 선거구에서는 시범적인 건강 증진 포럼을 개최할 예정이다. 이런 포럼은 지역민들의 건강과 복지를 증진하기 위해 많은 이니시어티브를 개발할 것이다. 2007년 3월부터는 다른 기초선거구에도 성공적인 프로젝트가 전개될 예정이다. 시의회는 또한 Wanless[154)] 방법론을 사용하여 사람들의 전반적인 욕구를 평가하는 작업을 할 것인

154) Derek Wanless는 2002년에 재무장관의 요청으로 영국의 보건의료의 추세 검토(Health Trends Review)를 하였다. 그는 캠브리지 대학에서 수학을 전공한 뒤, 30년간을 대형 금융회사인 NatWest에 근무하였고 통계위원회의 위원을 역임하기도 한 재정금융분석의 전문가이다. 동 검토 보고서에서 Wanless는 정부가 비만과 흡연문제가 가장 중요한 국민건강문제인데 이를 줄이기 위한 명확한 목표를 설정하고, 보건 의료 관련 생산성 측정은 협의의 산출물 보다는 전반적인 건강 상태의 호전 등과 같은 것을 측정하도록 권고하였다.

바, 이 평가 속에는 노인들의 수요에 대한 분석도 포함될 것이다.

(6) 아동 및 청소년(children and young people)

버밍햄시와 파트너들은 아동과 청소년을 위한 시책에서는—비록 잘하는 부분과 잘못하는 부분이 있지만—전반적으로 좋은 결과를 달성하였다. 대부분의 아동과 청소년들은 건강하고 안전한 것으로 보인다. 위험에 처한 정도가 심한 그룹에 속하는 아동과 청소년들은 적절하게 보호를 받고 있다. 교육에 있어 달성된 기준은 양호하고 향상되고 있는 실정이다.

아동 및 청소년들의 수명을 늘리고자 하는 목표는 지역 전략 파트너십에 의해 설정되어졌다. 청소년들의 건강과 복지를 증진함과 아울러 이들의 학업성취도와 기술 수준을 제고하는 것은 시의회 통합계획과 지역사회의 전략에서 무엇보다 중요한 우선순위에 해당한다. 광범위한 자료에 기초하여 철저한 監査를 실시한 결과, 공평성과 다양성 문제에 대해 많은 관심을 기울이고 있음에도 불구하고, 제공되는 행정서비스와 서비스 결과 도출된 결과와 사이에 격차가 있음을 알 수 있다. 성과관리 장치는 잘 개발되었고, 행정서비스의—특히 일관성이 다소 결여된 사회보장과 건강관련 행정서비스—효과성을 시정하기 위해 적절하게 우선순위를 설정하였다. 우선순위 설정은 (탁월한 것이 아니라 중간 정도인) 적절한 것으로 평가받는바, 그 이유를 보면 아동 및 청소년을 위한 계획에 있어 우선순위는 서열화 되지 않았고 높은 수준의 관여로부터 예방적인 서비스로의 轉移도 명백하지 않기 때문이다.

아동 및 청소년을 위한 서비스는 전반적으로 양호하고 아동 및 청소년 대부분을 위해 결과물이 개선되는 데 좋은 영향을 주고 있다. 서비스 관리자는 서비스의 전달에 있어 강점과 약점을 잘 인식하고 있으며, 사회보장과 교육 관련 정보를 항상 자세하게 모니터링하고 있다. 학대받거나 받고 있는 위험에 처한 아동들을 위해서는 다수의 기관이 마련한 만족할 만한 제도적인 장치를 통해 적절하게 보호되고 있다. 비록 아직까지도 시의회가 마련한 지침을 벗어나 너무 많은 사람들이 배치되어 있기는 하지만, 아동을 돌보는 사람들의 숫자를 줄이려는 확고한 노력이 있다. (문제가 발생하고 난 뒤 사후에 사회보장 서비스를 하기보다는) 보다 예방적인 조치를 많이 취하고 청소년들이 사회보장 서비스를 받지 않도록 하기 위하여 청소년에 대한 보호 조치의 권한을 위임하고 서비스를 재조정하려는 노력은 아직 초기 단계에 불과하다. 시의회와 파트너들은 아동 및 청소년들에게 안전한 환경을 조성하기 위한 제도적인 장치들은 양호하게 구축되어 있다. 특히, 괴롭힘이나 인종적인 학대 등의 문제를 시정하기 위한 장치들은 양호하게 구축되어 있다. 청소년들을 위한 서비스는 적절하며, 청소년들의 참여를 증대하기 위한 노력도 성공적이다. 동 서비스는 문화적인 다양성으로 인해 발생하는 이슈들을 시정하는 데 효과적이다.

버밍햄시는 아동 및 청소년들이 즐기고 성취할 수 있도록 하는 데 매우 높은 중요도를 부여하고 있다. 학교 지원은 매우 양호하다. 7세, 11세 및 14세에 해당하는 학생들의 2005년도 학업성취도를 보면 유사한 지역과 비슷한 수준이고 16세 학생들의 경우에는 학업성취도가 유사 지역보다 약간 상위에 있다. 2006년도에 조사한 결과에도 2005년도와 유사한 패턴을 보이고 있으며, GCSE[155) 결과는 유사지역보다 더 좋은 결과가 있었다. 취약계층 가정의 청소년들의 학업 성취가 보통학생들의 그것과 다른 점은—비록 도시의 몇몇 지역에는 보다 더 많은 노력을 하여 시정을 할 필요가 있지만—잘 시정되고 있으며, 그 격차는 줄어들고 있다. 많은 아동들은 학교 생활을 즐기고 있고 규칙적으로 학교에 가고 있다. 등교율은 향상되고 있고 현재의 등교율은 유사지역 및 전국 평균과 비슷하다. 퇴학조치는 줄어들고 있고 유기정학은 비록 높은 수준이지만 생산적인 수단으로 활용되어 정상적인 학교생활로 돌아오는 조치수단으로 사용되고 있다. 퇴학대상 학생들을 위한 준비는 양

155) GCSE(General Certificate of Secondary Education)는 영국의 중등학교 학업성취도를 평가하는 시험으로 통상 9학년에 학생 스스로 과목을 선택하고 10학년이 되면 선택한 과목의 수업을 시작하여 11학년이 되는 15세 또는 16세에 동 시험을 치른다.

156) 영국에 있는 제도로 '돌봄이 필요한 아동'이라 함은 성적학대나 남용, 또는 부모로부터 버림을 받거나 부모의 사망이나 병 등으로 인해 부모로부터 제대로 돌봄을 받지 못하는 아동들을 대상으로 지방정부가 돌봐주도록 하여 학교 등교를 확인하거나 개인교사를 붙여 학업을 돕는 등의 다양한 지원을 하고 있다. 이 제도는 1989년에 Children Act의 제정으로 도입되었으며, 현재 잉글랜드 전체에 0세부터 18세까지 약 6 만명이 있다. 2004년에 개정된 Children Act에는 'social workers must protect you, keep you safe and look at your needs' 라고 명기되어 있다.

호하다. '돌보는 것이 필요한 아동들(Looked after children)[156)]' 에 대한 조치결과는 성과가 좋으며, 전반적으로 국가평균보다 좋게 나타나고 있다. 학습장애가 있거나 학업이 불가능한 아동 및 청소년들은 상당한 진척을 이루었다.

아동 및 청소년들이 개인적인 책임을 다하고 지역사회에 이바지할 수 있도록 도와주기 위한 지원은 양호한 편이다. 대부분 버밍햄 거주 아동 및 청소년들은 원하는 모든 것이 학교에서, 점차 지역사회 내에서 가능하다라고 쉽게 말할 수 있다고 느낀다. 효과적인 다수기관 파트너십이 자리를 잡아가고 있어 학교에 기반을 둔 프로젝트를 수행하거나 특정 개인을 지원하는 프로그램을 통해 아동 및 청소년들의 반사회적이거나 바람직하지 못한 행태 등을 교정하고 있다. 젊은이들을 포함하는 프로그램을 통해 취해진 조치들로 인해 반사회적인 행태를 교정하는데 있어 효과가 나타났다. 아동과 청소년들이 책임 있게 처신하도록 지원하는 조치들은 양호하게 운영되고 있으며 범죄를 예방하고 재범을 감소시키기 위해 취해진 조치들은 적절하다. 최근 이룬 몇몇 개선향상에도 불구하고, 범죄를 저지른 학생 중에서 학업을 중단하지 않고 모두 마치고, 취업 또는 훈련을 받는 청소년들의 숫자는 충분하지 않다는 문제점이 있다.

시정부가 청소년들의 직장생활을 준비하기 위한 기회를 부여하기 위한 노력은 양호한 편이다. 16세의 나이에 L2 자격을 완전히 취득하는 청소년의 비율은 국가 전체의 증가폭보다 빠르게 나타나고 있다. 유사하게 19세의 나이에 L3 자격을 완전히 취득하는 청소년의 비율도 증가하고 있으며 이는 유사 도시에 비해 떨어지는 수준은 아니다. 그러나 최근의 개선에도 불구하고 아직까지 교육을 받지 않거나, 취업을 하지 않거나 훈련을 받지 않거나 또는 학업과 취업과 훈련에 관한 정보조차도 없는 16세부터 19세까지 청소년들이 너무 많이 있다. 15세부터 16세 사이의 청소년을 위한 직업선택의 폭은 넓어졌으며, 기술수준이 부족한 부분에 대하여 시정하고자 많은 노력을 하고 있다. 가족을 지원하여 부모와 보호자들이 일을 하거나 공부를 할 수 있도록 하는 시책은 효과적으로 운영되고 있다. 국가의 보호를 더 이상 받을 필요가 없게 된 청소년(young care leavers[157)])이 공부를 하거나, 취업 또는 훈련을 받는 비율이 빠른 속도로 많아지고 있다. 대부분 학습장애 또는 학습 불능 청소년들은 적절하게 지원을 받고 있으나, 16세 이후에 이들에게 나타나는 복합적인 필요에 대처하는 전문가가 없으며, 성인이 되어서도 지원 가능한 서비스로의 전환에는 개선향상이 필요하다(즉, 학습장애인 등이 성인이 되어서 시정부가 무엇을 지원할 수 있는가에 대한 연구 노력이 부족하다는 말임).

157) Care Leavers란 영국에서 16세 또는 16세 이후 지방정부로부터 보살핌이 더 이상 필요가 없게 된 청소년을 일컫는 말로 Care Leavers가 되면 거주할 공간이 없게 되는 등으로 사회문제가 되므로 Children Act 2000에 따라 지방정부에 거주공단 등의 지원을 요청할 권한을 가지게 된다. 영국에는 연간 7,500명의 청소년이 care leavers가 된다.

지역사회 재개발 사업은 청소년들의 삶에 긍정적인 영향을 끼쳤는바, 특히 Castle Vale와 같은 낙후지역에 많이 긍정적인 영향을 미쳤다. 지난 2년간 주거환경 개선은 굉장히 많이 개선되었다. 무주택기간과 임시거소 거주기간이 2년 전에 비해 반 이상으로 줄었다. 국가의 보호를 더 이상 받을 필요가 없는 청소년들은 그들이 처음으로 갖게 되는 독립가옥을 위해 3가지 중에서 선택할 수 있으며, 취약계층의 청소년들은 독립적으로 살기 위해 효과적인 개인 지원을 받고 있다.

첨부 1 영국 감사원의 주요 성과감사보고서 사례 (2006. 4월 ~ 2007. 3월)

Cross-Government

- Achieving Innovation in Central Government Organisations
- Delivering successful IT-enabled business change
- Central government's use of consultants
- The Efficiency Programme: A Second Review of Progress

Culture, Media and Sport

- How the Department for Culture, Media and Sport assessed the BBC's efficiency as part of the licence fee settlement
- Preparations for the London 2012 Olympic and Paralympic Games Risk assessment and management
- Heritage Lottery Fund

Defence

- Ministry of Defence: Using the contract to maximise the likelihood of successful project outcome
- Ministry of Defence: Delivering digital tactical communications through the Bowman CIP programme

- Recruitment and retention in the armed forces
- Ministry of Defence: Major Projects Report 2006
- Managing the Defence Estate: Quality and sustainability

Education

- Improving procurement in further education colleges in England
- Sure Start Children's Centres
- The Academies Programme

Environment, Food and Rural Affairs

- Department for Environment, Food and Rural Affairs and the Countryside Agency · The right of access to open countryside
- Department for Environment, Food and Rural Affairs : Reducing the reliance on landfill in England
- Department for Environment, Food and Rural Affairs, and Rural Payments Agency: the delays in administering the 2005 Single Payment Scheme in England

Law, Order and Central Institutions

- The Management of Staff Sickness Absence in the National

Probation Service

- Department for Constitutional Affairs: Fines Collection
- The Home Office: Tackling Anti-Social Behaviour
- Identity and Passport Service: Introduction of ePassports
- The Assets Recovery Agency
- Legal aid and mediation for people involved in family breakdown

National Health Service

- The Provision of Out-of-Hours Care in England
- Financial Management in the NHS (England) Summarised Accounts 2004-05
- Department of Health · The Paddington Health Campus scheme
- Department of Health: The National Programme for IT in the NHS
- Improving the use of temporary nursing staff in NHS acute and foundation trusts
- Improving quality and safety · Progress in implementing clinical governance in primary care: Lessons for the new Primary Care Trusts

- Dr Foster Intelligence: A joint venture between the Information Centre and Dr Foster LLP

Northern Ireland

- The Estate Strategy of the Police Service of Northern Ireland

첨부 2 통합국고펀드(Consolidated Fund)

통합국고펀드는 우리나라의 일반회계에 해당하는 것으로 영국은행(Bank of England)에 설치된 계좌형태로 재무성이 관리한다. 국채수입을 제외한 조세수입 등 모든 중앙정부의 수입은 통합국고펀드의 수입으로 들어가 통합 관리된다. 의회로부터 독립성이 요구되어 매년 의회의 예산통제를 받지 않고 이 기금으로부터 바로 보수가 지급되는 공직자의 업무를 '상시업무(standing service)' 라고 부르는데, 여기에 해당되는 직책을 보면 영국 감사원장, 판사, 유럽연합에 대한 지급, 의회가 정하는 왕실운영비, 선거관리관(returning officer) 등이 있다. 상시업무를 정하여 보수를 의회의 영향력하에 주지 않도록 한 이유는 상시업무 수행자의 직위가 매우 독립성을 요구하는 자리로 정치적으로 영향을 받지 않도록 하기 위함이다.

통합국고펀드의 수입은 조세와 기타 정부수입으로 구성되며, 지출은 일반세입서비스(Supply Services)와 감사원장이나 판사 등에 대한 보수와 같이 법령에 직접 규정된 고정 서비스(Standing Services)에의 지출, 국가부채(National Debt) 업무의 순비용을 위한 국가대부 펀드(National Loans Fund)에의 지출로 이루어져 있다.

첨부 3 재무보고협의회(Financial Reporting Council)

영국의 재무보고협의회(약칭으로 FRC)는 통합되고 독립적인 규제기관으로 영국내에서의 기업의 재무보고와 내부지배구조에 관한 확신을 제고하기 위한 임무를 부여받고 있다. 운영자금의 일부는 정부가 지원하고 일부는 기업들이 출연하고 있으며, FRC 이사회의 이사(Board of Directors)는 '기업 및 규제 개혁 담당 장관(Secretary of State for Business, Enterprise and Regulatory Reform)' 에 의해 임명되고 있다. 이사회의 이사는 총 16명으로 구성되는바, 의장(Chair)과 부의장(Deputy Chair), 사무국장(Chief Executive), 7명의 비집행 이사(non-executive directors), 6명의 산하 운영위원회의 의장(Chairs of the FRC's 6 Operating Bodies)으로 구성된다. FRC는 영국내에서 회계관련 분야의 기준을 설정하고 행동강령을 제정하는 등 공사분야에서의 지배구조나 재무보고 기준의 개발 및 외부감사에 관하여 중요한 역할을 수행하고 있다. FRC 산하에 6개의 집행 위원회가 있는데, 이들을 보면 회계검사기준위원회(Accounting Standards Board : ASB), 재무보고검토패널(Financial Reporting Review Panel : FRRP), 회계사 및 保險數理士 징계위원회(Accountancy & Actuarial Discipline Board : AADB), 전문감독위원회(Professional Oversight Board : POB), 회계검사 전문위원회(Auditing Practices Board : APB), 保險數理士 기준위원회(Board for Actuarial Standards : BAS) 등이 그것이다.

첨부 4 유럽연합 소속 국가감사원의 지방정부 감사 실태

영국 감사원에서 유럽연합 소속 국가 25개국들을 대상으로 각 국가의 최고감사기관이 지방정부에 대한 직접 감사 실시 여부를 조사한 결과에 따르면[158], 오스트리아 · 벨기에 · 키프러스 · 에스토니아 · 그리스 · 헝가리 · 이탈리아 · 라트비아 · 리투아니아 · 몰타 · 폴란드 · 포르투칼 · 슬로바키아 · 슬로베니아 · 스페인 등 15개국가에서는 최고감사기관인 각국의 감사원이 직접 지방정부에 대하여 감사를 실시하고 있

158) NAO(2005), State Audit in the European Union, NAO, pp. 8~10, 21~22, 151.

는 반면, 체코 · 덴마크 · 핀란드 · 프랑스 · 독일 · 아일랜드 · 룩셈부르크 · 네델란드 · 스웨덴 · 영국 등 10개 국가에서는 별도로 지방정부를 대상으로 하는 감사전담기관을 설립하여 운영하거나(영국, 프랑스, 덴마크, 스웨덴, 독일의 경우), 지방정부가 자체적인 감사제도를 갖추고 운영하고 있다.

최고감사기관이 직접 지방정부에 대하여 감사를 실시하고 있는 몇몇 국가들의 사례를 살펴보면 그 운영 형태가 매우 다양함을 알 수 있다. 우선 오스트리아의 경우 1929년 제정된 헌법 122조에 따르면, 오스트리아 감사원(Rechnungshof)은 직접의회(Nationalrat)에 종속된다고 되어 있다. 오스트리아 감사원의 감사활동은 연방정부와 지방정부에 대하여 실시하며, 연방정부에 대한 감사를 할 경우에는 오스트리아 감사원이 의회의 한 기관(Organ of the Nationalrat)으로 인식이 되고, 지방정부에 대한 감사를 할 경우에는 지방정부의 한 기관으로 여겨진다. 오스트리아 감사원의 감사보고서는 연방정부는 의회에, 지방정부는 지방의회에 각각 보고된다. 오스트리아 최고감사기관은 최소한 2만 명 이상의 인구를 가진 지방자치단체에 대하여 회계감사를 실시하며, 2만 명이 안 되는 더 작은 자치단체라 할지라도 당해 지방정부가 요청하는 경우에는 회계감사를 실시할 수 있다. 이탈리아의 경우, 인구가 8천명 이상인 자치단체는 이탈리아 최고감사기관에 회계 계정을 제출하도록 요구받고 있다. 폴란드의 경우, 최고감사기관은 합법성, 성실성 및 경제성 관점에서 모든 지방자치단체의 활동에 대하여 회계감사를 실시하고 있다. 포르투칼의 경우, 최고감사기관은 시의회 협회와 연합회의 회계계정에 대하여 회계검사를 실시하고 있다.

첨부 5 책임운영기관 (Executive Agencies 또는 Next-step Agency)

영국에서 국가차원으로 행정조직의 효율성을 증진할 목적으로 1988년 2월에 도입된 제도가 넥스트 스텝(Next Step) 프로그램이다. 이 제도는 정부부처내 작고 효율적인 조직을 만들어 민간경영기법과 자율성 및 신축성을 부여하여 생산성과 효율성을 높이고 효율성이 많이 향상된 조직에 대하여 파격적인 성과급 제도와 인사제도를 도입함으로써 행정서비스의 질과 효율성을 높이는데 있다.

영국의 책임운영기관들은 성과에 기초하여 매 5년마다 재평가를 거치도록 하고 있다. 재평가 결과는 1) 동 기관의 폐지, 2) 계속 책임운영기관 지위의 유지, 3) 타 기관과의 합병 또는 합리화, 4) 민영화, 5) 전략적 민간위탁 등으로 나누어 진행할 수 있는바, 5 년마다의 재평가 결과에 따라 당해 기관의 운명이 결정되고 다음 단계의 지위가 달라질 수 있다는 의미에서 '다음 단계(Next Steps)' 라는 명칭이 부여된 것이다.

2002년 7월 현재 약 127개의 책임운영기관이 영국 내에 있다. 이중 92개는 영국 중앙정부 내의 기관이고, 나머지 35개는 스코틀랜드 정부와 웨일즈 및 북아일랜드 정부 하에 있는 기관이다. 책임운영기관은 교정국(HM's Prison Service)부터 운전면허 및 차량관리청(Driver and Vehicle Licensing Agency)과 같이 업무 영역이 다양하며, 가장 많은 인원을 가진 기관은 고용센터(Jobcentre Plus)로 연간 예산이 40억 파운드에 약 10만 명의 인력을 고용하고 있으며, 작은 기관은 연간 예산액이 수백만 달러에 지나지 않고 근무인원이 수십명에 불과한 '국가채무관리사무소(UK Debt Management Office)' 에 이르기까지 다양하다. 1998년 현재 책임운영기관에 종사하고 있는 국가공무원(영국에서 군인, 판사, 지방공무원 및 교사 등은 국가공무원에서 제외됨)은 약 36만 명으로 전체 국가 공무원의 77%를 차지하고 있다.

책임운영기관의 설치 운영으로 인해 국가기관의 민영화나 민간위탁 등이 확대되었고, 공공부문 종사자의 수가 많이 줄어드는 등 전체적인 변화와 아울러, 여권발급이 이전보다 신속해지고 운전면허시험 대기시간이 많이 줄어드는 등 개별 행정서비스의 개선에 큰 기여를 한 것으로 평가를 받고 있다.

그러나 '책임운영기관이 소속 중앙행정부처와 제대로 연계되지 않아 정책과 정책의 전달 사이의 간격이 더 확대되고(some agencies have become disconnected from their departments...The gulf between policy and delivery is considered by most to have widened)' '책임성이 없는 독립정부기관(unaccountable Quangos)' 이 탄생하였다는 비판도 받고 있다.

첨부 6 국가대부펀드(National Loans Fund)

국가대부펀드는 투융자회계에 해당하는 것으로 수입은 공채수입, 대부회수금, 대출이자 등이며, 지출은 공기업 및 지방 정부 등 다양한 공공부문 기관에 대한 대출이 주가 된다. 또한 부채관리계정(Debt Management Account)과 외환평형화기금(Exchange Equalization Account)에 재원을 지원하기도 한다.

국가대부펀드의 수입은 2가지로 구분되는바, 하나는 중앙정부 순현금 소요액(net cash requirements)을 결정하는 거래이며, 다른 하나는 중앙정부 순현금 소요액의 재원동원 거래이다. 전자는 경상적 수입을 말하며 대출이자, 영국은행의 이익금, 통합국고펀드로부터의 이전액 등이 포함된다. 후자는 정책적 결정에 의한 수입으로 차입총액을 의미한다.

국가대부펀드의 지출도 수입과 마찬가지로 2가지 형태로 구분된다. 하나는 중앙정부의 순현금 소요액을 결정하는 거래이며, 다른 하나는 중앙정부의 순현금소요액의 재원동원거래로 전자는 국가부채서비스, 파운드화 대부, 통합국고펀드 결손 등이 포함되며, 후자는 총상환액을 의미한다.

첨부 7 영국 감사원 내 이사회 설치 및 이사회 의장과 감사원장 공모

1. 영국 감사원의 지배구조 변경

2008. 3. 6. 하원의 TPAC는 영국 감사원의 '미래 지배구조(Future Governance of the NAO)'에 관하여 의회에 보고를 하였다. 영국 정부는 동 위원회의 권고사항을 수용하기로 하고 이를 이행하기 위한 입법조치에 들어갔다. 이에 따라 '헌법개정법안(Constitutional Renewal Bill)'이 제안되었고, 영국 감사원의 지배구조 개편작업을 추진할 것이다. 영국 감사원의 기능과 역할은 이전과 동일하게 운영될 것이고, 감사원장도 감사업무를 종전대로 수행할 것이지만, 앞으로는 감사원장이 완전한 재량권을 가졌던 감사원 운영 방침 등에 대해서는 비상임 이사가 다수인 이사회(Board with a majority of non-executives)의 결정에 따라야 할 것이다. 동 이사회는 감사원의 전략적인 방향을 설정하고 감사원장을 지원하는 기능을 수행할 것이다. 아울러 종래 종신직이던 감사원장의 임기도 10년으로 제한되고 이런 일련의 개혁조치가 실행될 때까지 현재 감사원장인 Tim Burr가 그대로 감사원을 이끌 것이다. 정부와 의회는 관련되는 제도가 모두 정비될 때까지 모두 여왕의 임명직(Crown appointments)인 이사회 의장(Chair)과 감사원장 후보자를 선정하는 작업을 하기로 합의를 보았다. 감사원과 감사원장을 이끌고 지원하는 것이 임무(Board's remit is to guide and support the NAO and its Chief Executive the C&AG)인 동 이사회는 의장과 감사원장을 포함하여 총 9명으로 구성되는바, 비상임(non-executive) 구성원은 의장을 포함하여 5명이고, 상임은 감사원장을 포함하여 4명으로 구성된다.

2008년 10월 현재 영국 감사원 홈페이지의 간부 및 직원 채용 공고란에 따르면[159], 영국 감사원은 영국 감사원의 이사회 의장과 감사원장 채용을 하고 있다고 공고하고 있으며, 이런 채용업무는 채용전문회사인 Odgers Ray and Berndtson이 주관하여 하고 있다. 감사원장 후보자의 선정 업무를 민간 리쿠르트 회사에서 추진하고 있는 점도 매우 특이하다고 할 수 있다. 이사회 의장과 감사원장의 후보자 선정과정을 보면, 우선 의장에 대한 임명절차를 먼저 이행하고 현재의 감사원장에 의해 임명된 이사회 의장은 새로운 감사원장 후보자 선정과정에 참여를 하게 되며, 최종 후보자가 선정되고 나면 의회의 동의 절차 등을 거치게 될 것이다. 그리고 최종적으로 2009년 초에 공식적으로 이사회 의장과 감사원장은 정식으로 취임을 하게 될 것이다. 이어서 영국 감사원의 채용공고문을 통해 본 이사회 의장과 감사원장의 기능 및 보수 수준 등을 살펴보기로 한다.

---

159) http://www.nao.org.uk/Recruitment/index.htm

2. 영국 감사원 이사회 의장

1) 이사회 의장의 임무

- 이사회를 주재하고 법인체인 영국 감사원에 대한 방향을 제시하며
- 감사원의 지배구조와 내부 통제 체제를 감시감독하며 이들 체제가 잘 유지되고 있는 가를 살펴보며,
- 감사원과 감사원장과 밀접한 관계를 가지고 업무를 수행하고, 이들을 이끌며 동기를 부여함으로써 감사원의 미래 전략과 계획이 현실화되도록 노력하고,
- 감사원장이 직무를 수행하는데 있어 지원을 하되, 적절한 때에 '비판적인 친구(critical friend)' 로서의 역할을 수행하며,
- 감사원의 전략에 대하여 토론을 하고 합의를 보되, 감사원장의 '法的인 업무(statutory work)[160]' 에 대하여는 자문을 하거나 설명을 요구(challenge)하기도 하고, '非法的인 업무(non-statutory work)' 에 대하여는 관련되는 프로그램이나 관련되는 예산에 대하여 승인하는 업무를 수행하며,

---

160) 종래에는 모두 감사원장에게 전적인 권한이 주어졌던 법적인 업무와 비법적인 업무가 이사회제도가 도입됨으로써 비법적인 업무는 모두 이사회의 승인을 거치도록 하였기 때문에 이 2가지 업무를 명확히 구분해야 한다. 법적인 업무는 법률에 의해 수행하도록 된 재무감사와 성과감사를 말하는데 이는 영국 감사원의 연간 예산의 약 60%를 차지하며, 이사회 의장은 법적인 업무에 대하여는 자문 등의 제한된 행위만이 가능하다. 그러나, 감사원 전체예산의 40% 상당을 차지하고 법에 근거가 없는 업무인 외부기관 자문을 구하거나 의회 지원업무나 세계식량기구 같은 국제기구에 대한 외부감사 등을 수행할 때는 이사회의 승인을 받아야 예산이 확정된다. (출처 : http://www.nao.org. uk/Recruitment/index.htm에서 감사원장에 대한 'Candidate Brief' 에서 설명됨)

- 전략의 이행과정을 모니터링하고,
- 감사원장과 합동으로 감사원의 전략과 예산 요구안을 의회에 제출하고 감사원의 성과에 대하여 연간보고서를 합동으로 제출하며,
- 비상임이사에 대한 임명행위를 한다.

2) 후보자 선정 및 임명 절차

후보자 선정은 앞의 민간 리쿠르트 회사 주관으로 하는데 공모에 응모한 사람들에 대한 서류심사를 하여 면접 대상자를 고르고 면접 후보자를 대상으로 동 회사가 최초의 인터뷰를 한다. 2008년 10월 말경에 동 민간회사는 인터뷰 결과를 정리하여 후보자를 압축하고, 11월 중순경에 몇 명의 후보자를 선정하여 '선정 패널(Selection Panel)'에 넘긴다. 선정 패널은 하원의 상임위원회인 PAC(Public Accounts Committee)의 위원장과 재무성 사무차관, 현재의 감사원장 등 3명으로 구성된다. 11월 말경에 동 선정 패널에서 최종적인 후보자를 선정한다. 선정된 후보자를 새로운 법이 효력을 발휘할 때까지 현재 감사원장이 이사회 의장을 임명할 것이다. 의장으로 임명이 되고 나면 의장은 나머지 4명의 비상임 이사에 대한 임명 행위를 할 것이고, 현재의 감사원장은 3명의 상임이사를 임명할 것이다. 그들의 신분상 지위는 새로운 법이 발효됨과 동시에 추인될 것이다.

새로운 감사원장은 자동적으로 신법에 따라 재임명될 것이다. 이사회 의장은 하원의 PAC에 책임을 진다. 일단, 새로운 법이 발효가 되면

수상은 PAC 위원장의 동의를 받아 하원의 결의를 거쳐 여왕에게 임명 제청안을 제안할 것이다.

3) 보수 수준 등

이사회 의장의 보수는 연간 약 5만 파운드 상당으로 이는 일주일에 1일 업무를 수행하는 것을 전제한 것이다. 후보자가 의장으로 임명이 되면 그 임기는 3년으로 하되 1차에 한하여 연임할 수 있다. 그러나, 의장은 연금 지급 대상자는 아니다. 아울러 의장 후보자는 그의 현재나 과거의 고용으로 인해 감사원 이사회 의장 기능과 이해관계가 상충되는 지 여부도 후보자 선정 과정에 충실히 설명되어져야 한다.

3. 영국 감사원장

1) 영국 감사원장의 임무

- 감사원이 임무를 수행하면서 관련되는 기준과 최고의 관행(즉 모범사례)에 어긋나지 않도록 감사원의 체계가 작동되고 성과가 달성되도록 하며,
- 감사원의 최고관리자(Chief Executive)와 재무책임관(Accounting Officer)으로서 감사원 이사회와 의회에 감사원 업무와 관련된 전략과 예산의 승인을 구하는 역할을 하며,
- 모든 중앙행정기관과 비부처 공공기관 등에 대하여 재무감사를 실시하여 의회에 보고를 하고, 필요한 체계와 절차를 마련하고 이의

이행을 관리감독하는 역할을 하고,

- 공공서비스 전달과 관련하여 3Es에 입각한 성과감사를 실시하고 이 결과를 의회에 보고하며,
- 재무감사와 성과감사의 결과에 대하여 독립적인 판단을 하고,
- 연간 약 50회에 이르는 횟수에 걸쳐 하원 공공회계위원회(PAC)에 '상시증인(standing witness)' 으로 출석하여 필요한 증언을 하며,
- 의회를 대신하여 재무통제관(Comptroller)으로서 '통합국고펀드(Consolidated Fund)' 로부터 정부로의 예산 사용을 승인하는 역할을 하고,
- 이사회와 상의하여 비법적인 프로그램을 개발하고, 개발된 프로그램의 이행을 관리감독하며,
- 이사회의 상임이사를 임명하고(감사원내 집행간부로) 예산전략을 수립하여 이사회의 승인을 받는 업무를 수행.

2) 후보자의 선정 및 임명 절차

탁월한 감사경험과 회계감사에 대한 지식을 보유하고 관리자로서 리더십—특히, 강한 독립적인 마인드를 갖추고 건전하고 성숙된 판단력과 공명정대하고 타인과 대화하고 설득하는 탁월한 능력—등을 갖춘 지원자들을 대상으로 민간 리쿠르트 회사인 Odgers Ray & Berndtson 회사가 최초의 인터뷰를 실시하게 될 것이다. 이사회 의장과 감사원장 모집 공고는 동시에 나갔지만, 각 직위에 대한 심사는 완전히 병행하여

이루어지므로 중복 지원이 불가능하며, 이사회 의장 선임을 먼저하고 나서 감사원장 선임에 착수할 것이다. 그 이유는 새로이 선임된 이사회 의장으로 하여금 감사원장 선임과정에 참여하도록 하기 위해서이다.

선정과정을 살펴보면, 응모자는 임명을 위한 기본적인 사항들인 학력과 출생증명, 경력 등을 첨부하여 응모를 하면 위 민간회사가 서류심사과정을 통해 면접 후보자명단에 포함되는 지 여부를 통보하여 준다. 민간 리쿠르트 회사는 10월 말경에 최초의 인터뷰를 하고, 12월 초에 최종적으로 몇 명의 후보자를 선정하여 감사원에 통보를 하면 감사원은 동 후보자들을 대상으로 최종적인 패널 인터뷰를 하게 된다. 패널 인터뷰는 감사원장 선정 패널(Selection Panel)에서 이루어지는데 동 패널은 하원의 PAC 위원장, 재무성 사무차관, 현재 감사원장, 그리고 신임 감사원 이사회 의장 등 4명으로 구성된다. 동 패널에서 일단 유력한 감사원장 후보자 선정되고 나면 하원 PAC 위원회는 공식적인 임명절차를 밟기 전에 '임명 전 청문회(Pre-appointment hearing)'를 개최한다. 청문회 개최 후 후보자를 수상에게 공식적으로 임명되도록 권고를 하면 수상은 임명제청안을 하원에 제출하여 결의를 받은 뒤 여왕에게 제청하여 임명되도록 한다.

여기서 전통적으로 야당 의원이 맡아 오고 있는 PAC 위원장은 수상에게 공식적으로 임명을 권고하기 전에 감사원장 후보자가 감사원장의 직위에서 퇴임하고 난 뒤에 하게 될 직책으로 인해 감사원장의 직무 수행에 지장을 초래하지 않는 후보자라는 사실을 확인하기 위해 후보자

스스로 Mayhew 위원회[161]에 자문을 하도록 하여야 한다. 아울러 TPAC 위원회는 감사원장이 재임 중 과거에 맡았거나 미래에 하게 될 직책으로 인해 이해 충돌이나 부당한 영향력 행사가 불가능하도록 하는 것이 매우 중요하게 생각하고 있다.

3) 보수수준 등

감사원장의 보수수준은 행정부의 사무차관의 범위 내에서 결정될 것이고(The C&AG's remuneration package will be within the range for the permanent secretaries of government departments), 성과급은 없다(There will be no performance-related element of pay). 감사원장은 공무원 연금 제도의 대상자로 되어 연금 수혜자가 된다.

161) Mayhew Committee는 수상이나 각료 등에 대한 독립된 자문기구로 고위관료가 퇴임 후 2년 이내에 민간기업에 취업할 경우에 승인 등의 업무를 수행하는 'The Advisory Committee on Business Appointments' 에 대한 통상적인 명칭이다. 동 위원회는 2008년 3월까지 9년간 동 위원회의 위원장을 역임했던 Lord Mayhew의 이름을 딴 것으로, 1975년에 수상에 대한 자문기구로 설립되어 고위관료의 퇴직시 의무적으로 동 위원회의 심사를 거치게 하였다가, 1995년부터는 퇴직고위관료에 대해서는 스스로 문의를 해 오면 직접 자문해주는 역할까지 수행하고 있다(출처 : www.acoba.gov.uk)

첨부 8 통합지출검토제도 (Comprehensive Spending Review)

영국에 있어 노동당이 집권한 1997년 이후 세제 및 지출에 관한 '재정의 중기 원칙(medium-term fiscal rules)' 으로 2가지가 존재하였다. 하나는 '황금률(Golden Rule)' 로 정부의 예산이 균형이거나 흑자를 유지해야 한다는 원칙이고, 다른 하나는 '지속적인 투자 원칙(Sustainable Investment Rule)' 으로 정부는 공공부분의 순 부채 규모를 GDP의 40% 이하로 유지하도록 한다는 원칙이 세워졌다.

이런 중기적인 목표를 달성하고 정부의 새로운 우선순위 정책과 공공예산의 배정을 연계하며, 각 부처의 장기적인 계획의 이행을 촉진하기 위해 거의 30년간 영국에서 예산 책정의 기본원칙이었던 점증주의 원칙을 포기하고 1998년 여름부터 매 2년마다 3개연도의 지출계획을 미리 포함하도록 하는 '통합지출검토(CSR : comprehensive spending review)' 으로 변경하기로 결정을 하였다.

다시 말하면, 영국에 있어서 전통적으로 예산안은 다음 회계연도 지출을 전년도에 검토하여 확정하는 제도였으나 이 제도는 1998년에 폐지되고 통합지출검토제도로 변경되었다. CSR은 영국 재무성(HM Treasury)의 주관하에 중앙 정부의 각 부처들이 다음 연도 뿐만이 아니라, 차후 2년도 뒤의 구체적인 지출 계획안을 수립하여 총관리지출액(Total Managed Expenditure)을 설정하고 이에 따라 시행하는 것을 말한다. 즉, 모든 예산안이 향후 3년도의 지출계획을 포함하도록 하여 매 연도마다 연동하여 인플레이션을 감안하여 소폭으로 수정하고 미리 계획된 예산안에 기초하여 집행하도록 하는 제도이다.

이 통합지출검토제도는 기본적으로 공공지출을 효과적으로 통제하기 위한 제도로서 2가지 통제장치를 가지고 있는바, 첫째가 '부처지출한도액(DEL : Departmental Expenditure Limits)' 이고 둘째는 '매년관리지출액(AME : Annually Managed Expenditure)' 이 그것이다. 부처지출한도액은 각 부처가 향후 3년 동안 수행해야 할 목표(Aims)와 세부적으로 구체적인 목표(Objectives)를 공공서비스협약(Public Service Agreements[162)]) 형태로 설정하고 이를 현금형태로 구체화하여 예산금액으로 나타나게 하는데, 이를 통해 예산금액이 각 부처별로 고정되게 한다. 다만 인플레이션이 예상수준과 매우 크게 차이가 나는 경우에만 한정하여 예산금액이 재검토될 여지를 남겨둔다. 다음으로, 매년관리지출액은 사회보장지출(Social Security Benefits Payments)이나 채무이자(debt interest)나 많은 소규모 아이템과 같이 경기순환에 민감하거나 수요에 따라 좌우됨으로써 다년도에 걸친 한도액을 정할 수 없는 경우에 매년 지출을 변동시켜 관리하는 제도이다.

---

162) Public Service Agreements(PSAs) articulate the key outcome-based performance objectives that the Government is committed to achieve with that expenditure over the three-year period.

이러한 통제제도를 통해 내년도 예산사업뿐만 아니라 향후 3년에 걸친 중기사업을 미리 확정지음으로써 단년도 예산안이 가지고 있는 사업 타당성 분석의 미흡과 같은 문제점을 해결하고 장기적인 시야를 가지고자 하는 것이다. 이런 다년도 지출검토제도를 도입한지 5번째가 되는 2007년 들어 영국 재무성은 6천억 파운드(한화로 약 1,200조원)에 달하는 중앙정부의 연간예산액에 대하여 2008/09, 2009/2010, 2010/2011 회계연도에 적용할 기본 원칙(2007 Comprehensive Spending Review : CSR 07)을 발표하였다.

첨부 9 국가지수 세트(National Indicator Set)

효과적인 조직이라면 얼마나 당해 조직이 임무를 잘 수행하고 있는지 또는 개선향상을 기할 소지는 어디에 있는지를 파악하기 위해서 그 조직의 성과를 측정하고 있다. 감사위원회는 의사결정자가 사용할 정보와 데이터의 질을 높이는데 도움이 되고자 노력하고 있다.

감사위원회는 '새로운 국가지수세트(the new National Indicator Set)'를 통해 영국 중앙정부 조직 중 '지역사회 및 지방정부 담당부(Department for Communities and Local Government, 이하 CLG라 약칭)'를 지원하고 있으며, CAA를 통해 다른 감찰기관을 위해 일하거나 여타 다른 감찰기관과 공동으로 일하고 있다. 아울러, 감사위원회는 이제까지 해 왔듯이 2007/2008 회계연도에도 지속적으로 CLG와 함께 BVPIs(Best Value Performance Indicators)[163)]를 위한 자료를 수집하고 감사를 실시하며 동 지수에 대한 검증(validation) 업무도 하고 있다.

'정부의 2007년 통합지출검토 보고서(Government's Comprehensive Spending Review 2007)' 의 의견에 따라 2007년 10월에 CLG는 198개의 지수로 구성된 단일세트의 국가지수를 발표하였다. 국가지수세트(National Indicator Set, 이하 NIS라 약칭)는 중앙정부가 지방정부의 성과를 관리하는 유일한 세트로 이는 2008년 4월 1일부터 BVPIs[164)]와 PAF(Performance Assessment Framework) 지수 등은 다른 현존의 지수로 대체되고 있다.

상당기간 자세한 자문기간을 거쳐 최종 Handbook of Definitions이 CLG에 의해 발간되었다. 2008. 4. 1.부터 모든 지방정부가 NIS를 보고하게 될 것이고, 198개 개개 지수에 입각한 성과가 CAA의 일부분으로 감사위원회에 의해 매년 발간될 것이다. 새로운 국가지수 세트

163) BVPIs는 지방정부의 성과를 측정하기 위해 중앙정부(CLG)에 의해 개발되어 지방정부가 의무적으로 측정받도록 법상 의무가 부과된 지수 세트이다. 이를 위한 자료의 수집과 감사는 매년 감사위원회가 수행한다.

164) 2007/08 회계연도는 BVPIs의 수집과 보고를 위해 법에서 정한 마지막 회계연도가 되며, 2008. 4. 1.부터는 BVPIs는 NIS로 대체되는바, 이 NIS도 CAA의 일부분으로 흡수된다.

는 20개의 지수를 포함하고 있는데, 이들 지수는 시민들의 견해나 의견 등을 측정함으로써 결정되고, 모든 지방정부에 의해 관리될 것이다.

첨부 10 비거주레이트 (Non-Domestic Rate 또는 Business Rate)

영국의 지방세는 일반 주민들이 현재 살고 있는 주거용 자산(Domestic Asset), 즉 주택을 대상으로 부과되는 시의회세(Council Tax)와 주로 기업 등이 영업 목적으로 활용하는 비주거용 자산에 부과되는 세금인 비거주 레이트(Non-Domestic Rate)인 '기업레이트(Business Rate)'가 있다. 기업 레이트는 국세로 국가가 징수를 한 뒤 지방정부의 재정형편에 따라 다시 재분배하는 형태를 띠고 있다.

비거주레이트는 1990년 이전에는 지방세로 존재하다가 각 지역마다 비거주레이트로 인한 세입규모가 천차만별이고 낙후지역은 더 낙후되는 결과가 초래되어 1990년부터 이를 국세로 전환하기로 하고 국가가 징수하여 지역 균형발전이라는 차원에서 잘 사는 곳의 비거주레이트를 징수하여 낙후지역으로 환원하는 역할을 수행하고 있다. 비거주레이트가 국세로 전환되기 이전에는 통상 지방세 수입이 자체 재원 가운데에서 가장 주된 재원으로 기능을 하였으나 비주거레이트가 국세로 이관된 이후부터는 세외수입이 주된 재원으로 기능을 하는 추세가 되었다.

그 결과 1997년에도 전체 지방재정 세입에서 차지하는 비중을 보면 세외수입이 18%, 지방세 수입이 12%로 세입수입이 오히려 지방세 수입 규모보다 큰 것으로 나타났다.

1989년 지방세법의 개정에 따라 1990년부터는 과거 1세기 이상 유지해온 거주 레이트가 폐지되고 그것을 대신하여 주민부담금(Community Charge)이라는 새로운 지방세가 도입되었다. 그러나 영국인들에게 인두세(poll tax)로 더 잘 알려진 주민부담금제도는 그 도입을 둘러싸고 영국 내에 엄청난 사회문제를 야기하였다. 국민들에게 세금인상과 불공평과세의 속성을 지니는 전근대적인 인두세라는 인식을 강하게 불러 일으켜 영국 국민들로부터 심한 비난과 반발을 받게 되었다.

그 후 새롭게 들어선 메이저 정부는 1993년 3월부터 국가적인 혼란을 야기한 주민부담금을 폐지하고 그 대신 과거의 거주 레이트와 주민부담금의 성격을 절충한 시의회세(council tax)를 도입하여 오늘에 이르고 있다.

첨부 11 Gershon 효율

Gershon 효율이란 정부의 효율성 제고를 위한 특별팀의 리더인 Peter Gershon의 이름을 딴 것으로 Gershon은 2003년 당시 영국 중앙정부의 조달청장(Head of the Office of Government Commerce)이었다. 2003년 당시 수상이었던 Tony Blair와 재무장관이었던 Gordon Brown에 의해 Gershon은 모든 공공부분의 운영실태에 대하여 독립적으로 재검토를 하여 비용과 효율의 관점에서 정부에 건의할 내용을 검토하도록 임무를 부여받았다. Gershon을 지원하기 위한 팀이 구성되었는데 중앙정부의 관료(재무성, 국세청, 감사위원회 등), 민간기업(IBM, Solace Enterprise, Hewlett Packard 등)과 컨설팅 회사(PA Consulting Group, Deloitte and Touche, Nathalie Ross Consulting 등) 23명의 전문가들로 지원팀이 구성되었다.

그의 보고서는 2005/06 회계연도에 절감할 예산 내용을 건의하였는데, 이 절감은 정부 각 부처의 조직 변화와 일하는 패턴을 자동화함으로써 가능해졌다. 당시 공공 부문 예산 총액이 약 5,200억 파운드였는데 2007년에는 215억 파운드의 예산절감을 이루어내었고, 2004년에는 '통합지출검토(Comprehensive Spending Review)' 의 한 부분으로 인정되었다. 이 보고서에 따라 모든 정부기관은 장기적으로 그들에게 부여된 의무와 서비스를 현재와 같이 제대로 수행하면서 소요되는 예산을 줄이도록 하였다. 지방정부의 경우에도 모든 시의회가 2008년까지 연간 예산의 2%를 절감하도록 목표를 설정하였다. 지방정부는 예산전략의 관리, 통합개선 프로그램과 '목적에 적합한(Fit for Purpose)' 조직의 재구축과 재검토 등을 통해 달성하려고 노력하고 있다.

참고자료

인터넷 자료

- http://www.audit-commission.gov.uk/aboutus/faqs/#q3
- http ://www.audit-commission.gov.uk/aboutus/whatwedo/history.asp
- www.audit-commission.gov.uk/aboutus/downloads/Appointments200708.xls
- http ://www.cabinet-office.gov.uk/servicefirst
- http ://www.csci.org.uk
- http://en.wikipedia.org/wiki/National_Audit_Office
- http://en.wikipedia.org/wiki/Public_Accounts_Committees
- http://laws.findlaw.com/us/478/714.html
- http://nao.org.uk/manuals/finmanual/
- http://nao.org.uk/manuals/PersonnelManual/Contents.htm
- http://nao.org.uk/manuals/PersonnelManual/chatper4.htm
- http://nao.org.uk/manuals/PersonnelManual/chatper5.htm
- http://nao.org.uk/manuals/PersonnelManual/chatper13.htm
- http://www.opsi.gov.uk/RevisedStatutes/Acts/ukpga/1983/cukpga_19830044_en_1
- http://www.nao.org.uk/management_board.htm
- www.nao.org.uk/about/accounts.htm
- www.nao.org.uk/about/history.htm
- www.nao.org.uk/about/index.htm

• www.nao.org.uk/about/performance.htm
• www.nao.org.uk/guidance/focuslist.htm
• www.nao.org.uk/practice_areas/private_finance/index.htm
• www.nao.org.uk/ria/index.htm
• www.nao.org.uk/ria/ria_good_practice.htm
• www.nao.org.uk/ria/ria_our_work.htm
• www.naograduates.org.uk/AboutUs.aspx
• www.naograduates.org.uk/benefits.aspx
• www.parliament.uk/parliamentary_committees/committees_of_public_accounts.cfm

문헌 자료

• Audit Commission(2007), Audit Commission Annual Report and Accounts(April 2006 to March 2007), London : Stationery Office.
• Audit Commission(2007), Confirmation of Direction of Travel Assessment 2006 : Birmingham City Council, Audit Commission.
• Audit Commission(2006), Briefing on the Audit Commission's Comprehensive Performance Assessment framework. London.
• Audit Commission(2007), Corporate Assessment : Birmingham City Council, Audit Commission.
• Audit Commission(2008), CPA - The Harder Test : Scores and analysis of

performance in single tier and county councils 2007, Audit Commission.

- Birmingham City Council(2007), Budet for Birmingham.
- GAO Policy Manual, Section 390:Public Reporting Part E-Documenting Benefit from GAO's work.
- John Dearlove & Peter Saunders(2000), Introduction to British Politics, Cambridge : Polity.
- NAO(2007), NAO Annual Report 2007, London : Stationery Office.
- NAO(2008), National Audit Office Resource Account 2007/08, London : Stationery Office.
- NAO(2006), National Audit Office Corporate Plan 2006, London : Stationery Office.
- NAO(2007), National Audit Office Corporate Plan 2007, London : Stationery Office.
- NAO(2008), NAO Annual Report 2008, London:Stationery Office.
- NAO(2008), Review of the Handling and Security of Personal Data Used by the NAO for Audit Purposes.
- The Public Accounts Commission of House of Commons(2008), Review of the National Audit Office's Corporate Governance, 14th Report, London : Stationery Office.
- 임성일 · 최영출 (2001) , 「영국의 지방정부와 공공개혁」, 서울 : 법경사,
- 한국행정연구원(2007), 「효율적인 국가감사체계 확립을 위한 지방감사제도 구축방안에 관한 연구」, 한국행정연구원.

저자 소개

저자 문태곤(文泰坤 : 행정학 박사)은 1980년 행정고시(24회)에 합격한 뒤 국방부에서 잠시 근무하다가 1984년부터 2008년 10월 현재까지 감사원에 근무하면서 과장 및 국장 등의 직위에서 재정금융업무와 월드컵 · 고속철도 · 인천공항 · 지하철 안전관리 · 자연재해 대비 실태 등 감사실무의 경험을 쌓았다. 감사실무 이외에 감사원에서 공보 및 비서업무와 대통령 비서실(공직기강비서관) 근무를 하였으며, 감사원장 비서실장 재직시(2004년)에는 이라크에서 살해된 故 김선일 사건의 바그다드 현지 조사 반장을 하기도 하였다. 상훈으로는 '바른감사인상' 과 대통령 표창 및 홍조근정훈장을 받았다.

영국의 공공감사제도

저　자 문 태 곤
발행인 박 길 성
디자인 글로벌콘텐츠

발행일 2008년 11월 25일
발행처 한국행정DB센타　www.admindb.co.kr
서울시 종로구 원남동 209번지
전화 : 02-2269-7206　팩스 : 02-2269-7207
E-mail : dbcenter@paran.com
등록 : 2000년 6월 14일(제1-2697호)

ISBN 978-89-92072-06-9
정　가 15,000원